公共机构能源资源消费统计工作手册

国家机关事务管理局公共机构节能管理司
中国科学院科技政策与管理科学研究所
编　著

科 学 出 版 社
北　京

内 容 简 介

本书介绍了与实施《公共机构能源资源消费统计制度》及能源资源消费统计工作相关的业务知识。全书共五部分，内容涉及《公共机构能源资源消费统计制度》文件内容，公共机构能源资源消费统计工作中涉及的统计学和能源基础知识，公共机构常用的能源资源计量基础知识，公共机构能源资源消费统计数据的审核与分析方法，公共机构碳排放核算方法。此外，在上述内容中，编者对指标的计算、数据分析等方法进行了案例说明，以便于基层统计工作人员对相关业务知识的学习和理解。

图书在版编目（CIP）数据

公共机构能源资源消费统计工作手册/国家机关事务管理局公共机构节能管理司，中国科学院科技政策与管理科学研究所编著. —北京：科学出版社，2016

ISBN 978-7-03-047760-6

Ⅰ. ①公… Ⅱ. ①国… ②中… Ⅲ. ①国家行政机关–能源消费–经济统计–中国–手册 Ⅳ. ①F426.2-62

中国版本图书馆 CIP 数据核字（2016）第 053087 号

责任编辑：马 跃 王丹妮 / 责任校对：贾娜娜
责任印制：霍 兵 / 封面设计：无极书装

科学出版社出版
北京东黄城根北街 16 号
邮政编码：100717
http：//www.sciencep.com
北京通州皇家印刷厂印刷
科学出版社发行 各地新华书店经销
*
2016 年 3 月第 一 版 开本：720×1000 1/16
2016 年 3 月第一次印刷 印张：16 3/4
字数：338 000

定价：58.00 元

《公共机构能源资源消费统计工作手册》编辑和审稿人员

主　编：张世良　范　英

统　稿：张国威　宋春阳　高志刚

编撰人：穆文刚　郭海涛　张丽娟　许金华　李　燕
刘海燕　刘寿松

审稿人：秦　勇　刘紫亮　马义博　邹　芸

前　言

能源是人类赖以生存和发展的重要物质基础，是支撑经济社会发展和人民生活水平提高的重要动力，是体现一个国家综合国力的重要战略资源。随着我国现代化进程加快及全面建设小康社会的推进，能源供需矛盾越来越突出，能源消费对环境的压力越来越大，为此，党中央、国务院不断加大节能减排的工作力度，并要求加快建立和完善能源统计指标体系和监测体系。加强能源统计，及时、准确掌握国家能源生产、流通、消费情况，对统筹经济社会又好又快发展及制定节能减排政策、积极应对气候变化的意义深远而重大。

公共机构是我国推动节能减排的重要领域之一。2007 年 10 月全国人大批准通过的《中华人民共和国节约能源法》中明确了公共机构节能工作任务，2008 年 10 月国务院批准的《公共机构节能条例》中明确了国家机关事务管理局（以下简称“国管局”）负责推进、指导、协调、监督全国公共机构节能工作，科学制定节能规划措施和节能工作目标，准确评价节能效果。2009 年，国管局组织制定了《公共机构能源资源消耗统计制度》，并报中华人民共和国国家统计局（以下简称“国家统计局”）批准实施，经过几年的努力，中央国家机关、31 个省区市和新疆生产建设兵团开展了对所属（辖）各级公共机构能源资源消费统计调查工作，目前已基本建立从国家到省、市、县级较为完整的统计工作体系，统计覆盖近 75 万家公共机构，并已建立了中央国家机关及各地区能耗情况通报制度。

由于公共机构能源资源消费统计工作起步较晚，并且是一项专业性较强的工作，基层能耗统计工作人员大多为兼职，且人员更替较频繁，因此提升基层统计人员的能力素质是促进此项工作水平提高的主要途径。为进一步提高公共机构能源资源消费统计工作水平，更好地帮助各级公共机构能耗统计人员熟悉、掌握能源资源消费统计相关知识，国管局公共机构节能管理司组织有关专家编写了《公共机构能源资源消费统计工作手册》。本书以加强公共机构能耗统计工作人员基本业务知识和能力为目的，紧贴《公共机构能源资源消费统计制度》实施工作，紧密结合公共机构能源资源消费统计及节能管理实际，对公共能源资源基础知识、统计报表填报方法、数据审核与分析等相关知识进行了全面、系统的整理，同时对与能耗统计密切相关的能源计量国家标准及相关计量方面的知识、公共机构碳排放核算的方法进行了详细介绍。上述内容主要参考了国家统计局关于能源统计方面的相关资料以及其他部门正式印发的能源管理政策、标准等，具有较强的规范性、针对性和实用性。

参加本书编撰工作的有国家机关事务管理局公共机构节能管理司、中国科学院科技政策与管理科学研究所、中国标准化研究院资源与环境分院、国家发展和改革委员会能源研究所、国家应对气候变化战略研究和国际合作中心、北京建筑技术发展有限责任公司等单位的有关专家。在此，向所有付出辛勤劳动的专家及支持本书稿编撰的领导和同仁一并表示诚挚的谢意和崇高的敬意。

由于编写时间仓促，本书难免有不足之处，敬请读者批评指正。

编　者

2016 年 1 月

目　录

第一部分　公共机构能源资源消费统计制度

第二部分　统计学和能源基础知识

第五部分　公共机构碳排放核算方法

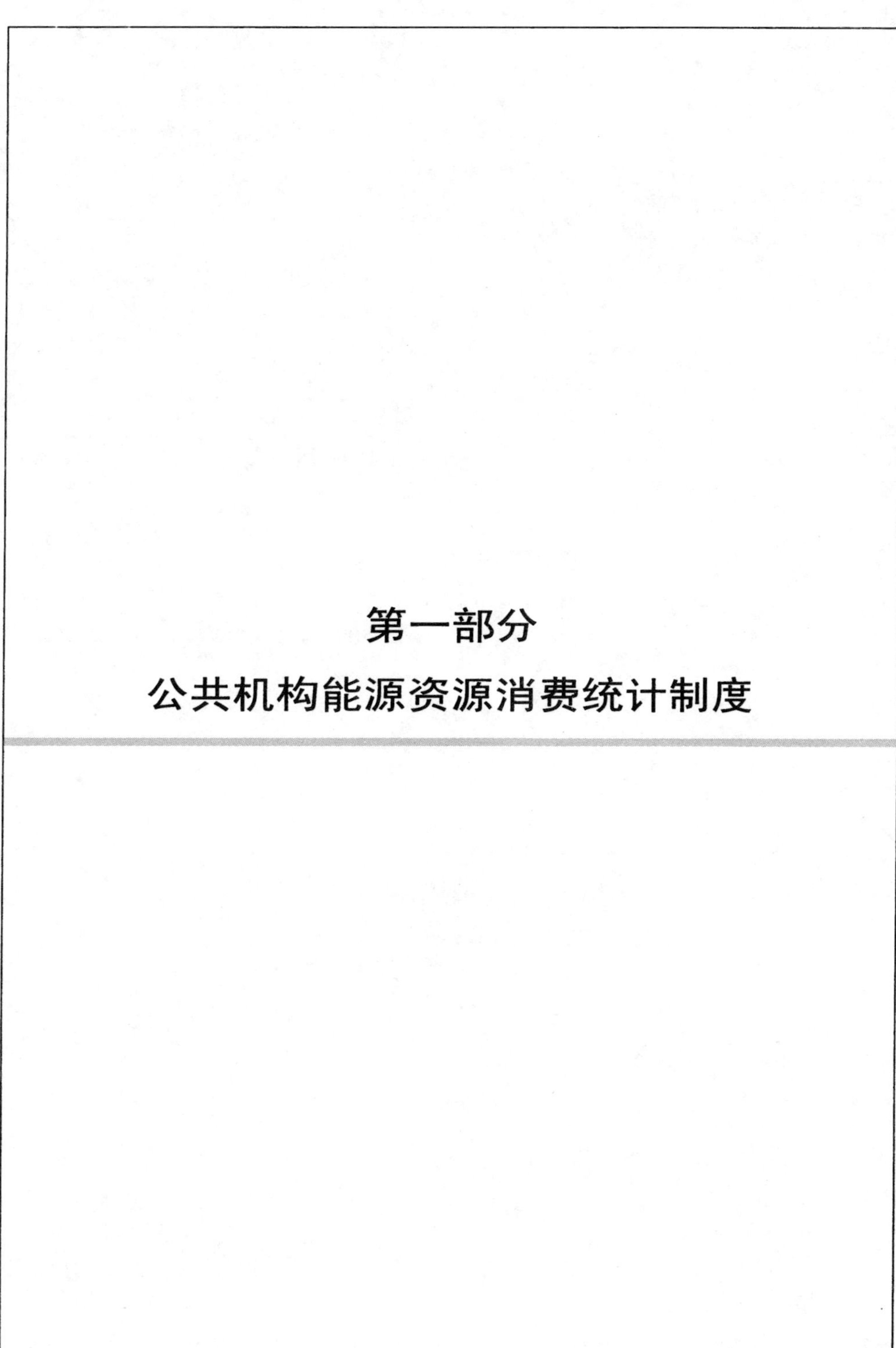

第一部分

公共机构能源资源消费统计制度

第一章

公共机构能源资源消费统计制度文件

第一节　关于印发《公共机构能源资源消费统计制度》的通知

（国管节能〔2015〕304号）

中央国家机关各部门、各单位，各省、自治区、直辖市和新疆生产建设兵团机关事务管理局，北京市、西藏自治区发展改革委，青海省经委：

根据《中华人民共和国统计法》、《中华人民共和国节约能源法》和《公共机构节能条例》及国家统计局关于部门统计调查制度的要求，我局对2013年印发的《公共机构能源资源消费统计制度》（以下简称《统计制度》）进行了修订，删除原《统计制度》中“公务用车数量”及“公务用车用油量”指标，增设“新能源汽车数量”和“用地面积”指标，将原煤指标名称统一调整为煤炭等，已报经国家统计局批准，现印发给你们，请按照执行。

中央国家机关各部门、各单位和各省（区、市）公共机构节能管理部门要结合实际编制《统计制度》实施方案，细化工作分工和职责，进一步明确管理范围内各级各类公共机构有关报表的填报周期、报送方式及时限等，于今年10月30日前报送我局公共机构节能管理司备案。要加强对尚未开展能耗统计工作公共机构的指导和督促，将所辖（属）公共机构全部纳入统计调查范围。中央国家机关各部门、各单位和县级以上地方人民政府公共机构节能管理部门要建立数据质量抽查和会审机制，每年对所辖（属）5%以上的公共机构进行抽查，所辖（属）公共机构50家以上的节能管理部门每年要组织上年度能耗数据会审，确保统计数据完整、真实、准确。

国管局

2015年7月23日

第二节　国家统计局关于批准执行公共机构能源资源消费统计制度的函

（国统制〔2015〕64 号）

国家机关事务管理局：

你局《关于申请修订＜公共机构能源资源消费统计制度＞的函》（国管函〔2015〕24 号）收悉。经审核，批准你局执行《公共机构能源资源消费统计制度》，有效期 2 年。超过有效期需要继续执行或在有效期内进行重大修订时，须重新办理审批手续。

在实施时，请将正式文件及统计制度报我局统计设计管理司 2 份，并将调查取得的有关资料及时提供我局能源统计司。

相关数据发布应遵照国务院有关规定执行。

国家统计局

2015 年 7 月 2 日

第三节　《公共机构能源资源消费统计制度》

本统计制度根据《中华人民共和国统计法》、《中华人民共和国节约能源法》、《公共机构节能条例》的有关规定制定。

《中华人民共和国统计法》第七条规定：国家机关、企业事业单位和其他组织以及个体工商户和个人等统计调查对象，必须依照本法和国家有关规定，真实、准确、完整、及时地提供统计调查所需的资料，不得提供不真实或者不完整的统计资料，不得迟报、拒报统计资料。

《中华人民共和国统计法》第九条规定：统计机构和统计人员对在统计工作中知悉的国家秘密、商业秘密和个人信息，应当予以保密。

《中华人民共和国节约能源法》第二十七条规定：用能单位应当加强能源计量管理，按照规定配备和使用经依法检定合格的能源计量器具。

用能单位应当建立能源消费统计和能源利用状况分析制度，对各类能源的消费实行分类计量和统计，并确保能源消费统计数据真实、完整。

《中华人民共和国节约能源法》第四十九条规定：公共机构应当制定年度节能

目标和实施方案，加强能源消费计量和监测管理，向本级人民政府管理机关事务工作的机构报送上年度的能源消费状况报告。

《公共机构节能条例》第十四条规定：公共机构应当实行能源消费计量制度，区分用能种类、用能系统实行能源消费分户、分类、分项计量，并对能源消耗状况进行实时监测，及时发现、纠正用能浪费现象。

《公共机构节能条例》第十五条规定：公共机构应当指定专人负责能源消费统计，如实记录能源消费计量原始数据，建立统计台账。

公共机构应当于每年3月31日前，向本级人民政府管理机关事务工作的机构报送上一年度能源消费状况报告。

一、总说明

（1）为全面掌握公共机构能源资源消费的实际状况，规范公共机构能源资源消费统计工作，加强公共机构节能管理，促进公共机构节能科学发展，依据《中华人民共和国统计法》、《中华人民共和国节约能源法》、《公共机构节能条例》及相关技术标准规范的有关规定，制定本制度。

（2）本制度属于政府部门统计调查制度，是国家机关事务管理局对公共机构能源资源消费信息统计工作的基本要求。国务院和县级以上地方各级人民政府管理机关事务工作的机构应根据本制度认真组织实施。各地方和有关单位特殊需要的统计资料应通过地方统计调查收集，并避免与国家已有的统计调查相重复。

（3）统计调查内容：公共机构基本信息和使用的煤、燃气、燃油、电、热力和水、土地等各种能源资源消费信息。

（4）统计调查对象：全国范围内的公共机构。

《中华人民共和国节约能源法》第四十七条、《公共机构节能条例》第二条规定公共机构是指全部或者部分使用财政性资金的国家机关、事业单位和团体组织。

（5）统计调查方法：公共机构能源资源消费信息统计采取全面调查方法。

（6）职责分工：国家机关事务管理局负责全国公共机构能源资源消费统计工作。包括制定统计调查实施方案、部署统计工作、编制并发放统计软件和报表、开展统计培训、组织交流统计工作经验、审核汇总统计数据、编制统计工作报告等。

县级以上地方各级人民政府管理机关事务工作的机构依照法律规定的权限，负责组织本行政区域内公共机构能源资源消费信息统计工作。包括制定统计调查实施方案、部署统计工作、发放统计软件和报表、开展统计培训、组织交流统计工作经验、审核汇总统计数据、编制统计工作报告并报送上级人民政府管理机关事务工作的机构等。

公共机构按照行政隶属关系组织开展能源资源消费统计工作。

（7）报表形式：本制度设置了基层表和综合表。基层表包括《公共机构基本信息》、《公共机构能源资源消费状况》、《公共机构数据中心机房能源消费状况》和《公共机构采暖能源资源消费状况》；综合表包括《公共机构能源资源消费统计分级汇总情况》、《公共机构能源资源消费统计分类汇总情况》、《公共机构数据中心机房能源消费统计汇总情况》和《公共机构采暖能源资源消费统计汇总情况》。

（8）填报方法

①公共机构定期填写《公共机构基本信息》、《公共机构能源资源消费状况》，经单位负责人审核并加盖单位公章后，报送上级行政主管部门或同级人民政府管理机关事务工作的机构。使用数据中心机房和实施采暖的公共机构还应按要求填报《公共机构数据中心机房能源消费状况》和《公共机构采暖能源资源消费状况》。

②各级系统、行政主管部门定期汇总填写《公共机构能源资源消费统计分级汇总情况》、《公共机构能源资源消费统计分类汇总情况》，经统计负责人、单位负责人逐一审核，并加盖单位公章后，报送上一级行政主管部门或同级人民政府管理机关事务工作的机构；所属公共机构使用数据中心机房和实施采暖的还应定期填报《公共机构数据中心机房能源消费统计汇总情况》和《公共机构采暖能源资源消费统计汇总情况》。

③县级以上各级人民政府管理机关事务工作的机构定期汇总填写《公共机构能源资源消费统计分级汇总情况》、《公共机构能源资源消费统计分类汇总情况》，经统计负责人、单位负责人逐一审核，并加盖单位公章后，报送上一级人民政府管理机关事务工作的机构。所辖公共机构使用数据中心机房和实施采暖的还应按要求填报《公共机构数据中心机房能源消费统计汇总情况》和《公共机构采暖能源资源消费统计汇总情况》。

（9）报送要求：本制度要求定期逐级报送，报送周期分为月报、季报、半年报和年报。本制度中，除综合表中用地面积、建筑面积、能源资源消费量及费用指标需保留两位小数外，其余均不保留小数。

（10）本制度实行全国统一分类标准和编码，各级公共机构及相关部门必须严格执行。各地区可根据需要，在本制度中增加个别指标，但不得改变本制度指标的排列顺序和统一编码。

（11）公共机构能源资源消耗统计数据属内部信息，由各级公共机构节能管理部门负责管理使用，未经批准，任何部门和个人不得擅自公开和公布统计信息。

（12）本制度自印发之日起施行。

二、报表目录

报表目录如表 1-1 所示。

表 1-1　报表目录

表号	表名	报告期别	报送单位	报送方式	报送日期	页码
国管节能基 1 表	公共机构基本信息	年报	中央国家机关各部门、各单位，全国人大机关、全国政协机关、各民主党派中央机关	纸质邮寄传真或网络	每年 1 月 20 日前	
国管节能基 2 表	公共机构能源资源消费状况	月报	同上	同上	次月前 20 日内	
国管节能基 3 表	公共机构数据中心机房能源消费状况	同上	使用数据中心机房的中央国家机关各部门、各单位，全国人大机关、全国政协机关、各民主党派中央机关	同上	同上	
国管节能基 4 表	公共机构采暖能源资源消费状况	年报	实施采暖的中央国家机关各部门、各单位，全国人大机关、全国政协机关、各民主党派中央机关	同上	次年度 1 月 20 日前	
国管节能综 1 表	公共机构能源资源消费统计分级汇总情况	半年报	中央国家机关各部门、各单位，全国人大机关、全国政协机关、各民主党派中央机关	纸质邮寄传真和网络	每年 7 月 31 日前	
		年报	同上	同上	次年度 3 月 1 日前	
		同上	各省、自治区、直辖市、计划单列市、新疆生产建设兵团负责公共机构节能管理工作的机构	同上	次年度 4 月 15 日前	
国管节能综 2 表	公共机构能源资源消费统计分类汇总情况	半年报	中央国家机关各部门、各单位，全国人大机关、全国政协机关、各民主党派中央机关	纸质邮寄传真和网络	每年 7 月 31 日前	
		年报	同上	同上	次年度 3 月 1 日前	
		年报	各省、自治区、直辖市、计划单列市、新疆生产建设兵团负责公共机构节能管理工作的机构	同上	次年度 4 月 15 日前	
国管节能综 3 表	公共机构数据中心机房能源消费统计汇总情况	半年报	中央国家机关各部门、各单位，全国人大机关、全国政协机关、各民主党派中央机关	纸质邮寄传真和网络	每年 7 月 31 日前	
		年报	同上	同上	次年度 3 月 1 日前	

续表

表号	表名	报告期别	报送单位	报送方式	报送日期	页码
国管节能综3表	公共机构数据中心机房能源消费统计汇总情况	同上	各省、自治区、直辖市、计划单列市、新疆生产建设兵团负责公共机构节能管理工作的机构	同上	次年度4月15日前	
国管节能综4表	公共机构采暖能源资源消费统计汇总情况	年报	中央国家机关各部门、各单位，全国人大机关、全国政协机关、各民主党派中央机关	纸质邮寄传真和网络	次年度3月1日前	
		同上	各省、自治区、直辖市、计划单列市、新疆生产建设兵团负责公共机构节能管理工作的机构	同上	次年度4月15日前	

说明：本表明确了报送国家机关事务管理局的各类报表的报送单位和周期、范围、时间、方式。地方公共机构能源资源消费统计相关要求，由县级以上地方各级人民政府管理机关事务工作的机构按照上级要求确定。

三、调查表式

（一）基层表（表 1-2 ~ 表 1-5）

表 1-2　公共机构基本信息

表　　号：国管节能基 1 表
制定机关：国家机关事务管理局
批准机关：国家统计局
批准文号：国统制〔2015〕63 号

（单位盖章）：　　　　　　201　年　月　　　　　　有效期至：2017 年 7 月

001 单位详细名称：

002 组织机构代码：

003 机构类型：

004 行业代码：

005 单位地址：__________省（自治区、直辖市）__________地（区、市、州）__________县（市、区、旗）__________乡（镇）__________街（村）__________门牌号

006 邮政编码：

007 单位所在地区区划代码：

008 联系方式：0081 电话号码：　　　　0082 传真号码：

0083 电子信箱：

009 用地面积：__________（平方米）

010 其他：

单位负责人：　　　统计负责人：　　　统计员：　　　填报日期：201　年　月　日

说明：单位负责人指本单位主管节能工作的领导；统计负责人指本单位负责节能工作的处（科、室）领导；统计员指本单位具体负责能耗统计工作的人员。

表 1-3　公共机构能源资源消费状况

表　　号：国管节能基 2 表
制定机关：国家机关事务管理局
批准机关：国家统计局
批准文号：国统制〔2015〕63 号
有效期至：2017 年 7 月

（单位盖章）：　　201　年　月

指标名称	计量单位	代码	数量
甲	乙	丙	1
建筑面积	平方米	101	
用能人数	人	102	
其中：编制人数	人	1021	
车辆数量	辆	103	
其中：汽油车数量	辆	1031	
柴油车数量	辆	1032	
新能源汽车数量	辆	1033	
电消费量	千瓦时	110	
费用	元	111	
水消费量	立方米	120	
费用	元	121	
煤炭消费量	吨	130	
费用	元	131	
天然气消费量	立方米	140	
费用	元	141	
汽油消费量	升	150	
费用	元	151	
其中：车辆用油量	升	1501	
费用	元	1511	
其他用油量	升	1502	
费用	元	1512	
柴油消费量	升	160	
费用	元	161	
其中：车辆用油量	升	1601	
费用	元	1611	
其他用油量	升	1602	
费用	元	1612	
热力消费量	吉焦	170	
费用	元	171	

续表

指标名称	计量单位	代码	数量
甲	乙	丙	1
其他能源消费量（ ）	吨标准煤	180	
费用	元	181	
可再生能源应用	—	—	—
其中：太阳能光热利用系统集热器面积	平方米	190	
太阳能光电利用系统装机容量	千瓦	191	
浅层地热能利用系统装机容量	千瓦	192	

单位负责人： 统计负责人： 统计员： 填报日期：201 年 月 日

说明：单位负责人指本单位主管节能工作的领导；统计负责人指本单位负责节能工作的处（科、室）领导；统计员指本单位具体负责能耗统计工作的人员。

表 1-4 公共机构数据中心机房能源消费状况

表 号：国管节能基 3 表
制定机关：国家机关事务管理局
批准机关：国家统计局
批准文号：国统制〔2015〕63 号
有效期至：2017 年 7 月

单位名称（盖章）：
数据中心名称： 201 年 月

指标名称	计量单位	代码	数量
甲	乙	丙	1
机房建筑面积	平方米	201	
机柜总数量	个	210	
其中：预留机柜数量	个	2101	
设备总功率	千瓦	220	
其中：IT 设备功率	千瓦	2201	
空气调节设备功率	千瓦	2202	
配电及附属设备功率	千瓦	2203	
UPS 装机容量	千伏安	230	
总用电量	千瓦时	240	
其中：IT 设备用电量	千瓦时	2401	
空气调节设备用电量	千瓦时	2402	
照明及附属设备用电量	千瓦时	2403	
其他能源消费量（ ）	吨标准煤	250	

单位负责人： 统计负责人： 统计员： 填报日期：201 年 月 日

说明：本报表由使用数据中心机房的单位，逐一对每个机房的能源消费情况进行调查统计。单位负责人指本单位主管节能工作的领导；统计负责人指本单位负责节能工作的处（科、室）领导；统计员指本单位具体负责能耗统计工作的人员。

表 1-5　公共机构采暖能源资源消费状况

表　　号：国管节能基 4 表
制定机关：国家机关事务管理局
批准机关：国家统计局
批准文号：国统制〔2015〕63 号
有效期至：2017 年 7 月

单位名称（盖章）：　　　　201　年　月

指标名称	计量单位	代码	数量
甲	乙	丙	1
采暖面积	平方米	301	
其中：独立供暖面积	平方米	3011	
热计量收费的面积	平方米	3012	
采暖天数	天	302	
独立供暖供热能力			
热水锅炉热功率	兆瓦	303	
蒸汽锅炉蒸发量	吨/小时	304	
水消费量	立方米	310	
费用	元	311	
电消费量	千瓦时	320	
费用	元	321	
煤炭消费量	吨	330	
费用	元	331	
煤炭热值	千卡	332	
天然气消费量	立方米	340	
费用	元	341	
柴油消费量	升	350	
费用	元	351	
热力消费量	吉焦	360	
费用	元	361	
其他能源消费量	吨标准煤	370	
费用	元	371	

单位负责人：　　　统计负责人：　　　统计员：　　　填报日期：201　年　月　日

说明：本报表由实施采暖的单位对统计年度结束的采暖周期内的能源消费情况进行调查填写。如：报 2012 年数据应填报 2011 年冬季至 2012 年春季采暖周期的相关信息。单位负责人指本单位主管节能工作的领导；统计负责人指本单位负责节能工作的处（科、室）领导；统计员指本单位具体负责能耗统计工作的人员。

（二）综合表（表 1-6 ~ 表 1-9）

表 1-6 公共机构能源资源消费统计分级汇总情况

表　　号：国管节能综 1 表
制定机关：国家机关事务管理局
批准机关：国家统计局
批准文号：国统制〔2015〕63 号
有效期至：2017 年 7 月

行政区域/部门名称：
填表单位（盖章）：　　季度
电话号码：　　201 年 上/下半年、年

部门名称	代码	公共机构数量	用地面积	建筑面积	用能人数	其中	车辆总量	其中		
						编制人数		汽油车数量	柴油车数量	新能源汽车数量
		个	万平方米	万平方米	人	人	辆	辆	辆	辆
甲	乙	1	2	3	4	5	6	7	8	9
总计	01									
本级公共机构	02									
下一级公共机构 1	03									
下一级公共机构 1 本级	0301									
下二级公共机构 1	0302									
下二级公共机构 2	0303									
…	…									
下一级公共机构 2	04									
下一级公共机构 2 本级	0401									
下一级公共机构 1	0402									
…	…									

续表

电		水		煤炭		天然气		汽油					
消费量	费用	消费量	费用	消费量	费用	消费量	费用	消费总量	总费用	车辆用油量	费用	其他用油量	费用
万千瓦时	万元	万立方米	万元	吨	万元	万立方米	万元	万升	万元	万升	万元	万升	万元
10	11	12	13	14	15	16	17	18	19	20	21	22	23

续表

柴油						热力		其他能源		可再生能源应用		
消费总量	总费用	车辆用油量	费用	其他用油量	费用	消费量	费用	消费量	费用	太阳能集热器面积	太阳能光电装机容量	地热利用装机容量
万升	万元	万升	万元	万升	万元	万吉焦	万元	吨标准煤	万元	平方米	千瓦	千瓦
24	25	26	27	28	29	30	31	32	33	34	35	36

单位负责人：　　统计负责人：　　统计员：　　填报日期：201　年　月　日

说明：各级系统、行政主管部门填写本表时，应汇总至部门所属三级单位，三级以下单位的数据由所属第三级单位统一汇总填写。县级以上各级人民政府管理机关事务工作的机构填写本表时，所辖乡镇级公共机构统一由县级行政主管部门汇总填写。单位负责人指本单位主管节能工作的领导；统计负责人指本单位负责节能工作的处（科、室）领导；统计员指本单位具体负责能耗统计工作的人员。

表 1-7 公共机构能源资源消费统计分类汇总情况

表　　号：国管节能综 2 表
制定机关：国家机关事务管理局
批准机关：国家统计局
批准文号：国统制〔2015〕63 号
有效期至：2017 年 7 月

行政区域/部门名称：
填表单位（盖章）：　　　　季度
电话号码：　　　　201　年　上/下半年、年

指标名称	计量单位	代码	合计	国家机关	事业单位							团体组织
					小计	教育	科技	文化	卫生	体育	其他	
甲	乙	丙	1	2	3	4	5	6	7	8	9	10
公共机构数量	个	100										
用地面积	万平方米	101										
建筑面积	万平方米	102										
用能人数	人	103										
其中：编制人数	人	1031										
车辆总量	辆	104										
其中：汽油车数量	辆	1041										
柴油车数量	辆	1042										
新能源汽车数量	辆	1043										
电消费量	万千瓦时	110										
费用	万元	111										
水消费量	万立方米	120										
费用	万元	121										
煤炭消费量	吨	130										
费用	万元	131										
天然气消费量	万立方米	140										
费用	万元	141										

续表

指标名称	计量单位	代码	合计	国家机关	事业单位							团体组织
					小计	教育	科技	文化	卫生	体育	其他	
甲	乙	丙	1	2	3	4	5	6	7	8	9	10
汽油消费总量	万升	150										
总费用	万元	151										
其中：车辆用油量	万升	1501										
费用	万元	1511										
其他用油量	万升	1502										
费用	万元	1512										
柴油消费总量	万升	160										
总费用	万元	161										
其中：车辆用油量	万升	1601										
费用	万元	1611										
其他用油量	万升	1602										
费用	万元	1612										
热力消费量	万吉焦	170										
费用	万元	171										
其他能源消费量	吨标准煤	180										
费用	万元	181										
可再生能源应用	—	—										
其中：太阳能集热器面积	平方米	190										
太阳能光电装机容量	千瓦	191										
地热利用装机容量	千瓦	192										

单位负责人：　　统计负责人：　　统计员：　　填报日期：201　年　月　日

说明：各级系统、行政主管部门填写本表时，应汇总至部门所属三级单位，三级以下单位的数据由所属第三级单位统一汇总填写。县级以上各级人民政府管理机关事务工作的机构填写本表时，所辖乡镇级公共机构统一由县级行政主管部门汇总填写。单位负责人指本单位主管节能工作的领导；统计负责人指本单位负责节能工作的处（科、室）领导；统计员指本单位具体负责能耗统计工作的人员。

表 1-8　公共机构数据中心机房能源消费统计汇总情况

表　　号：国管节能综 3 表
制定机关：国家机关事务管理局
批准机关：国家统计局
批准文号：国统制〔2015〕63 号
有效期至：2017 年 7 月

行政区域/部门名称（盖章）：　　季度
电话号码：　　201　年　上/下半年、年

指标名称	计量单位	代码	合计	国家机关	事业单位							团体组织
					小计	教育	科技	文化	卫生	体育	其他	
甲	乙	丙	1	2	3	4	5	6	7	8	9	10
机房数量	个	200										
机房建筑面积	万平方米	201										
机柜总数量	个	210										
设备总功率	万千瓦	220										
其中：IT 设备功率	万千瓦	2201										
空气调节设备功率	万千瓦	2202										
配电及附属设备功率	万千瓦	2203										
UPS 装机容量	万千伏安	230										
总用电量	万千瓦时	240										
其中：IT 设备用电量	万千瓦时	2401										
空气调节设备用电量	万千瓦时	2402										
配电及附属设备用电	万千瓦时	2403										
其他能源消费量	吨标准煤	250										

单位负责人：　　统计负责人：　　统计员：　　填报日期：201　年　月　日

说明：单位负责人指本单位主管节能工作的领导；统计负责人指本单位负责节能工作的处（科、室）领导；统计员指本单位具体负责能耗统计工作的人员。

表 1-9　公共机构采暖能源资源消费统计汇总情况

表　　号：国管节能综 4 表
制定机关：国家机关事务管理局
批准机关：国家统计局
批准文号：国统制〔2015〕63 号
有效期至：2017 年 7 月

行政区域/部门名称：
填表单位（盖章）：
电话号码：　　　　201　年　上/下半年、年

指标名称	计量单位	代码	合计	国家机关	事业单位							团体组织
					小计	教育	科技	文化	卫生	体育	其他	
甲	乙	丙	1	2	3	4	5	6	7	8	9	10
采暖面积	万平方米	301										
其中：独立采暖面积	万平方米	3011										
热计量收费的面积	万平方米	3012										
采暖天数	天	302										
独立供暖供热能力	—	—										
热水锅炉热功率	兆瓦	303										
蒸汽锅炉蒸发量	吨/小时	304										
水消费量	万立方米	310										
费用	万元	311										
电消费量	万千瓦时	320										
费用	万元	321										
煤炭消费量	吨	330										
费用	万元	331										
煤炭热值	千卡	332										

续表

指标名称	计量单位	代码	合计	国家机关	事业单位							团体组织
					小计	教育	科技	文化	卫生	体育	其他	
甲	乙	丙	1	2	3	4	5	6	7	8	9	10
天然气消费量	万立方米	340										
费用	万元	341										
柴油消费量	万升	350										
费用	万元	351										
热力消费量	万吉焦	360										
费用	万元	361										
其他能源消费量	吨标准煤	370										
费用	万元	371										

单位负责人：　　统计负责人：　　统计员：　　填报日期：201　年　月　日

说明：单位负责人指本单位主管节能工作的领导；统计负责人指本单位负责节能工作的处（科、室）领导；统计员指本单位具体负责能耗统计工作的人员。

四、主要指标解释及填报说明

（一）公共机构基本信息（国管节能基 1 表）

单位详细名称：填写本单位经有关部门批准正式使用的单位全称。

组织机构代码：由质量技术监督部门给每个国家机关、事业单位、团体组织等颁发的在全国范围内唯一的、始终不变的法定代码。单位代码共 9 位，由 8 位无属性的数字和 1 位校验码组成。所有单位都应填写本项目。

已经领取了法定代码的法人单位和产业活动单位必须使用法定代码，应填写质量技术监督部门颁发的《中华人民共和国组织机构代码证》上的代码；未领到法定代码或不属于法定代码赋码范围的单位，一律按照统计部门规定的临时码段中赋予代码填写。

机构类型：填写公共机构分类代码，其中事业单位应填写 3 位代码，分类代码如下：

01 国家机关，02 事业单位（其中：021 教育事业、022 科技事业、023 文化事业、024 卫生事业、025 体育事业、026 其他），03 团体组织。

行业代码：根据本单位填写的主要业务活动（或主要产品名称），对照《国民经济行业分类》（GB/T 4754-2011）填写行业小类代码。详见公共机构节能网（http: //ecpi.ggj.gov.cn）的“公共机构能源资源消费统计资料”栏目。

单位地址、邮政编码：本单位所在地的详细地址要求写明单位所在的省（自治区、直辖市）、市（区、地、州、盟）、县（区、市、旗）、乡（镇）以及具体街（村）的名称和详细的门牌号码及所在地的详细邮政编码。

单位所在地区区划代码：按照单位所在地区的行政区划最新代码进行填写。详见公共机构节能网（http：//ecpi.ggj.gov.cn）的“公共机构能源资源消费统计资料”栏目。

联系方式：填写本单位负责节能工作的处（科、室）的联系电话、传真及电子信箱。

用地面积：填写本单位经土地和规划许可用于办公的房屋建筑及各类配套、道路、绿化等在内的全部建设用地面积。

其他：填写租用、合用办公建筑等其他需要说明的情况。其中合署办公的单位写明办公区管理单位的名称。

（二）公共机构能源资源消费状况（国管节能基 2 表）

建筑面积：填写本单位办公使用的所有建筑面积，职工住宅除外。

用能人数：填写本单位统计周期内的日平均用能人数，包括在岗在编（注册）

人员和各类编外工作人员。计算方法：

用能人数=本单位办公区域统计周期内的用能人数总量/统计周期的天数。

编制人数：填写本单位经有关部门批准的编制人员数量。

车辆数量：填写本单位统计周期内保障公务活动使用的所有公务用车数量。

汽油车数量：填写本单位使用车辆中消费汽油的车辆数量。

柴油车数量：填写本单位使用车辆中消费柴油的车辆数量。

新能源汽车数量：填写本单位使用车辆中纯电动、插电式混合动力（含增程式）和燃料电池汽车的车辆数量。

电消费数据：填写本单位办公区统计周期内消费的总电量及费用数据。采集方式有两种：

一是从电力供应部门获取数据；

二是逐户调查各用户和统计公用电耗，然后累加获得总消费数据。

水消费数据：填写本单位办公区统计周期内的实际用水量及费用数据。

煤炭消费数据：填写本单位办公区统计周期内的煤炭实际消费量及费用数据。

天然气消费数据：填写本单位办公区统计周期内的天然气实际消费量及费用数据。数据采集有两种方式：

一是集中供应和使用的，由燃气公司提供能耗数据；

二是分户购买、使用的，逐户调查和累加各用户消费量和费用。

汽油消费数据：填写本单位统计周期内办公使用的汽油实际消费量和费用。“其他用油”应填写车辆用油外所需的汽油消费量和费用。

柴油消费数据：填写本单位统计周期内办公使用的柴油实际消费量和费用。“其他用油”应填写因冬季供暖、日常烧制饮用开水等所需的柴油消费量和费用。

热力消费数据：填写本单位办公区统计周期内的外购热力消费量和费用。热力消费量数据从热量计量装置上获取。未安装热量计量装置的只填写费用。

可再生能源应用的相关数据：填写本单位办公区统计周期内太阳能光热利用系统、太阳能光电利用系统、浅层地热能利用系统等相关数据。

其他能源数据：填写本单位办公区统计周期内使用的其他能源数据，消费量参照相应折算系数折算成吨标准煤，并在“( )”中填写本制度中未列出的能源的类型。

（三）公共机构数据中心机房能源消费状况（国管节能基3表）

数据中心机房：指本单位专门用于放置数据处理、数据存储、网络传输等IT设备，并有不间断电源、空气调节等保障设备的独立建筑区域。

机房建筑面积：填写本单位数据中心机房使用及其配套用房的建筑面积。

设备总功率：填写数据中心机房各类IT设备总功率、空气调节设备功率、机房配电及附属设备功率的和。

（四）公共机构采暖能源资源消费状况（国管节能基4表）

采暖面积：填写本单位办公场所中实施冬季采暖的建筑面积。

独立供暖面积：填写本单位办公场所中由本单位独立供暖的建筑面积。

热计量收费的面积：已安装热计量装置，按热消费量收费的单位填写热计量收费的采暖面积。

独立供暖供热能力：填写本单位独立供暖的锅炉设备的额定供暖能力。

五、实施方案

（一）职责分工

公共机构能源资源消费统计工作在国家机关事务管理局的统一部署下，由县级以上人民政府管理机关事务工作的机构组织实施。

（1）国家机关事务管理局负责全国公共机构能源资源消费统计工作，包括制定统计实施方案、部署统计工作、编制并发放统计软件和报表、开展统计培训、组织交流统计工作经验、审核汇总统计数据、编制统计工作报告等。

（2）县级以上地方各级人民政府管理机关事务工作的机构依照法律规定的权限负责组织本行政区域内公共机构能源资源消费信息统计工作，包括制定统计实施方案、部署统计工作、发放统计软件和报表、开展统计培训、组织交流统计工作经验、审核汇总统计数据、编制统计工作报告并报送上级人民政府管理机关事务工作的机构等。

各省、自治区、直辖市、计划单列市、新疆生产建设兵团管理机关事务工作的机构制定的公共机构能源资源消费统计实施方案，于2015年10月底前报送国家机关事务管理局备案。

（3）中央国家机关各部门、各单位，全国人大机关，全国政协机关，各民主党派中央机关的能源资源消费统计工作由国家机关事务管理局负责。中央国家机关各部门、各单位负责所属公共机构（包括派驻地方的公共机构）的能源资源消费统计工作，制定本部门、本系统公共机构能源资源消费统计实施方案，于2015年10月底前报送国家机关事务管理局。

（二）统计报表的填报主体

1. 基层表

基层表包括《公共机构基本信息》、《公共机构能源资源消费状况》、《公共机构数据中心机房能源消费状况》和《公共机构采暖能源资源消费状况》，由各公共机构填写、上报。各部门基层表直接报送同级人民政府管理机关事务工作的机构；部门所属的公共机构基层表由各部门汇总后，报同级人民政府管理机关事务工作的机构。

2. 综合表

综合表包括《公共机构能源资源消费统计分级汇总情况》、《公共机构能源资源消费统计分类汇总情况》、《公共机构数据中心机房能源消费统计汇总情况》和《公共机构采暖能源资源消费统计汇总情况》，由有关部门和单位汇总、填写本地区、本部门所辖（属）公共机构能源资源消费数据，报送上级人民政府管理机关事务工作的机构或上一级行政主管部门。

（三）统计数据填写、审核

各公共机构应指定专门统计人员（以下称“统计员”）负责能源资源消费数据的采集、报表的填写和报送。统计员应当具备与统计工作相适应的专业知识和业务能力。

各公共机构主管节能工作的负责人应当对本单位能源资源消费统计数据进行严格审核，确定无误后，加盖单位公章报送。

县级以上人民政府管理机关事务工作的机构应当对本级和本地区公共机构上报的统计数据进行复核，并定期抽查，确保上报的能源资源种类、计量单位、消费量及费用等内容符合本制度规定。

实施网络填写报送的公共机构参照上述程序严格进行审核和复核。

（四）报送周期与时限要求

（1）中央国家机关各部门、各单位，全国人大机关、全国政协机关、各民主党派中央机关按要求填写本级机关的《公共机构基本信息》、《公共机构能源资源消费状况》、《公共机构数据中心机房能源消费状况》和《公共机构采暖能源资源消费状况》，并于下个月前20日内报送国家机关事务管理局。

中央国家机关各部门、各单位，全国人大机关、全国政协机关、各民主党派中央机关组织所属公共机构（包括派驻地方的公共机构）分月填写《公共机构基本信息》、《公共机构能源资源消费状况》、《公共机构数据中心机房能源消费状况》和《公共机构采暖能源资源消费状况》，由各部门按半年、年度汇总填写《公共机构能源资源消费统计分级汇总情况》、《公共机构能源资源消费统计分类汇总情况》、《公共机构数据中心机房能源消费统计汇总情况》和《公共机构采暖能源资源消费统计汇总情况》，半年汇总情况于当年 7 月 31 日前报送国家机关事务管理局；年度汇总情况于次年 3 月 1 日前报送国家机关事务管理局。

（2）各省、自治区、直辖市、计划单列市、新疆生产建设兵团管理机关事务工作的机构按年度汇总填写《公共机构能源资源消费统计分级汇总情况》、《公共机构能源资源消费统计分类汇总情况》、《公共机构数据中心机房能源消费统计汇总情况》和《公共机构采暖能源资源消费统计汇总情况》，于次年 4 月 15 日前报送国家机关事务管理局。

地方各级公共机构能源资源消费统计的周期和报表报送时限等统计工作要求，应在符合上级相关要求的基础上，自行确定。

（五）数据分析

各公共机构应结合本单位、本系统建筑面积、用能人数、用能设备运行等情况，按月（季度）对煤、燃气、燃油、电、热力和水等能源资源消费状况进行分析评价。

县级以上各级人民政府管理机关事务工作的机构应定期对本级和本地区公共机构能源资源消费状况进行分析，形成《公共机构能源资源消费统计分析报告》，与统计数据同步报送。

（六）数据安全管理

公共机构能源资源消费统计数据通报和公示应报主管部门审批；未经批准，任何部门和个人不得擅自公开和公布。

对保密有特殊要求的国家安全等部门根据本制度要求，自行组织本系统的能源资源消费统计工作，相关能源资源消费信息在符合保密要求的情况下报送同级人民政府管理机关事务工作的机构。

第四节 公共机构的范围

《中华人民共和国节约能源法》第四十七条、《公共机构节能条例》第二条规定，我国公共机构是指全部或者部分使用财政性资金的国家机关、事业单位和团体组织。《公共机构节能条例》释义中明确：国家机关包括党的机关、人大机关、行政机关、政协机关、审判机关、检察机关等；事业单位包括全部或部分使用财政性资金的教育、科技、文化、卫生、体育等事业单位及国家机关所属事业单位；团体组织包括全部或部分使用财政性资金的工、青、妇等社会团体和有关组织。

这是在我国法律法规中第一次从政府管理角度提出公共机构这一管理范围的概念。根据这一概念，2010 年全国大约有 190 万家公共机构，其中包括 44.63 万家国家机关，123.83 万家事业单位，21.99 万家团体组织。

我国对公共机构的定义与其他国家的定义大体一致，世界各国普遍将公共机构作为一个整体进行考虑，通过政策干预或节能项目机制推动节能工作，这是因为公共机构的一个典型特征是政府预算资金的使用对节能积极性和节能项目实施具有直接影响，可以通过一些特定的政策干预直接推动公共机构节能。

第五节 名录库建设

关于开展公共机构名录库建设有关事项的通知

（国管节能〔2013〕113号）

各省、自治区、直辖市人民政府和新疆生产建设兵团办公厅，中央国家机关各部门：

为深入贯彻落实《公共机构节能条例》，进一步完善公共机构节能管理体系，根据《公共机构节能“十二五”规划》，我局决定组织开展公共机构名录库建设工作。现就有关事项通知如下：

一、工作内容

（一）开展公共机构基本信息调查

各地区、各部门按照《公共机构能源资源消耗统计制度》有关要求，对管理职责范围内的各级各类公共机构的名称、类型、行政隶属关系、地址等基本信息进行全面调查和登记。调查标准时间点为2013年6月30日。调查范围包括各级各类公共机构：

（1）各级人大机关、政府机关、政协机关、审判机关、检察机关等；

（2）全部或部分使用财政性资金的教育、科技、文化、卫生、体育等事业单位；

（3）全部或部分使用财政性资金的团体组织。

（二）建设公共机构名录库

各地区、各部门在完成上述调查的基础上，按照机构类型、行政序列和隶属关系自下而上逐级分类汇总，填制相关表格，建立本地区、本部门公共机构名录库。

二、实施步骤

（一）部署与培训（6月）

各级公共机构节能管理部门和各级公共机构行政主管部门按管理关系逐级开展工作部署，同时做好相关的业务培训工作。

（二）实施调查（7月至10月）

各级公共机构节能管理部门和各级公共机构行政主管部门按管理关系对公共机构基本信息进行调查登记。

调查方法可以利用《公共机构基本情况调查表》进行直接调查；也可通过与

本地区财政、编制、教科文卫体等有关部门沟通，间接进行相关信息的调查；还可以使用我局提供的基础数据和相关操作软件进行信息调查、核查。

（三）汇总报送（10 月至 11 月）

各级公共机构节能管理部门和公共机构行政主管部门收集、审核、汇总调查结果，填写《公共机构基本情况汇总表》，编制本地区、本部门公共机构名录库。

请各省、自治区、直辖市、新疆生产建设兵团和中央国家机关各部门于 11 月底前将《公共机构数量汇总表》和《公共机构（事业单位）数量汇总表》纸质及电子版报表报送我局公共机构节能司。

（四）总结评价（12 月）

我局将会同有关部门审核、汇总各地区、各部门公共机构基本情况，编制全国公共机构名录库，并进行总结评价。

三、有关要求

（一）加强组织协调

开展公共机构基本信息调查、建设公共机构名录库是全面掌握各级各类公共机构基本情况、用能状况的基础性工作，工作涉及面广、协调难度大。各地区、各部门要高度重视，加强对调查工作的组织领导。各级公共机构节能管理部门要加强与财政、机构编制、统计部门和教科文卫体等行业主管部门的沟通协调，将管理职责范围内的公共机构全部纳入调查和名录库建设范围。

（二）落实工作责任

各地区、各部门要充分利用公共机构能源资源消耗统计工作中已掌握的各级各类公共机构基本情况，结合实际，科学编制工作方案，明确职责分工，选派责任心强、业务素质好的人员承担相关工作，严格落实工作责任，按时完成名录库建设工作。我局提供的基础数据属内部信息资料，要加强使用管理，层层签订责任书，除用于辅助调查工作外，不得挪作他用。

（三）保证工作质量

要按照“横向到边、纵向到底”的要求，建立数据逐级审核、确认机制，严格审核和验收，对统计范围不全、不合格的信息及时进行改正。

（四）做好名录库管理工作

各地区、各部门要确保公共机构名录库规范、统一，建立数据年度更新、确认机制，做好维护管理工作。

附件：1. 公共机构基本情况调查表。

2. 公共机构基本情况汇总表。

3. 公共机构数量汇总表。

4. 公共机构（事业单位）数量汇总表。

国家机关事务管理局

2013 年 4 月 22 日

附件 1：

公共机构基本情况调查表

单位：（盖章）

<table>
<tr><td colspan="4">01 单位详细名称：</td></tr>
<tr><td colspan="3">02 组织机构代码：</td><td>03 行业代码：</td></tr>
<tr><td rowspan="2">04 机构类型</td><td colspan="3">□ 国家机关　　□ 团体组织</td></tr>
<tr><td>□ 事业单位</td><td colspan="2">□ 教育　□ 科技　□ 文化　□ 卫生　□ 体育　□ 其他</td></tr>
<tr><td>05 行政级别</td><td colspan="3">□ 省（部）级　□ 副省（部）级　□ 厅（司）级　□ 副厅（司）级
□ 县（处）级　□ 副县（处）级　□ 乡（科）级　□ 副乡（科）级</td></tr>
<tr><td colspan="2">06 财政经费来源方式</td><td colspan="2">□ 全额财政　□ 部分财政</td></tr>
<tr><td colspan="2">07 单位地址</td><td colspan="2">省（市、区）　市（地、州）　县（区、旗）
乡（镇）　街道（村）　号</td></tr>
<tr><td colspan="2">08 邮政编码：</td><td colspan="2">09 所在地区区划代码：</td></tr>
<tr><td colspan="2">10 联系人：</td><td colspan="2">11 联系电话：</td></tr>
<tr><td>12 其他</td><td colspan="3"></td></tr>
</table>

说明：

1. 填报范围：本表由全国各级各类公共机构负责填报，其中国家机关包括乡镇级（含）以上各级各类机关；卫生类公共机构中不包括诊所、医务室、卫生所和村卫生室；团体组织中不包括社区、村民自治组织和宗教组织。

2. 指标解释：

01 单位详细名称：填写本单位经有关部门批准正式使用的单位全称。

02 组织机构代码：按照《组织机构代码管理办法》和中华人民共和国国家标准《全国组织机构代码编制规则》（GB11714-1997），由质量技术监督部门给每个单位颁发的在全国范围内唯一的、始终不变的法定代码。单位代码共 9 位，由 8 位无属性的数字和 1 位校验码组成。所有单位都应填写本项目。

已经领取了法定代码的法人单位和产业活动单位必须填写质量技术监督部门颁发的《中华人民共和国组织机构代码证》上的代码；未领到法定代码或不属于法定代码赋码范围的单位，一律按照统计部门规定的临时码段中赋予代码填写。

03 行业代码：根据本单位的主要业务活动（或主要产品名称），对照《国民经济行业分类》（GB/T4754- 2002）填写行业小类代码。详见公共机构节能网（http：//ecpi.ggj.gov.cn）的“公共机构能源资源消耗统计资料”栏目。

04 机构类型：填写公共机构分类代码，按照本单位机构类型，在“国家机关、事业单位、团体组织”前的“□”中划 √。属于事业单位类型的公共机构，在“教育、科技、文化、卫生、体育、其他”前的“□”中划 √。

05 行政级别、06 财政经费来源方式：在本单位对应的行政级别、财政经费来源方式前的“□”中划 √。

07 单位地址：本单位所在地的详细地址要求写明单位所在的省（自治区、直辖市）、市（区、地、州、盟）、县（区、市、旗）、乡（镇）以及具体街（村）的名称和详细的门牌号码。

08 邮政编码：本单位所在地的详细邮政编码。

09 单位所在地区区划代码：按照单位所在地区的行政区划最新代码进行填写。详见公共机构节能网（http：//ecpi.ggj.gov.cn）的“公共机构能源资源消耗统计资料”栏目。

10 联系人：填写本单位负责节能工作的处（科、室）领导。

11 联系电话：填写本单位负责节能工作的处（科、室）的联系电话。

12 其他：填写本单位其他需要说明的内容。

13 填写要求：要求填写字迹清晰、内容完整、信息准确。

附件 2：

公共机构基本情况汇总表

管理部门名称（盖章）：

行政区域/部门全称：

序号	名称	编码	类型	行业代码	行政级别	财政经费来源方式	单位地址	邮政编码	地区区划代码	联系人	联系方式

单位负责人：　　　统计负责人：　　　统计员：　　　填报日期：201　年　月　日

说明：

1. 本表由县级以上各级人民政府公共机构节能管理部门或公共机构行政主管部门建立公共机构名录库使用。
2. 按所属行政区域序列、层级和公共机构类型、行政级别和排序进行填写。
3. 管理部门指各级公共机构节能管理部门或公共机构行政主管部门内部负责节能管理的机构。

附件 3：

公共机构数量汇总表

管理部门名称（盖章）：

行政区域/部门全称：

所辖地区或所属部门名称	代码	合计	国家机关	事业单位							团体组织
				小计	教育类	科技类	文化类	卫生类	体育类	其他类	
甲	乙	1	2	3	4	5	6	7	8	9	10

单位负责人：　　　统计负责人：　　　统计员：　　　填报日期：201　年　月　日

说明：

1. 本表由县级以上各级人民政府公共机构节能管理部门或公共机构行政主管部门建立公共机构名录库使用。
2. 按所属行政区域序列、层级和公共机构类型、行政级别和排序进行填写。
3. 管理部门指各级公共机构节能管理部门或公共机构行政主管部门内部负责节能管理的机构。

附件 4：

公共机构（事业单位）数量汇总表

管理部门名称（盖章）：

行政区域/部门全称：

地区名称	代码	合计	教育类					科技类			文化类		卫生类				体育类			其他类
				高校	中学	小学	其他		场馆	其他		场馆		医院	卫生院	其他		场馆	其他	
甲	乙	1	2	3	4	5	6	7	8	9	10	11	12	13	14	15	16	17	18	19

单位负责人：　　　　统计负责人：　　　　统计员：　　　　填报日期：201　年　月　日

说明：

1. 本表由县级以上各级人民政府公共机构节能管理部门或公共机构行政主管部门建立公共机构名录库使用。
2. 按所属行政区域序列、层级和公共机构类型、行政级别和排序进行填写。
3. 管理部门指各级公共机构节能管理部门或公共机构行政主管部门内部负责节能管理的机构。

第 二 章

制度解释

第一节 制度概述

一、制定制度的目的及意义

能源资源消费统计工作是公共机构节约能源资源工作中最根本、最基础的工作内容，也是节能管理部门实行正确决策和科学管理的一项重要保证。为加强和规范公共机构能源资源消费统计工作，国家机关事务管理局根据《中华人民共和国节约能源法》、《中华人民共和国统计法》和《公共机构节能条例》等法律法规，于2009年制定了《公共机构能源资源消耗统计制度》，结合工作实际，分别于2011年、2013年进行了修订，并更名为《公共机构能源资源消费统计制度》（以下简称《统计制度》），2015年再次进行修订，已经国家统计局批准（国统制〔2015〕64号）。

实施该制度将进一步规范和统一公共机构能源资源消费统计工作，全面系统地掌握各级公共机构使用的各类型能源资源消费状况，为各级节能管理部门制定节能政策、规划和标准，编制和核算节能指标，以及开展节能检查和考核等工作提供重要的依据和支撑；将更好地指导和督促各级公共机构定期了解本单位能源资源消费状况，适时分析能源资源消费变化趋势，切实加强日常节能管理，深入挖掘节能潜力，不断提高能源资源利用效率。

二、制度的属性及其制定的法律依据

《统计制度》是国家机关事务管理局（以下简称“国管局”）对公共机构能源资源消费信息统计工作的基本要求，统计调查项目属政府部门统计调查项目，其必要性、可行性、科学性已经国家统计局审查，其中指标涵义、调查范围、调查表式、统计代码等都严格按照国家有关标准制定。作为部门统计调查制度，

必须在报表的右上角标明法定标识，法定标识包括：表号、制表机关、批准机关/备案机关、批准文号/备案文号、有效期截止时间，法定标识不能随意更改和删除。

《统计制度》制定的主要依据是《中华人民共和国节约能源法》第二十七条规定、第四十九条规定；《中华人民共和国统计法》第七条规定、第九条规定；《公共机构节能条例》第十四条、第十五条等有关规定（详见《统计制度》封二部分）。

三、制度结构

《统计制度》是严格按照《中华人民共和国统计法》和《部门统计调查项目管理暂行办法》（1999 年 10 月 27 日国家统计局令第 4 号公布）中部门统计调查项目的要求制定的，由总说明、报表目录、调查表式、主要指标解释及填报说明、实施方案等五部分构成。

（1）总说明：说明了统计制度制定的目的，统计制度的性质，组织实施的主体，统计调查的对象、内容、方法，各主体的职责范围，统计调查报表形式、填报方法、报送要求以及执行的统计标准等内容。公共机构能源资源消费统计调查的对象为全国范围内（不包括港、澳、台地区）所有的公共机构，调查内容为公共机构的基本情况和公共机构能源资源消费情况两类信息，调查方法采用全面调查方法。

（2）报表目录：列出了需向国管局报送统计报表的单位、报表类别、报表周期和报送时间要求。

（3）调查表式：列出了统计调查使用的两类报表的规范格式。一类是四张基础表，在统计制度中表述为基层表，包括：公共机构基本信息、公共机构能源资源消费状况、公共机构数据中心机房能源消费状况、公共机构采暖能源资源消费状况。另一类是四张汇总表，在统计制度中表述为综合表，包括：公共机构能源资源消费统计分级汇总情况、公共机构能源资源消费统计分类汇总情况、公共机构数据中心机房能源消费统计汇总情况、公共机构采暖能源资源消费统计汇总情况。

（4）主要指标解释及填报说明：是对统计调查表中的各类统计调查指标的含义、填写要求的详细说明。

（5）实施方案：是国管局如何在全国范围内组织实施公共机构能源资源消费统计调查的工作要求，明确了职责分工、统计报表的填报主体，统计调查数据质量控制、统计报表的报送周期及时限要求，数据应用和数据安全管理的要求。

第二节　统计制度实施

一、总体要求

《统计制度》按照“统一部署、分级负责，全面调查、定期填报”的总要求组织实施。由国管局统一部署，各省（区、市）和中央国家机关各部门按照法律规定的权限组织开展本地区、本部门能源资源消费统计工作。

能源资源消费统计采取全面调查方法，按要求定期对公共机构的基本信息和使用的煤、燃气、燃油、电、热力、水等各种能源资源消费信息进行采集，并填报有关报表。

二、职责分工

（1）国管局负责全国公共机构能源资源消费统计工作，包括制定统计实施方案、部署统计工作、编制并发放统计软件和报表、开展统计培训、组织交流统计工作经验、审核汇总统计数据、编制统计工作报告等。

（2）县级以上地方各级人民政府管理机关事务工作的机构依照法律规定的权限负责组织本行政区域内公共机构能源资源消费信息统计工作，包括制定统计实施方案、部署统计工作、发放统计软件和报表、开展统计培训、组织交流统计工作经验、审核汇总统计数据、编制统计工作报告并报送上级人民政府管理机关事务工作的机构等。

（3）中央国家机关各部门、各单位，全国人大机关，全国政协机关，各民主党派中央机关的能源资源消费统计工作由国家机关事务管理局负责。中央国家机关各部门、各单位负责所属公共机构（包括派驻地方的公共机构）的能源资源消费统计工作，制定本部门、本系统公共机构能源资源消费统计实施方案。

三、组织实施工作

（1）编制实施方案。《统计制度》中的实施方案主要是国管局对全国公共机构能源资源消费统计工作的总体部署，以及对各省（区、市）和中央国家机关各部门、各单位有关报表的具体要求，并未明确省级以下和部门所属公共机构报表报送等方面的要求。以往有的地方和部门“原件”转发，未按要求编制相关工作方案，导致下级对报表的报送时间、报送对象不明确，影响了工作正常开展。为此，县级以上地方各级人民政府管理机关事务工作的机构和中央国家机关各部门节能管理部门收到关于印发《统计制度》的通知后，应结合实际，编制本地区、本部门实施《统计制度》的工作方案，工作方案中应包括所辖（属）公共机构能源资源消费工作的职责分工、统计报表的填报主体、报送周期与时限要求，并对统计数据填写、审核、分析及通报和安全管理等方面提出具体要求。

【说明】

①方案名称可用"（地区、部门名称）实施《公共机构能源资源消费统计制度》的工作方案"，以避免与《统计制度》中的实施方案混淆。

②各级公共机构节能管理机构应在满足上一级管理部门报送要求的基础上，确定下一级公共机构报送各类报表的报送单位和周期、时间、方式，并要做好新旧报表的衔接。

③各级公共机构节能管理机构应编制本地区、本部门的《报表目录》，以便下一级公共机构一目了然地了解各类报表的报送单位和周期、时间、方式等要求。

④《统计制度》实施方案和《报表目录》应报本单位负责人审核、批准后，再予实施。

（2）转发《统计制度》。《统计制度》应逐级转发至每一个公共机构，同时要将转发单位制定的《统计制度》实施方案发至下一级机构。

（3）开展业务培训。由于公共机构资源消费统计工作是比较新、专业性比较强的业务，基层公共机构能耗统计员大多是非专业人员，每两年一次的制度修订都有一定内容调整和报表更新，《统计制度》转发后，要即时组织开展业务培训工作，同时还可以组织交流统计工作经验。

（4）定期完成报表的汇总、审核和报送工作。各级公共机构按照上一级管理机构明确的基层表报送时间，及时填报基层表，经本单位主管节能工作的负责人审核确定无误后，加盖单位公章后再予报送，并完成有关台账的填制工作。各级公共机构节能管理机构按照上一级管理机构明确的综合表报送时间，及时汇总下一级公共机构报送的相关数据，并做好数据质量审核工作，按要求填写综合表，经本单位主管节能工作的负责人审核确定无误后，加盖单位公章后再予报送。

（5）开展数据分析、报告工作。各公共机构应结合本单位、本系统建筑面积、用能人数、用能设备运行等情况，按月（季度）对煤、燃气、燃油、电、热力和水等能源资源消费状况进行分析评价，并形成能源资源消费情况报告向本单位领导进行报告。

县级以上各级人民政府管理机关事务工作的机构应定期对本级和本地区公共机构能源资源消费状况进行分析，形成《公共机构能源资源消费统计分析报告》，与统计数据同步报送。

（6）组织开展数据抽查工作。县级以上人民政府管理机关事务工作的机构应当对本级各部门和本地区公共机构上报的统计数据进行复核，并定期抽查，确保上报的能源资源种类、计量单位、消费量及费用等内容符合本制度规定。

第三节　统计报表填报方法

一、报表介绍

（一）基层表

表式：基层表包括《公共机构基本信息》、《公共机构能源资源消费状况》、《公共机构数据中心机房能源消费状况》和《公共机构采暖能源资源消费状况》四种表式。

（1）《公共机构基本信息》。本表主要调查各公共机构单位名称、组织机构代码、机构类型、行业代码和单位地址、联系方式等情况的信息。

填报主体：由各公共机构填报。

填报方法：公共机构能耗统计员按照上一级管理部门明确的报送时限采集填写各统计调查指标，由统计负责人、单位负责人审核并加盖单位公章后，报送同级人民政府管理机关事务工作的机构或上一级行政主管部门。

【说明】

①本表为公共机构单位“静态”信息，各级公共机构节能管理机构可将本表的调查周期定为年报；若公共机构本表相关信息发生变更，应于变更后一个月内重新报送本表。

②本表中相关信息与公共机构名录库建设的内容基本相同，各级公共机构节能管理机构可依据本表调查结果，每年对管理范围内的公共机构名录信息进行更新。

（2）《公共机构能源资源消费状况》。本表主要调查各公共机构建筑面积、用能人数、车辆数量等信息和电、水、煤炭等能源资源消费情况的信息。

填报主体：由各公共机构填报。

填报方法：公共机构能耗统计员按照上一级管理部门明确的报送时限采集填写各统计调查指标，由统计负责人、单位负责人审核并加盖单位公章后，报送同级人民政府管理机关事务工作的机构或上一级行政主管部门。

【说明】

本表是调查各公共机构能源资源消费最基础的报表，各级公共机构节能管理机构应按要求采取月报、季报的方式。

（3）《公共机构数据中心机房能源消费状况》。本表主要调查公共机构使用数据中心机房的能源消费情况，主要包括机房建筑面积、机柜数量、设备功率等信息和总用电量、IT 设备用电量、空调用电量等能源消费情况。

填报主体：由各使用数据中心机房的公共机构填报。

填报方法：公共机构能耗统计员按照上一级管理部门明确的报送时限采集填写各统计调查指标，由统计负责人、单位负责人审核并加盖单位公章后，报送同级人民政府管理机关事务工作的机构或上一级行政主管部门。

（4）《公共机构采暖能源资源消费状况》。

填报主体：由实施冬季采暖的公共机构填报。

填报方法：公共机构能耗统计员按照上一级管理部门明确的报送时限采集填写各统计调查指标，由统计负责人、单位负责人审核并加盖单位公章后，报送同级人民政府管理机关事务工作的机构或上一级行政主管部门。

【说明】

本表调查范围不仅包括北方采暖地区的公共机构，还包括南方冬季使用锅炉、中央空调实施采暖的公共机构。

（二）综合表

表式：综合表包括《公共机构能源资源消费统计分级汇总情况》、《公共机构能源资源消费统计分类汇总情况》、《公共机构数据中心机房能源消费统计汇总情况》和《公共机构采暖能源资源消费统计汇总情况》。

填报主体：由各级公共机构节能管理机构和部门负责填写。

填报方法：汇总、填写本地区、本部门所辖（属）公共机构各项统计调查指标，并报送上级人民政府管理机关事务工作的机构或上一级行政主管部门。

【说明】

《公共机构能源资源消费统计分级汇总情况》、《公共机构能源资源消费统计分类汇总情况》汇总的能源资源消费范围相同，统计数据汇总结果也应相同。

二、主要指标解释及填报说明

（一）公共机构基本信息（国管节能基 1 表）

（1）单位详细名称：填写本单位经有关部门批准正式使用的单位全称。

例如：“中华人民共和国教育部”、“国家统计局”、“河北省统计局”、“中国人民大学”、“北京大学附属第一医院”。

（2）组织机构代码：由质量技术监督部门给每个国家机关、事业单位、团体组织等颁发的在全国范围内唯一的、始终不变的法定代码。单位代码共 9 位，由 8 位无属性的数字和 1 位校验码组成。所有单位都应填写本项目。

已经领取了法定代码的法人单位和产业活动单位必须使用法定代码，应填写质量技术监督部门颁发的《中华人民共和国组织机构代码证》上的代码；未领到法定代码或不属于法定代码赋码范围的单位，一律按照统计部门规定的临时码段中赋予代码填写。

（3）机构类型：填写公共机构分类代码，其中事业单位应填写 3 位代码，分类代码如下：

01 国家机关，02 事业单位（其中：021 教育事业、022 科技事业、023 文化事业、024 卫生事业、025 体育事业、026 其他），03 团体组织。

【说明】

各公共机构填写机构类型时应按照本单位的实际类型进行填写。

【例如】

教育部：01；

北京大学：021；

北京大学附属第一医院：024。

（4）行业代码：根据本单位填写的主要业务活动（或主要产品名称），对照《国民经济行业分类》（GB/T 4754-2011）填写行业小类代码。详见附录 2 或公共机构节能网的“公共机构能源资源消费统计资料”栏目。

【说明】

填写行业代码时，各单位应按照本单位的具体情况进行填写。

【例如】

国家质量监督检验检疫总局：s9126；

中国纤维检验局：s9427。

（5）单位地址、邮政编码：本单位所在地的详细地址要求写明单位所在的省（自治区、直辖市）、市（区、地、州、盟）、县（区、市、旗）、乡（镇）以及具体街（村）的名称和详细的门牌号码及所在地的详细邮政编码。

（6）单位所在地区区划代码：按照单位所在地区的行政区划最新代码进行填写。详见附录 3 或公共机构节能网（http：//ecpi.ggj.gov.cn）的“公共机构能源资源消费统计资料”栏目。

【说明】

单位所在地区区划代码统一填写本单位所在区县的代码，即 6 位数字。

【例如】

教育部位于北京市西城区，区划代码为 110102；

山西省教育厅位于太原市小店区，区划代码为 140105；

山西省晋中市教育局位于晋中市榆次区，区划代码为 140702。

（7）联系方式：填写本单位负责节能工作的处（科、室）的联系电话、传真及电子信箱。

（8）其他：填写租用、合用办公建筑等其他需要说明的情况。其中合署办公的单位写明办公区管理单位的名称。

（二）公共机构能源资源消费状况（国管节能基 2 表）

（1）建筑面积：填写本单位办公使用的所有建筑面积，职工住宅除外。

【说明】

①学校和担负培训任务的公共机构中的学生（员）宿舍区面积应计入。

②办公区域内的值班和工勤人员的值班室、休息室等，且能耗费用由本单位支付的建筑面积应计入。

③合署办公的公共机构，除本单位办公直接使用的建筑面积外，其分摊部分的公共区域建筑面积应计入。

④办公区内有对外收费服务的、出租（借）的建筑（能耗费用在服务费包含或由承租、借方支付），其建筑面积不计入。

⑤能耗费用由使用者本人支付的宿舍、住宅建筑面积不计入。

⑥办公区内正在维修改造且停止办公使用的建筑物，其建筑面积不计入。

（2）用能人数：填写本单位统计周期内的日平均用能人数，包括在岗在编（注册）人员和各类编外工作人员。计算方法：

①用能人数：指本单位办公区域统计周期内的用能人数总量除以统计周期的天数。

②编制人数：填写本单位经有关部门批准的编制人员数量。

【说明】

①国家机关等公共机构中的用能人数，指统计周期内在岗在编的人员、长期聘（借）的编外工作人员和工勤人员等平均用能人数。

②各类学校和担负培训任务的公共机构用能人数，指统计周期内的在岗在编人员和长期聘（借）用的编外工作人员和工勤人员，及注册（登记）在校的学生（员）等日平均用能人数。

【例如】

某学校在编教职员工 400 人，聘用公勤、保障人员 100 人，注册学生 1500 人。2009 年 7、8 月份，教职员工和公勤、保障人员有 200 人仍在校工作，另学校组织了 300 人的课外培训班。9 月份，注册学生和教职员工全部返校。该校第三季度（每月暂按 30 日计）用能人数的计算方法为：

第一步：7、8 月份用能人数情况：

A=（200 人 + 300 人）×60 日=【30000 人·日】

第二步：9 月份用能人数情况：

B =（500 人 + 1500 人）×30 日=【60000 人·日】

第三步：该学校第三季度用能人数：

$C=【A+B】\div 90$ 日=1000 人。

（3）车辆数量：填写本单位统计周期内属于本单位公务活动使用的所有公车数量，包括本单位使用的公务用车数量和由本单位支付油耗费用的租（借）用车辆数量。

①编制车辆数量：填写本单位经有关部门批准的车辆编制数量。

②汽油车数量：填写本单位使用车辆中消费汽油的车辆数量。

③柴油车数量：填写本单位使用车辆中消费柴油的车辆数量。

④新能源汽车数量：填写本单位使用车辆中纯电动汽车、插电混合式动力汽车、燃料电池汽车数量。

（4）电消费数据：填写本单位办公区统计周期内消费的总电量及费用的数据。采集方式有两种：

一是从电力供应部门获取数据；

二是逐户调查各用户和统计公用电耗，然后累加获得总消费数据。

（5）水消费数据：填写本单位办公区统计周期内消费的实际用水量及费用数据。

（6）煤炭消费数据：填写本单位办公区统计周期内的煤炭实际消费量及费用数据。

（7）天然气消费数据：填写本单位办公区统计周期内的天然气实际消费量及费用数据。数据采集有两种方式：

一是集中供应和使用的，由燃气公司提供能耗数据；

二是分户购买、使用的，逐户调查和累加各用户消费量和费用。

（8）汽油消费数据：填写本单位统计周期内办公使用的汽油实际消费量和费用。“其他用油”应填写因冬季供暖、日常烧制饮用开水等所需的汽油消费量。

汽油消费量和费用等于车辆的汽油消费量和费用与因冬季供暖、日常烧制饮用开水等所需的其他汽油消费量和费用的总和。

（9）柴油消费数据：填写本单位统计周期内办公使用的柴油实际消费量和费用。“其他用油”应填写因冬季供暖、日常烧制饮用开水等所需的柴油消费量。

柴油消费量和费用等于车辆的柴油消费量和费用与因冬季供暖、日常烧制饮用开水等所需的其他柴油消费量和费用的总和。

【说明】

从事海运、河运及其他管理的公共机构，配备的摩托车、直升机及船类等非汽车类交通工具的数量和编制数量不计入车辆数量统计范围中，其油耗数据计入汽油或柴油的“其他用油量、费用”指标中。另外，公务人员办公临时使用的私人车辆不计入车辆数量中。

（10）热力消费数据：填写本单位办公区统计周期内的外购热力消费量和费用。热力消费量数据从热量计量装置上获取。未安装热量计量装置的只填写费用。

（11）可再生能源应用的相关数据：填写本单位办公区统计周期内太阳能光热利用系统、太阳能光电利用系统、浅层地热能利用系统等相关数据。

（12）其他能源数据：填写本单位办公区统计周期内使用的其他能源数据，消费量参照相应折算系数折算成吨标准煤，并在"()"中填写本制度中未列出的能源的类型。

【说明】

公共机构合署办公区的能源资源消费数据调查：一种情况是已安装能源资源消费分户计量装置的，由各公共机构分户采集、填报；另一种情况是未安装能源资源消费分户计量装置或分户不彻底的，应在相关主管部门或物业管理部门的协助下，参考用能人数、建筑面积、用能设备等因素，对能源资源消费量进行合理分摊，分别填报。

（三）公共机构数据中心机房能源消费状况（国管节能基3表）

（1）机房建筑面积：填写本单位数据中心机房使用及其配套用房的建筑面积。

（2）设备总功率：填写数据中心机房各类IT设备的总功率、保障机房恒温恒湿功能的空调总功率、机房配电及附属设备总功率的和。

（3）IT设备的总功率、保障机房恒温恒湿功能的空调总功率、机房配电及附属设备总功率：分别从各类型设备铭牌上获取，并累加所得。

（四）公共机构采暖能源资源消费状况（国管节能基4表）

（1）采暖面积：填写本单位办公场所中实施冬季采暖的建筑面积。

（2）独立供暖面积：填写本单位办公场所中由本单位独立供暖的建筑面积。

（3）热计量收费的面积：已安装热计量装置，按热消费量付费的单位，填写热计量收费的采暖面积。

（4）独立供暖供热能力：填写本单位独立供暖的锅炉设备的额定供暖能力，可从锅炉设备的铭牌上采集相关信息。

（五）综合表中有关指标填写方法

（1）各级国家机关使用《公共机构能源资源消费统计分级汇总情况》时，汇总至部门所属三级单位，三级以下单位的数据由第三级统一汇总填写。

例如，海关总署（本级）、天津海关（二级）、保税区海关（三级）。

【注】

保税区海关的能源资源消费情况中应包括本级和下属各办事机构的能源资源消费情况。

代码的编制方法：按照各级公共机构行政序列及隶属关系，逐级依次编号。

【例如】

江苏省卫生厅（本级）、疾病预防控制中心（二级）、预防医学会（三级），江苏省卫生厅所属公共机构能源资源消费分级汇总情况如表 2-1 所示。

表 2-1　江苏省卫生厅所属公共机构能源资源消费分级汇总情况

甲	1
总计	01
江苏省卫生厅机关本级	02
江苏省人民医院	03
江苏省中医院	04
江苏省疾病预防控制中心	05
疾病预防控制中心本级	0501
预防医学会	0502
健康咨询中心	0503
…	…
江苏省卫生监督所甲	06…

数据之间的关系：

“01” = “02” + “03” + “04” + “05” + “06” +…

“05” = “0501” + “0502” + “0503” +…

（2）各省（区、市）公共机构节能管理部门使用《公共机构能源资源消费统计分级汇总情况》时，汇总至县（区、市）级。县（区、市）级的统计数据中，除本级公共机构能源资源消费情况外，还应包括乡镇（街道办事处）级等公共机构的情况。表中代码按照所属行政区域序列及隶属关系依次编码。

【例如】

河北省公共机构能源资源消费分级汇总情况如表 2-2 所示。

表 2-2　河北省公共机构能源资源消费分级汇总情况

甲	1
总计	01
河北省级公共机构	02
石家庄市	03
石家庄市本级	0301
长安区	0302

续表

…	…
唐山市	04
唐山市本级	0401
路南区	0402
…	…

数据之间的关系：
"01" = "02" + "03" + "04" +…
"03" = "0301" + "0302" +…

第四节 其他事项

一、台账

（1）《公共机构能源资源消费基本情况统计台账》（表 2-3）是各公共机构分类汇集、整理和积累能源资源消费原始信息的账册，主要记录公共机构使用的各种能源资源的逐月（年）消费量及费用。各公共机构须逐月按时填写，逐年建册。

（2）《公共机构数据中心机房能源消费基本情况统计台账》（表 2-4）是各公共机构分类汇集、整理和积累数据中心机房能源消费原始信息的账册，主要记录本单位数据中心机房使用能源的逐月（年）消费量。各公共机构须逐月按时填写，逐年建册。

（3）《公共机构采暖能源资源消费情况统计台账》（表 2-5）是各公共机构分类汇集、整理和积累本单位采暖能源资源消费原始信息的账册，主要记录冬季各种能源的逐年消费量及费用。各公共机构须逐年按时填写，5 年一个周期进行建册。

二、公共机构基本情况汇总表

《公共机构基本情况汇总表》（表 2-6）由县级以上各级人民政府公共机构节能管理部门或公共机构行政主管部门建立公共机构名录库使用，主要记录本地区、本部门所辖（属）各级各类公共机构基本情况。

表 2-3　公共机构能源资源消费基本情况统计台账

单位名称（盖章）：　　　　　　　　　　　201　年

指标名称	计量单位	代码	合计	1 月	2 月	3 月	4 月	5 月	6 月	7 月	8 月	9 月	10 月	11 月	12 月
甲	乙	丙	1	2	3	4	5	6	7	8	9	10	11	12	13
用地面积	万平方米	101													
建筑面积	万平方米	102													
用能人数	人	103													
其中：编制人数	人	1031													
车辆总量	辆	104													
其中：汽油车数量	辆	1041													
柴油车数量	辆	1042													
新能源汽车数量	辆	1043													
电消费量	万千瓦时	110													
费用	万元	111													
水消费量	万立方米	120													
费用	万元	121													
煤炭消费量	吨	130													
费用	万元	131													
天然气消费量	万立方米	140													
费用	万元	141													
汽油消费总量	万升	150													
费用	万元	151													
其中：车辆用油量	万升	1501													
费用	万元	1511													

续表

指标名称	计量单位	代码	合计	1月	2月	3月	4月	5月	6月	7月	8月	9月	10月	11月	12月
甲	乙	丙	1	2	3	4	5	6	7	8	9	10	11	12	13
其他用油量	万升	1502													
费用	万元	1512													
柴油消费总量	万升	160													
费用	万元	161													
其中：车辆用油量	万升	1601													
费用	万元	1611													
其他用油量	万升	1602													
费用	万元	1612													
热力消费量	万吉焦	170													
费用	万元	171													
其他能源消费量	吨标准煤	180													
费用	万元	181													
可再生能源应用	—	—													
其中：太阳能集热器面积	平方米	190													
太阳能光电装机容量	千瓦	191													
地热利用装机容量	千瓦	192													
统计员															
统计负责人															

单位负责人：　　　　填表时间：201　年　月　日

表 2-4　公共机构数据中心机房能源消费基本情况统计台账

单位名称（盖章）：　　　　201　年

指标名称	计量单位	代码	合计	1月	2月	3月	4月	5月	6月	7月	8月	9月	10月	11月	12月
甲	乙	丙	1	2	3	4	5	6	7	8	9	10	11	12	13
机房建筑面积	万平方米	200													
机柜总数量	个	210													
其中：预留机柜数量	个	2101													
设备总功率	万千瓦	220													
其中：IT 设备功率	万千瓦	2201													
空气调节设备功率	万千瓦	2202													
配电及附属设备功率	万千瓦	2203													
UPS 装机容量	万千伏安	230													
总用电量	万千瓦时	240													
其中：IT 设备用电量	万千瓦时	2401													
空气调节设备用电量	万千瓦时	2402													
配电及附属设备用电	万千瓦时	2403													
其他能源消费量（）	吨标准煤	250													
统计员															
数据中心机房负责人															
统计负责人															

单位负责人：　　　　填表时间：201　年　月　日

表 2-5 公共机构采暖能源资源消费基本情况统计台账

单位名称（盖章）： 201 年

指标名称	计量单位	代码	201	201	201	201	201
甲	乙	丙	1	2	3	4	5
采暖面积	万平方米	300					
其中：独立采暖面积	万平方米	3001					
热计量收费的面积	万平方米	3002					
采暖天数	天	310					
独立供暖供热能力	—	—					
热水锅炉热功率	兆瓦	321					
蒸汽锅炉蒸发量	吨/小时	322					
水消费量	万立方米	330					
费用	万元	331					
电消费量	万千瓦时	332					
费用	万元	340					
煤炭消费量	吨	341					
费用	万元	350					
煤炭热值	千卡	351					
天然气消费量	万立方米	360					
费用	万元	361					
柴油消费量	万升	370					
费用	万元	371					
热力消费量	万吉焦	380					
费用	万元	381					
其他能源消费量	吨标准煤	390					
费用	万元	391					
统计员							
采暖负责人							
统计负责人							

单位负责人： 填表时间：201 年 月 日

表 2-6　公共机构基本情况汇总表

管理部门名称（盖章）：

行政区域/部门全称（盖章）：　　　　201　年

序号	名称	编码	机构类型	行业代码	单位地址	邮政编码	地区区划代码	联系人	联系方式
1	总计	01							
2	本级公共机构	02							
3	所辖（属）公共机构 1	03							
4	下一级公共机构 1	0301							
…	下一级公共机构 2	0302							
	…	…							
	所辖（属）公共机构 2	04							
	下一级公共机构 1	0401							
	下一级公共机构 2	0402							
	…								

单位负责人：　　　　统计负责人：　　　　统计员：　　　　填表时间：201　年　月　日

说明：1. 本表由县级以上各级人民政府公共机构节能管理部门或公共机构行政主管部门建立公共机构名录库使用。

2. 按所属行政区域序列、层级和公共机构类型、行政级别和排序进行填写。

3. 管理部门指各级公共机构节能管理部门或公共机构行政主管部门内部负责节能管理的机构。

第　三　章

能源资源消费水平评价指标计算

第一节　水资源消费

一、总量统计

水资源消费总量是指公共机构消费水的总量，主要包括自来水、自备井供水、桶装水及外购热水等。

【说明】

各级公共机构在进行水消费量数据采集时，要正确处理好中水的计入方法，凡属于公共机构本单位内的中水处理装置“生产”的中水及其他水资源二次以上重复利用的水量不应重复计入。

公共机构办公区内有新建、装修等施工用水的情况，应由施工单位承担的水消费量及费用不再计入本单位用水总量。

二、指标计算

水消费主要计算人均用水量指标，其计算公式为

人均用水量=水消费总量/总用能人数

第二节　电　消　费

一、总量统计

电消费总量是指公共机构办公区内消费电的总量。

【说明】

在公共机构电力消费统计中，电力统计的单位是“千瓦时”（符号：kWh），

也就是日常所说的“度”。千瓦时是一个能量度量单位，其物理意义表示功率为 1 千瓦（kW）的电器工作 1 小时所消耗的电能，或者说工作 1 小时所做的功。

1 千瓦时=3600000 焦耳=3.6 百万焦耳（中国台湾）=3.6 兆焦耳（中国）

二、指标计算

电消费主要计算人均用电量及单位建筑面积用电量两项指标，其计算公式分别为

人均用电量=电消费总量/用能人数

单位建筑面积用电量=电消费总量/建筑面积

三、折标煤计算

电转换为标准煤时，由于公共机构能源消耗用途相对固定，在进行能源资源消耗统计分析过程中，统一按照国家统计规定的“1 万千瓦时=1.229 吨标准煤”进行计算。其他用途另行确定。电消费总量折标煤计算公式为

电力消费量（吨标准煤）=电力实际消耗量（万千瓦时）×1.229

第三节 煤 炭 消 费

一、总量统计

煤炭消费总量是指公共机构办公区内消费煤炭的总量。

二、指标计算

煤炭消费主要计算人均用煤炭量及单位建筑面积用煤炭量两项指标，其计算公式分别为

人均用煤炭量=煤炭消费总量/用能人数

单位建筑面积用煤炭量=煤炭消费总量/建筑面积

三、折标煤计算

煤炭消费总量折标煤计算公式为

煤炭消费总量（吨标准煤）=煤炭实际消费量（吨）×折标煤系数

【说明】

在对公共机构的煤炭消费进行统计时，需首先对公共机构所消耗煤的质量（热值）进行调查，根据实际消耗煤的质量（热值）选择适当的折标煤系数，若由于客观条件限制无法得到热值的，则折标煤系数按 0.7143 计算。

【例如】

某地区的生活用煤热值为 5500 千卡/千克，其折标煤系数则应选择 0.7857（5500/7000）。

某地区的采暖用煤由于煤质变动频繁等原因而无法确认热值，其折标煤系数应选择 0.7143。

第四节　天然气消费

一、总量统计

天然气消费总量是指公共机构办公区内消费天然气的总量。

依据本单位办公区域统计周期内的天然气实际消费量及费用数据填写天然气消费数据。数据采集有两种方式：

一是集中供应和使用的，由燃气公司提供能耗数据；

二是分户购买、使用的，逐户调查和累加各用户消费量和费用。

要将天然气不同数量级、不同计量单位统一转换为标准计量单位。

国家统计局《能源统计报表制度》中明确天然气的气态（立方米）与液态（千克）间的单位换算系数为

1 千克液化天然气=1.38 立方米天然气

1 立方米天然气=0.7256 千克液化天然气

二、指标计算

天然气消费主要计算人均用天然气量及单位建筑面积用天然气量两项指标，其计算公式分别为

人均用天然气量=天然气消费总量/用能人数

单位建筑面积用天然气量=天然气消费总量/建筑面积

三、折标煤计算

将天然气消费量折算为标准煤单位时，计算公式如下：

天然气消费总量（吨标准煤）=天然气实际消耗量（万立方米）×13.3

天然气消费总量（吨标准煤）=天然气实际消耗量（吨）×1.7572

第五节 汽 油 消 费

一、总量统计

汽油消费总量是指在统计周期内办公使用的汽油实际消费量和费用，主要由两部分构成：一是车辆用油量，二是其他用油量，并需要分别填写相应费用。车辆用油量和费用指的是日常公务用车、其他用途车辆的汽油消费量和费用，其他用油量指的是因冬季供暖、日常烧制饮用开水等所需的其他汽油消费量和费用。

【说明】

汽油质量单位与体积单位间的相关计算方法如下：

汽油，1 升=0.73 千克，1 千克=1.3699 升。

二、指标计算

汽油消费主要计算人均用汽油量指标，其计算公式为

人均用汽油量=汽油消费总量/用能人数

三、折标煤计算

将汽油消费量折算为标准煤单位时，计算公式如下：

汽油消费总量（吨标准煤）=汽油实际消耗量（万升）×10.74122

汽油消费总量（吨标准煤）=汽油实际消耗量（吨）×1.4714

第六节 柴 油 消 费

一、总量统计

柴油消费总量是指在统计周期内办公使用的柴油实际消费量和费用。与汽油消费量统计类似，柴油消费量统计同样由两部分组成：车辆用油量和其他用油量。其中，车辆用油量及其费用为本单位统计周期内办公使用的柴油实际消费量和费用；其他用油及其费用指的是因冬季供暖、日常烧制饮用开水等所需的柴油量和费用。

二、指标计算

柴油消费主要计算人均用柴油量指标，其计算公式为

人均用柴油量=柴油消费总量/用能人数

【说明】

柴油质量单位与体积单位间的相关计算方法如下：

柴油，1 升=0.86 千克，1 千克=1.1628 升。

三、折标煤计算

将柴油消费量折算为标准煤单位时，计算公式如下：

柴油消费总量（吨标准煤）=柴油实际消耗量（万升）×12.53106

柴油消费总量（吨标准煤）=柴油实际消耗量（吨）×1.4571

第七节 热力消费

一、总量统计

热力消费量统计指的是统计本单位办公区统计周期内的外购热力消费量和费用。热力消费量数据从热量计量装置上获取，未安装热量计量装置的只填写费用。

热力按照《能源统计报表制度》确定分以下几种情况：

（1）热水：假定出口温度为 90℃，回水温度为 20℃的情况下，闭路循环系统每千克热水的热值按 20 千卡计算，开路供热系统每千克热水的热值按 70 千卡计算。

（2）饱和蒸汽：压力 1～2.5 千克/平方厘米，温度 127℃以下，每千克蒸汽的热值按 620 千卡计算；压力 3～7 千克/平方厘米，温度 135～165℃，每千克蒸汽的热值按 630 千卡计算；压力 8 千克/平方厘米，温度 170℃以上，每千克蒸汽的热值按 640 千卡计算。

（3）过热蒸汽：压力 150 千克/平方厘米，温度 200℃以下，每千克蒸汽的热值按 650 千卡计算；温度 220～260℃，每千克蒸汽的热值按 680 千卡计算；温度 280～320℃，每千克蒸汽的热值按 700 千卡计算；温度 350～500℃，每千克蒸汽的热值按 750 千卡计算。

二、指标计算

热力消费主要计算单位建筑面积用热力指标，其计算公式为

单位建筑面积用热力量=热力消费总量/建筑面积

三、折标煤计算

将热力消费量折算为标准煤单位时，计算公式如下：

热力消费总量（吨标准煤）=热力实际消耗量（万吉焦）×341.2

热力消费总量（吨标准煤）=热力实际消耗量（万千焦）×0.0003412

热力消费总量（吨标准煤）=热力实际消耗量（百万千卡）×0.14286

第八节　其他能源消费

一、总量统计

其他能源统计是指公共机构使用的未被单独列入统计范围的能源品种，如液化石油气、人工煤气、煤油等，按照统计制度全面统计调查的要求，这些能源也应该统计调查。这里，其他能源不包括可再生能源，可再生能源需单独统计。

二、折标煤计算

其他能源转换为标准煤单位计算方法如下：

液化石油气消费量（吨标准煤）=实际消费量（吨）×1.7143

人工煤气消费量（吨标准煤）=实际消费量（万立方米）×5.0

煤油消费量（吨标准煤）=实际消费量（万升）×12.06548

三、可再生能源消费

可再生能源消费统计包括填写本单位办公区统计周期内太阳能集热器面积、太阳能光电装机容量、地热利用装机容量等相关数据。

第二部分

统计学和能源基础知识

第 四 章

统 计 概 述

第一节 统计学的对象和性质

一、统计的三种涵义及其关系

统计一词在一般意义上可以有三种涵义，即：

（1）统计工作，或称统计（工作）活动。它是搜集、整理和分析各种现象的现实方面——数量方面有关资料的一种实践活动及其过程。

（2）统计数据，或称统计资料。它是包括现象的数量资料和有关情况在内的统计（工作）活动的结果，是一组有明确意义的数字或符号。其中，数量资料是它的主要内容。它可以单纯地表现为现象数量表现的多少，也可以表现为有关现象之间的数量对比关系。

（3）统计学，或称统计理论。它是在统计实践的基础上概括出来的关于统计知识的系统论证和结论。例如，包括本讲义所述内容在内的统计的一般理论和应用理论。

统计的三种涵义可概括为两个基本方面：统计实践和统计理论。

在人们的日常工作和生活中到处都有统计实践，包括统计活动和统计数据两个基本内容，它们是统计实践过程与结果的关系。例如，上课时老师要统计一下出席的人数；球类比赛时解说员通过统计竞赛双方的进攻次数和成功率等解说比赛进程和客观状况；企业管理人员每天都要掌握的生产销售情况和利润额；人们可以通过报刊和电视等各种媒体获得关于某国的国内生产总值、物价指数和经济增长率的数据；等等。

对统计理论或统计学的定义不一而足，例如：

（1）统计学是一门搜集、整理、显示和分析统计数据的科学，其目的是探索数据内在的数量规律性；

（2）统计学是关于统计数据的科学；

（3）统计学是研究搜集、整理和分析大量事物数量关系和变化的科学；

（4）统计学是根据从总体中随机取出的样本中所获得的信息来推断关于总体的性质的一门学科；

本手册对统计理论或统计学的定义如下：它是一门研究统计全过程的活动规律和统计方法的方法论科学。其中，统计活动和统计方法的对象是以客观现象的存在为前提的现象的数量表现，即统计数据。在这个意义上可以说，统计学是关于统计数据的科学。

在当代科学体系中，统计学当作一门学科，有着基础学科的意义。

统计实践和统计理论具有一般意义上的实践和理论的关系。统计实践是统计理论产生和形成的前提和基础，统计理论是对统计实践的理论概括和知识体系的系统论述。

二、统计学的研究对象、特点和性质

就统计学理论体系内容的逻辑而言，统计学是一门研究统计全过程的活动规律及其统计方法的方法论科学。或者说，统计学的研究对象是：以现象及其数量表现为基础的、可以表明统计活动规律的统计方法。其中，统计活动及其统计方法的对象是以客观现象存在为前提的现象的数量表现，即统计数据。

一般地，统计活动过程包括统计设计、统计调查、统计整理、统计分析四个阶段。统计设计就是对统计工作各个方面和各个环节进行通盘考虑和安排，其结果形成工作方案。统计调查就是根据统计方案的要求，采用科学的方法，有计划地搜集统计数据的工作过程。统计整理就是对调查资料进行综合汇总，使之条理化、系统化的工作过程。它是统计活动的初步成果。统计分析就是对经过加工汇总的资料进行分析研究，计算各项分析指标，揭示现象的发展趋势和比例关系，阐明现象和过程的特征，并做出科学解释的过程。它是统计工作的决定性阶段。

第二节　统计学的基本概念

一、统计总体和样本

（一）统计总体

统计总体简称总体，它是由客观存在的、具有某种相同性质的许多个别事物（或个别单位）组成的整体。组成总体的每一个个别事物或个别单位称作总体单位，或称作单位、个体，是组成总体的元素。

【例如】

总体可以是：①所有中国人；②所有的内蒙古选民；③某电信经营商的所有客户；④某汽车制造厂某条生产线去年生产的所有汽车；⑤中国汽车维修行业的所有库存汽车零部件；⑥去年北京市某品牌快餐餐馆所有窗口销售的某一品种快餐；等等。

同时，相应的总体单位是：①每一个中国人；②每一个内蒙古选民；③某电信经营商的每一位客户；④某汽车制造厂某条生产线去年生产的每一辆汽车；⑤中国汽车维修行业的每一个库存汽车零部件；⑥去年北京市某品牌快餐餐馆所有窗口销售的某一品种的每一份快餐；等等。

总体是在一定研究目的条件下用来规范统计活动范围的。也就是说，它的作用在于确定统计研究范围。统计总体所包含的个体数量称作总体单位数，即总体容量，一般用 N 表示。按照总体单位数的有限性进行区分，可以分为有限总体和无限总体。

总体有三个由总体单位情况所决定且同时具备的特点（或性质）：大量性、同质性、变异性。大量性指总体是由具有某种相同性质的所有个别事物（或个别单位）组成的，即总体应该包括的单位都已经包括在内；同质性指组成总体的所有个别事物（或个别单位）具有某种相同性质，进而组成总体；变异性指组成总体的所有个别事物（或个别单位）至少在某一个方面是有所区别的。

同时，要注意到总体和总体单位之间的联系。在不同的研究目的条件下，总体和总体单位的内容是可以相互转化的。

（二）样本

样本是根据随机原则从总体中抽取的部分单位组成的（抽样）总体。组成样本的单位称作样本单位，样本单位首先是总体单位。样本单位的数量称作样本单位数，一般用 n 表示。若 $n<30$，则称样本为小样本，否则，称为大样本（即 $n\geqslant30$）。要注意将样本单位数区别于样本数：样本数与抽样方法有关。样本也称作随机样本，它的随机性是由在抽样估计过程中抽取样本的随机性决定的。样本主要是用来计算统计量并据此进行抽样推断的。

【例如】

某公司在审查本公司年度内的所有（55400 张）发票的差错情况时，审查人员只需随机抽查一个由 100 张发票组成的大样本，通过这 100 张发票计算的差错率可对全部（55400 张）发票的差错率进行推断，进而做出决策。

二、标志、指标和指标体系

（一）标志

统计标志也称标志、标识，它是用来表明总体单位在某一方面所具有的共同属性或特征的名称或概念，是统计数据的表现内容之一。

例如，每一个人为总体单位时的姓名、民族、年龄等。标志是形成统计指标的基础，是统计认识现象的起点。在理解上要注意区别标志与标志表现。

民族是标志时，汉族、蒙古族、回族等是标志表现，即数据的具体形式。

标志可以有以下基本种类：

（1）按标志的性质（作用）和表现形式可以区分为数量标志和品质标志。①数量标志是用数值表述标志表现，并用来说明总体单位数量特征的统计标志。例如，人口的年龄、身高、体重等当作标志就是数量标志。②品质标志是用文字表述标志表现，并用来说明总体单位品质特征的统计标志。例如，人口的性别、民族等当作标志就是品质标志。

当然，由于现象的复杂性所决定，在具体研究中对这两种标志的区分，既要考虑到服从于研究内容，也要考虑到所涉及标志的具体问题，进而进行进一步的统计。

例如，在一般意义上，产品质量等级当作标志是质量标志，但若用数值表示产品质量等级时，它就是一个数量标志。又例如，可以有用数字表示的工厂名，但工厂名当作标志也只能是品质标志。

（2）按标志的变异性进行区分可有不变标志和可变标志。当然，这里的标志可变与否是就标志表现而言的，是相对意义上的。其中，不变标志是说相应的标志表现完全相同的标志；可变标志是说相应的标志表现有所区别的标志。

例如，如果所有的北京市选民为一个总体时，每一个北京市选民的选民资格所在地当作标志就是一个不变标志；而每一个北京市选民的年龄当作标志就是一个可变标志。

在一个具体问题的研究中，对任何一个标志的认识都应注意到上述两个方面的问题，进而做出准确的统计处理。

另外，在应用中还要注意到与上述标志概念有关的变量的概念。在统计应用中的变量可以区分为一般变量和特定变量。一般变量即数学上的变量概念，它包括数量标志和非特定时空的指标。在统计应用中的特定变量是指可变的数量标志。重要的是要注意区分变量的主要类型有离散（型）变量和连续（型）变量。

例如，工厂数、人数、产品产量的件数等当作变量是离散（型）变量；年龄、产品产量的重量、结构相对数等当作变量是连续（型）变量。当然，变量在应用中其他方面的分类，本书将结合相应内容逐一述及。

（二）统计指标

统计指标简称指标，它是用来反映现象总体数量特征的统计概念，也就是统计数据的表现内容之一；它的具体表现称作指标表现，也是数据的具体形式。

指标的基本构成内容包括指标概念和指标数量；在具体应用中可以表述为六

个内容：指标名称、指标数值、计量单位、时间界限、空间范围、计算方法。指标的设计或形成，不仅要注意它的一般构成内容，还要注意它总是由标志汇总而成。由标志汇总成指标可以有三种主要情况。一是把对个体量的观察扩大为在总体范围内的观察。例如，在我国工业普查中，将“每个企业的工业增加值”汇总为“全国工业增加值”。二是不仅扩大观察范围，而且满足在总体度量特征上的综合要求。例如，由每个人的年龄计算出总体的平均年龄。三是根据具体研究的需要形成关于总体的、具体新涵义的指标，或者把标志转化成总体所需要的指标。例如，各种密度指标的计算：商品流转次数=商品纯销售额/同期平均库存额。

因此，在不同研究目的条件下，随着总体和总体单位内容的改变，指标和标志的内容也是可以改变的。若当作指标，它总是可以计量的，总是对总体综合性的、全面的反映。

由于现象总体表现的多侧面性，一般地，指标可以做如下分类：

（1）按指标的作用和表现形式可以区分为总量指标、相对指标、平均指标。

它们是以统计数据形式表示的、说明总体相应状况的统计指标。

它们是由统计指标的数量性所决定的，其具体表现形式分别用数值型数据的三种基本表现形式（绝对数、相对数、平均数）表述。

（2）按指标所说明的现象内容（或数量特点）可以区分为数量指标（即总量指标）、质量指标（包括相对指标和平均指标）。

数量指标是用来说明总体绝对状况、规模或广度的；质量指标是用来说明总体相对或一般状况、质量或深度的。

（3）按指标的功能可以区分为描述指标、评价指标、预警指标。

描述指标是用来客观描述或介绍总体现象的指标；评价指标是对总体状况做出优劣或等级评判的指标；预警指标是用来警示总体将来状况的指标。

（4）按指标的形成基础可以区分为基本指标和派生指标。

基本指标是根据标志直接汇总而成的指标；派生指标是在已有指标的基础上计算出来的指标。

设置或形成统计指标要满足以下基本要求：要有正确的理论依据；要有明确的计算口径和范围；要有科学的计算方法。

（三）指标体系

在统计应用中，为全面描述总体现象，进而说明所研究现象各个方面的相互依存和相互制约关系，需要使用多个指标。若这多个指标是在一定研究目的条件下相互联系的整体，则称之为指标体系。

指标体系内各指标之间的联系形式可以是内容或性质上的联系，也可以是数量上的联系。

指标体系也可以区分为不同的种类。若按指标体系所反映的现象范围进行区分，可以有宏观指标体系和微观指标体系；若按指标体系所反映的现象内容进行区分，可以有国民经济指标体系、社会指标体系和科学技术指标体系，或是相应具体内容的体系；若按指标的作用进行区分（或称按体系对现象的分析方法进行区分），可以有基本（综合）指标体系和专题指标体系。

在应用中，设置或形成指标体系时，首先要确认指标体系的内容和其中的核心指标，然后再设计出每一个指标。

第三节 统计学的基本方法

统计学的基本方法之一是大量观察法。它是说统计研究现象及其过程，要从总体上加以考察，要对现象总体中的全部或足够多数单位或具体表现进行调查研究，要将充分的实际数据作为统计认识现象的基础。

统计学的另一个基本方法是综合分析法。它包括两个方面的内容：①综合是指对于大量观察所获得的资料，要运用各种综合指标来反映总体的一般数量特征。例如，整理汇总出总量指标、相对指标、平均指标。②分析是指对综合指标进行分解和计算，以便据此研究现象总体的数量差异和数量关系。例如，对现象的原始数据进行统计分组、动态趋势分析、因素分析、综合平衡分析。

再有就是归纳推断法。它是指根据从个别到一般、从具体事实到抽象概括的推理方法，由观察到的各单位特征进而归纳出关于总体的某种信息的统计方法。

应该说，统计的各种具体方法无不派生于此。当然在基本方法的意义上，这些方法也是研究统计理论的方法。

第　五　章

统计数据的搜集与整理

第一节　数据的计量与类型

一、数据的计量单位

（一）计量单位

在一定意义上说，统计学是关于统计数据的科学。因此，我们应该对数据有一个基本的认识。同时，由于统计学的具体性特点所决定，数据总是统计、统计学存在的前提。

数据是进行各种统计、计算、科学研究或技术设计等所依据的数值。在形式上，数据的具体性主要体现在它的计量内容上，而它的计量内容又是通过计量单位予以体现的。计量单位就是把一个暂时未知的量与一个已知的量做比较时所使用的数量标准，有广义形式和狭义形式。其广义形式既包括计量名数的计量单位，也包括计量无名数的计量单位形式。

无名数的计量单位形式有百分数、千分数、倍数、系数以及以 10 为基数的成数等。

（二）名数计量单位的基本形式

1. 实物单位

这是一类反映现象的使用价值量，但不具有广泛综合性能的计量单位。它又包括自然单位和度量衡单位两种具体形式。例如，人、个、条、只等是自然单位；克、米、升是度量衡单位。在具体使用中，对自然单位要注意规范，对度量衡单位要注意使用公制单位。

2. 价值单位

这是一类反映现象的价值量且具有广泛综合性能的计量单位。它又包括劳动（量）单位和货币单位两种具体形式。例如，劳动工时或工日是劳动（量）单位；人民币的元、角、分是货币单位。

（三）计量单位的主要派生形式

1. 双单位（或多单位）

使用一个以上的计量单位，分别同时计量某一现象所使用的计量单位。

【例如】

畜牧业统计中的牲畜购买（或销售）数量的计量单位：头（只）/千克；

动力机器产品产量的计量单位：台（件）/马力（或功率）。

2. 复合单位

把一个以上计量单位分别计量的结果相乘后的计量单位形式。

【例如】

运输业统计中的周转量计量单位：千克·千米、人·千米。

3. 折合单位（折算单位）

把已有计量结果按某种要求或标准重新计算所使用的计量单位。

【例如】

标准燃料的折算单位：7000 大卡/千克=1 标准单位发热量。

二、数据形式的类型（或种类）

数据是一定计量尺度的计量结果，有了计量尺度的概念，就应该对数据的类型有更深入的了解和认识。

首先，按照对数据的直接计量层次（或计量对象的性质）进行区分，可以有定性数据和数值型数据。定性数据（也称品质数据）是用来说明事物的品质特征，而不能用数值表示的数据形式，其结果通常表现为现象的类别，其具体表现的表述形式是文字。它又可以区分为分类数据和顺序数据。定性数据是由定类尺度和定序尺度计量形成的，其直接计量形式是单位数。例如，计算出每个民族的人数；计算出五级分计量时每一等级成绩的人数。数值型数据（也称定量数据或数量数据）是说明现象的数量特征、能够用数值来表现的数据。这类数据由定距尺度和定比尺度计量形成，具体表现的表述形式是数值；其直接计量形式是单位数和标志值。无论是定性数据还是数值型数据，在统计意义上的间接计量形式都是数值型数据。

其次，按照数据的搜集方法进行区分，可以有观测数据和实验数据。观测数据（调查数据）是指通过研究人员的直接观测或调查所得到的数据。实验数据（试验数据）是通过人为控制某些影响因素所得到的实验（试验）现象的数据。

再次，按照被描述对象与时间的关系进行区分，可以有截面数据和时间序列数据。截面数据是指在相同或近似相同的时间点上搜集到的数据，可以用来描述现象在某一时刻的状况。例如，某年各国或各地区的国内生产总值。时间序列数据是在不同时间上搜集到的数据，可以用来描述现象随时间变化的状况。例如，某国 2000～2008 年各年的国内生产总值。

三、数值型数据的表现形式

数值型统计数据通常有三种基本表现形式，即绝对数、相对数和平均数。

（一）绝对数

绝对数是统计数据的基本表现形式，是计算其他形式数据的基础；它是用来反映现象规模或水平的数据形式。绝对数的分类如下：

1. 按照其反映现象的时间状况（或时间特点）不同进行区分

（1）时期数：用来反映时期现象的绝对数。例如，某种产品的年产量、某地区的年生产总值等。时期现象是指现象在某一时段内的数量表现，是现象在该段时间内的数量累计的结果。时期数的特点是：它是在一段时间内现象的数量表现累计的结果；不同时期的同类现象数值相加有实际意义；它的数值大小与其反映的时期长短成正比变化。

（2）时点数：用来反映时点现象的绝对数。例如，年末人口数、季度末的商品库存数、某些账面余额等。时点现象是指现象在某一时点的数量表现，是现象在过去时间内的数量增加和数量减少相抵消的结果。时点数的特点是：它是现象在某一时点的数量表现；不同时点的同类现象数值相加没有实际意义（不包括某些数值计算问题）；它的数值大小与其所反映的时点间隔长短没有直接关系。

2. 按其反映的现象内容进行区分

单位总量：单位数的合计。若为总体单位数，则称总体单位总量。

标志总量：标志值的合计。若为总体条件下某一标志的标志值的合计，则称总体标志总量。

对单位总量和标志总量的区分要注意相对性。

3. 按其所采用的计量单位进行区分

实物数据：采用实物单位进行计量的数据。

价值数据：采用价值单位（包括劳动单位和货币单位）进行计量的数据。

（二）相对数

相对数是将两个性质相同或相互有关的数值通过对比求得的商数或比率。相对数可以反映现象内部的结构、比例、发展状况或彼此之间的数量对比关系。相对数的计量形式包括有名数（计量单位同于绝对数）和无名数（包括小数、成数、百分数等）。相对数的作用在于可以用来反映现象数量变化的相对水平，或者可以使一些不能直接对比的现象找到共同的比较基础用于比较。例如，比较不同班级学生的性别构成，最好用性别比重。

相对数的基本表现形式是比例和比率。

比例是可比的同质数据条件下，部分数量占全部数量的比重，又称结构相对数。显然，此处比例并非严格意义上的数学概念——比值相等的一种数量关系。一般地，比例、比重或结构相对数主要就绝对数（单位数或标志值）进行计算，在可以进行分解的条件下也可就相对数或平均数进行计算。

比率是两数相比所得的值（或各个不同类别的数量比值）。在应用中有以下几种具体表现形式：

1. 比例相对数

比例相对数是在某一时间现象内部不同部分之间同类数据的比值，表示两个比相等的式子，可就三种数值型数据进行计算。

【例如】

男性人数∶女性人数=103∶100；

某校甲班男生人数的比重对乙班男生人数的比重的比例相对数为 1∶1.25；

某企业男职工的月平均工资对女职工的月平均工资的比例相对数为 1.2∶1。

2. 比较相对数

比较相对数是在某一时间不同总体或单位同类数据的比率。

【例如】

男性人数/女性人数=1.03（倍）。

它可就三种数值型数据进行计算。

3. 强度相对数

强度相对数是在一定研究目的条件下，在可比时间，有联系的绝对数之比，是某一绝对数作用于另一绝对数的作用强度。

【例如】

中国 2010 年 11 月的有关人口密度资料，如表 5-1 所示。

表 5-1 中国 2010 年 11 月的有关人口密度

地区	全国	内蒙古	浙江	新疆	内蒙古阿拉善盟
人口数/万人	137053.69	2470.63	5442.69	2181.33	23.13
土地面积/万平方千米	960.00	118.30	10.18	165.00	27.00
人口密度/(人/平方千米)	142.76	20.88	534.65	13.22	0.86

注：人口数为 2010 年第六次全国人口普查常住人口初步汇总数。

其计算结果可有正逆之分，但并非总是与所说明问题的方向一致或相反，因此可不予强调。

4. 完成程度相对数

完成程度相对数是在某一时间，以计划或标准为基础的现象同类数据实际完成数的比率。例如，某企业某年 8 月的产值计划完成程度为 106%，可就三种数值型数据进行计算。但应注意：

（1）只能以实际完成数为分子；

（2）把数据的计算要求与具体情况匹配。

5. 动态相对数

动态相对数是现象的同类数据在不同时间的比率，一般为报告期水平与基期水平之比。它有两种形式：

（1）发展速度：报告期水平是基期水平的若干倍。例如，某企业某年 8 月的产值是去年 8 月产值的 104%。

（2）增长速度：报告期水平比基期水平相对多了多少。例如，某企业某年 8 月的产值比去年 8 月的产值增长了 4%。

显然，二者的关系可以表述为：发展速度−100%=增长速度。动态相对数可就三种数值型数据进行计算。

一般地，在应用中称以百分数表示的相对数之差为百分点。例如，甲、乙两个班级的男生人数比重分别为 60%和 55%，则有：甲班男生人数比重比乙班男生人数比重多了 5 个百分点。

另外，还要注意它不同于股价指数中点的概念；它也可有“千分点”的概念；等等。

在计算和应用相对数时应注意遵循以下几个原则：可比性原则；相对数和绝对数结合运用的原则；多项数据综合运用的原则；与具体内容相结合的原则。

6. 平均数

平均数是用来描述现象一般水平的统计数据，其特点是把总体各单位某一数量水平的差异抽象化，用一项数值来表明这一数量概念在具体时间地点条件下的一般水平。平均数的形式包括数值平均数和位置平均数的多种形式。它的作用主要有：

（1）利用平均数可以对比不同单位、不同地区某一同类现象的数量差异，说明现象水平的高低或实际效果的大小。

（2）利用平均数可以对比某一现象的水平在不同时间的变化，说明现象发展变化的动态趋势或规律。

（3）利用平均数可以分析现象之间的数量依存关系。

（4）利用平均数可以进行总体水平的推算、估算。

第二节 统计数据的搜集

一、统计数据的直接来源

（一）直接来源

统计数据的直接来源主要有两个：调查或观察以及科学试验。进行专门调查是取得统计数据的重要渠道，且是最有效的方法。统计调查简称调查，是整个统计实质性工作过程的第一阶段、基础性的阶段。它包括政府统计部门进行的统计调查，也包括其他部门或机构为特定目的而进行的调查。科学试验是取得自然科学和工程科学数据的主要渠道。在自然科学和工程科学的研究领域，通常是通过科学试验的方法获得用于研究的统计数据。例如，某化工厂生产一种新产品，要在不同原料配方的不同水平中选择最优搭配，就要通过最少搭配试验的数据找出最佳方案。

以下主要说明在社会经济统计中调查数据的搜集问题。

（二）统计调查方法与统计调查体制

在社会经济统计中使用的统计调查方法主要有五种。

（1）抽样调查是统计调查中应用最广、最重要的调查方法。狭义的抽样调查是指按照随机原则从总体中选取少数单位搜集数据。广义的抽样调查是指按照随机原则从总体中选取少数单位搜集数据，进而在一定概率保证条件下对总体特征值做出估计、判断的统计推断方式。在应用中，一般是指广义的抽样调查概念。

虽然抽样调查不可避免地存在着由样本推断总体产生的抽样误差，但相应的统计方法不仅可以估计出误差的大小，而且可以进一步控制这些误差。又由于抽样调查还具有可以节省人力、财力、物力，且能保证时效性的特点，它已经成为进行科学研究和管理决策的最重要方法。

（2）普查是为实现某一特定目的而专门组织的一次性全面调查。它具有两个特点：是一种全面调查；可以用于搜集总体的基础数据。

这是一种摸清国情、国力的重要调查方法，世界各国都定期（一般是 10 年）进行人口普查、农业普查等。例如，我国在 2000 年和 2010 年分别进行了第五次、第六次全国人口普查。

（3）统计报表是以一定的原始记录为基础，按照统一的表格形式、报送程序和报送时间，自上而下统一布置，自下而上逐级上报统计数据的统计调查方法，主要适用于社会经济统计。统计报表的分类如下：

①按照调查范围可分为全面和非全面报表；

②按照报表内容可分为国家、部门和地方报表；

③按照填报单位可分为综合和基层报表；

④按照报送周期可分为日报、月报等。

（4）重点调查是在总体中少数重点单位进行调查（或搜集数据）的统计调查方法，要注意对重点单位概念的认识。它适用于现象表现比较集中（有重点单位）的现象，或者不需要了解全面情况的现象。

（5）典型调查是在对现象进行主观分析的基础上，从总体中选取少数有代表性的单位进行调查（或搜集数据）的统计调查方法。

以上介绍了几种不同的调查方法，它们各有不同的特点和作用或使用条件。因此，在实际应用中要注意把它们结合起来运用，其相应的使用效果会更好。我国现行国家统计调查体制主要是关于社会经济统计活动的规范要求，但同时体现了要把不同的调查方法结合运用的一般要求。2009 年 6 月 27 日第十一届全国人民代表大会常务委员会第九次会议修订通过的《中华人民共和国统计法》第二章第十六条规定“搜集、整理统计资料，应当以周期性普查为基础，以经常性抽样调查为主体，综合运用全面调查、重点调查等方法，并充分利用行政记录等资料。”

（三）统计调查方法的分类

对上述统计调查方法的进一步认识，也可以通过分类实现。

按照调查的组织形式进行区分，可以分为统计报表（制度）和专门调查（抽样调查、普查、重点调查、典型调查）；按照被调查单位与总体单位的一致性进行区分，可以分为全面调查（普查、部分报表）和非全面调查（抽样调查、重点调查、典型调查和部分报表）；按照调查周期（一年为界）进行区分，可以分为经常调查（调查周期不超过一年的）和一次性调查（调查周期为一年以上的）。

（四）数据的具体搜集形式

统计数据的具体搜集形式应视调查中所采用的调查方法、调查内容和对象的具体情况而定，一般地，可有报告法、访问调查、邮寄调查、电话调查、座谈会等。

二、间接来源的统计数据

间接来源的统计数据是指通过各种渠道获得的别人调查得到或经科学试验（或实验）得到的第二手统计数据，其主要内容包括公开出版的或公开报道的统计数据，以及某些尚未公开出版或公开报道的统计数据。引用间接来源数据时，应注意两个问题：

（1）注意数据的含义、计算口径和计算方法，要避免误用和滥用；

（2）要注明数据的来源，尊重他人的劳动成果。

三、调查方案的设计

设计调查方案属于统计设计范畴的工作，就是要制定出一个比较详细的调查工作计划。调查方案主要包括以下内容：

（一）确定调查目的、种类和方法

在调查方案中要开宗明义地说明本次调查工作的目的，以利于整个工作的顺利展开，在考虑到调查目的、调查内容以及调查工作环境等具体情况的条件下明确调查的种类和方法。

（二）确定调查对象和调查单位

确定调查对象即明确本次调查活动的具体范围或统计总体。调查单位是指在本次调查中所要调查的具体的单位，是调查内容的承担者，是被调查单位。它首先是总体单位，但在非全面调查中它只是部分单位。在调查方案中还要注意区别调查单位与填报单位。填报单位是负责汇集下级单位数据，并向上级单位报送调查结果的单位。

（三）设计调查项目和调查表

调查项目即调查内容，一般为标志。在具体确定时要注意与所确定的总体范围和调查结果所形成指标的协调，要满足和服务于总体和指标的基本要求。所确定的调查项目要以恰当的形式集中表述出来，一般地，可通过调查表的形式予以表述。调查表是记录调查结果的表格形式，可有单一表和一览表。

（四）确定调查时间和调查期限

调查时间是指调查资料的所属时间。由于调查内容的不同，要注意区分表述时期现象所属时期的起止时间和表述时点现象所属时点的标准时刻。调查期限指调查工作的起止时间。

（五）确定调查组织实施的要求和程序

严密细致的组织工作是统计调查工作得以顺利进行的保证。因此，在调查方案中要有比较周密的调查工作规则，即调查组织实施的要求。调查工作的组织主要包括以下内容：调查工作的组织机构和调查人员的组织；调查前的准备工作，如宣传教育、干部培训、文件印刷等；调查资料的报送方法；调查经费的预算、来源和开支办法；提供或者公布调查结果的时间和程序；等等。

四、统计数据的质量

（一）统计数据的误差

统计数据的误差是指统计数据与客观现实之间的数量差距。它不仅存在于一切统计调查方法中，而且存在于统计的整个过程中。统计的整个工作过程就是对数据的加工过程，在整个过程的每一个环节都有减少误差、提高数据质量的问题。也就是说，统计数据的质量控制问题是贯穿于统计研究全过程的重要问题。统计调查阶段是统计研究的第一阶段，是整个过程的基础阶段，因而这一阶段统计数据的质量好坏直接影响整个统计工作。

就形成统计误差的来源而言，误差主要有登记误差（非抽样误差）和代表性误差（抽样误差）两类。登记误差存在于一切调查方法中，它包括由于各种主观和客观的原因而形成的计量错误、记录错误、计算错误、抄录错误、被调查单位不回答而形成的误差、被调查单位有意瞒报或低报而形成的误差等。从理论上看，这是一类可以避免的误差，但在实际工作中又是很难避免的误差。这一方面需要加强对统计调查人员的培训，使他们树立很强的责任心和数据质量意识，加强填报和汇总时的检查；另一方面要尊重科学，掌握科学的方法和技术，尽力避免误差。代表性误差只存在于非全面调查方式（特别是抽样调查）中，这是由于在调查中用部分单位的数据推断总体情况时形成的误差。按照代表性误差产生的原因进行区分，可分为随机误差和系统偏差。随机误差是由于遵守随机原则而产生的，这种误差几乎是不可避免的，但它又是可以计量、可以控制的。在坚持随机原则的条件下，一般来讲，样本总量越大，随机误差就越小。系统偏差是由系统惯性或相对主观因素形成的。

关于统计误差问题，将在以后章节进行进一步讨论。

（二）统计数据的质量要求

对统计数据的基本质量要求是准确、及时。数据准确对统计调查乃至整个统计工作都是生命线。不准确的数据不仅是无益的而且是有害的。统计活动主要是一种事后活动，但有其积极的意义。它的积极意义在于统计活动可以根据过去、现在的数据推论出事物将来的可能状况。但它据以推论的数据应该是及时的，因为过时的数据会增大推论的误差和不可靠性。

第三节　统计表和统计图

一、统计表的意义

统计表是一种用横竖线条构成的表格形式显示统计数据的统计方法。它可以提纲挈领地表述统计内容和结果，因此一个好的统计表就是一篇好的文章。

二、统计表的种类及其设计

统计表有不同的种类，在设计上和应用中存在不同的技术性问题，以下分别予以说明。

（一）按照主词所列入的分组程度进行区分

这里的分组程度是指是否进行了分组，若进行了分组，是简单分组还是分组体系。当然，这里仅就主词所列而言，非指整个统计表所表述的分组程度。

1. 简单表

简单表是指在表的主词上没有任何分组结果的统计表，如表 5-2～表 5-4。

表 5-2 某企业两个车间某月的职工出勤率统计表

车间	出勤率/%
甲	98
乙	95

表 5-3 某地第十个五年计划期间的国内生产总值统计表

年份	国内生产总值/亿元
2001	4568
2002	5120
2003	5229
2004	6051
2005	6287

表 5-4 某企业一季度各月职工出勤率统计表

	一月	二月	三月
出勤率/%	98	94	97

2.（简单）分组表

（简单）分组表是指在表的主词上只有简单分组结果的统计表。

3. 复合（分组）表

复合（分组）表是指在表的主词上有复合分组结果的统计表，如表 5-5 所示。

表 5-5 复合表

<table>
<tr><th colspan="2" rowspan="2">按每人月工资额、性别分组/元</th><th colspan="2">各组人数</th><th colspan="2">各组月工资</th></tr>
<tr><th>绝对数/人</th><th>比重/%</th><th>金额/元</th><th>比重/%</th></tr>
<tr><td rowspan="2">500～1000</td><td>男</td><td></td><td></td><td></td><td></td></tr>
<tr><td>女</td><td></td><td></td><td></td><td></td></tr>
</table>

续表

按每人月工资额、性别分组/元		各组人数		各组月工资	
		绝对数/人	比重/%	金额/元	比重/%
1000～1500	男				
	女				
1500～2000	男				
	女				
合计					

（二）按照宾词所列入的分组程度进行区分

1. 平行配置（简单设计）

宾词的平行配置（简单设计）是指在表的宾词上没有任何分组结果或者只有简单分组结果的统计表。

（1）简单分组结果（表 5-6 和表 5-7）。

表 5-6　简单分组表一

	男	女	合计
人数/人			

表 5-7　简单分组表二

时间	人数/人		
	合计	男	女
2013.1.1			
2014.1.1			
2015.1.1			

（2）其他形式。

例如，前例复合表（表 4-5）。

2. 层叠配置（复合设计）

宾词的层叠配置（复合设计）是指在表的宾词上有复合分组结果的统计表（表 5-8）。

表 5-8　复合设计表

	20 岁以下		20 岁以上		合计
	男		女	男	
人数/人					

（三）完整统计表的概念

在应用和设计统计表时，最重要的是在整体的把握上，既要注意到表内主词和宾词内容的结合，也要注意到从总标题的表述到数据形式确定的全面内容。否则，只注意任何一个方面的问题都是片面的。

第 六 章

能源基础知识

第一节 能源基本概念

一、能源

能源，顾名思义，是能量的来源或源泉，是指从自然界直接取得或通过加工、转换获得热能、光能、机械能、化学能和磁能等某种形式能量的物质资源，主要包括：原油、原煤、天然气、水能、风能、核能、太阳能、地热能、生物质能等一次能源；一次能源经过加工、转换产生的电力、焦炭、洗煤、煤气、成品油、电力、热力等二次能源和同时产生的其他产品。

能源是一种重要的生产资料，是人类赖以生存的物质之一，在发展生产、改善人民生活方面发挥着重要的作用。

二、热能

热能又称为热量、能量，是能的最普通的形式，在系统动力学中，指一个系统中由于温度原因导致分子热运动的功能。热能是人类在生产和生活中用量最多的能量形式，煤、石油、天然气和各种有机物在各种燃烧炉和工业热装置中通过燃烧把所储存的化学能转换为热能。

三、机械能

热除了被直接使用外，还可以转化为机械能。机械能是表示物体运动状态与高度的物理量，是动能和势能的总和。通常把动能、重力势能和弹性势能统称为机械能。在不考虑摩擦阻力的情况下，物体的动能和势能之间可以相互转化，并且总量保持不变，也就是动能的增加或减少等于势能的减少或增加，即机械能守恒定律。例如，蒸汽机把蒸汽热能转化为机械能。热能转变成机械能是工程技术上利用最多的一种方式。

四、电能

电能是指由各种矿物燃料、水能、太阳能、风能、地热能等经过一定的机械装置转化而得到的一种能量形式，是现代社会经济发展中具有广泛应用的能量和国民经济发展的主要动力。电能被广泛应用于动力、照明、冶金、化学、纺织、通信、广播等各个领域。

五、化学能

化学能是指不同物质之间发生化学反应时释放出来的，以热能、电能或其他形式存在的能量。在化学反应中，不同化合物中各原子重新排列而产生新的化合物时将导致化学能的变化，产生放热或吸热效应。

六、太阳辐射能

太阳辐射能指的是太阳内部的热核反应以辐射形式散发出来的能量。自然界中绝大多数能源所含的能量都来自太阳。太阳辐射能有其直接形式（如太阳能）和间接形式，间接形式指的是太阳辐射能转化而成的矿物燃料（如煤炭、石油、天然气、油页岩等）以及水能、风能、海洋能、雷电能、生物质能。

七、地球热能

地球热能是指来自地球本身的能量。地球内部，由于放射性元素在蜕变时不断地放出大量的热能，地球就成为一个大的热库，地球的地核温度可达4000～5000℃。火山爆发、地震、温泉等都是地球热能的不同表现形式。

八、生物质能源

生物质能源也叫绿色能源，是直接或间接通过绿色植物的光合作用把太阳能转化为化学能的形式，固定和储藏在生物体内的能量，通过燃烧植物体所释放出的热能，如柴草、农作物秸秆、木材等。地球上的植物是一个巨大的能源体。生物质能源的来源是太阳辐射能，它是人类最早利用的能源。它们又都可以作原料、材料和肥料。在发达国家，生物质能源已逐渐被矿物能源或其他能源所代替，但在发展中国家的农村仍以生物质能源作为主要能源。目前我国广大农村的主要生活用能还是生物质能源。

第二节　能 源 分 类

一、能源主要分类

要详细认识能源的自然性质和社会性质，合理利用能源，有必要针对能源的使用特点和实践要求对能源进行分类。目前，根据不同的使用目的，对能源的分类方法有很多，一般来说，主要分为以下几种：

（1）按能源的原始来源划分，可分为三类：第一类，来自地球以外天体的能量，最主要的是太阳能。人类所利用的能量绝大多数直接或间接来自太阳，而各种植物通过光合作用把太阳能转变成化学能在植物体内储存下来。煤炭、石油、天然气等化石燃料也是远古时期埋在地下的动植物经过漫长的地质年代形成的，实质上是通过古代生物固定下来的太阳能。第二类，地球自身蕴含的能量，如地热能、海洋和地壳中储藏的核燃料所包含的原子能等。第三类：地球和其他天体相互作用而产生的能量，如潮汐能。

（2）按能源的成因划分，可分为一次能源和二次能源，前者指在自然界现成存在的能源，又称为天然能源；后者指的是由一次能源加工转换而成的能源产品，又称为人工能源，如电力、煤气、蒸汽及各种石油制品等。

（3）按能源的储存和输送性质划分，可分为含能体能源和过程性能源。

（4）按能源使用性质划分，可分为燃料性能源和非燃料性能源。

（5）按能源的形成和再生性划分，可分为再生能源和非再生性能源。

（6）按能源的技术开发程度和应用广泛程度划分，可分为常规能源和新能源。

（7）按能源的实物形态划分，可分为固体能源、液体能源和气体能源。

（8）按能源的商品性划分，可分为商品能源和非商品能源。

（9）按能源对环境的污染程度划分，可分为清洁能源和非清洁能源。

（10）按能源载体同地球构成关系划分，可分为地壳能源和地壳外能源。

不同的分类方法，有助于我们从不同角度认识能源的种类和性质，能源分类并不是绝对的，而是相对的。随着人们对能源的认识程度不断加深，对能源的利用水平不断提高，能源的分类方式也在发展变化过程中，不同分类方法之间也有一定交叉关系。

二、能源详细分类

（一）一次能源和二次能源

一次能源，指在自然界中以天然形式存在，不经过任何加工和转换的能源资源，如原煤、原油、油页岩、天然气、核燃料、植物燃料、水能、风能、太阳能、地热能、海洋能、潮汐能等。

二次能源，指为满足人类生产工艺和生活的特定需求为目的，经由加工转换装置所生产的其他种类和形式的能源产品，如煤炭、石油、天然气转换产出的电力、热力，原煤经加工转换产出的焦炭、煤气，原油经加工产出的汽油、煤油、柴油、燃料油、液化石油气、炼厂干气等。

（二）可再生能源和非可再生能源

可再生能源，指在自然界生态循环过程中能重复产生的自然资源，具有能够被循环使用和持续再生的自然特征，可以源源不断地从自然界中得到补充，具有天然的自我再生功能。例如，水能、风能、太阳能、海洋能、地热、火山活动、地下热水、地热蒸汽、温泉、热岩层以及从有机物质及其废物中提取的燃料，如酒精、沼气等。《中华人民共和国可再生能源法》第二条规定："本法所称可再生能源，是指风能、太阳能、水能、生物质能、地热能、海洋能等非化石能源。水力发电对本法的适用，由国务院能源主管部门规定，报国务院批准。通过低效率炉灶直接燃烧方式利用秸秆、薪柴、粪便等，不适用本法。"非可再生能源主要指在短期内不可重复再生的能源，一般指经过亿万年漫长地质年代形成，随着人类的不断开发利用而日益减少，如煤炭、原油、天然气、油页岩、核燃料等。

（三）常规能源和新能源

常规能源也称传统能源，指目前在技术上成熟、经济上比较合理，已经被人类大规模开采、收集和广泛使用的能源，如煤炭、原油、天然气、火电、水能、薪炭材、农作物秸秆和其他柴草等。

新能源又称非常规能源，指常规能源以外的、刚开始开发利用或正在积极研究、有待推广使用的其他能源形式，如太阳能、风能、地热能、海洋能、核能、部分生物质能等。

常规能源和新能源是相对的概念，一些新能源随着技术的成熟和生产、采集成本的下降，逐渐得到广泛使用，有可能从新能源逐渐成为常规能源，如核电的使用。

（四）清洁能源和非清洁能源

清洁能源指的是在使用中对环境无污染或污染小的能源，如天然气、地热、核能、太阳能、风能、海洋能、水能、气体能源等以及由此产生的电力、动力、热力等。

非清洁能源指的是在使用中对环境污染较大的能源，如煤炭、石油等，在使用过程中排放大量的温室气体、有害气体和有损环境的液体、固体废弃物。清洁能源和非清洁能源的划分同样是相对的。

（五）固体能源、液体能源和气体能源

固体能源是指物质形态为固体（具有一定的硬度和形状）的可燃性物质，大多是碳物质或碳氢化合物。天然的有原煤、石煤、油页岩、木柴等，经过加工的有洗煤、焦炭、型煤等。液体能源是指物质形态为液态，具有体积，但其形状不固定的可燃性物质，主要是碳氢化合物或其混合物。天然的有原油，经过加工的有汽油、柴油、煤油、燃料油等。

气体能源是指物质形态为气态，没有固定的体积和形状的可燃性物质，一般含有低分子的碳氢化合物、氢和一氧化碳等可燃气体，并常含有二氧化碳、氮等不可燃气体，主要有天然气、液化石油气、焦炉煤气、炼厂干气等。

（六）含能体能源和过程性能源

含能体能源是指能量储存在一定物质内的能源，如化石燃料、草木燃料、核燃料等。这种含能体可以直接储存运送。

过程性能源是指在物质运动过程中产生的能量，如流水、海流、潮汐、风、地震、直接的太阳辐射、电能等。

（七）燃料性能源和非燃料性能源

燃料性能源是指用于直接燃烧而发生能量的物质，包括矿物燃料，如煤炭、石油、天然气；生物燃料，如柴草、农作物秸秆、薪材、沼气等；核燃料，如铀、钍等；化工燃料，如甲醇、酒精、火药等。

非燃料性能源是指不能直接燃烧的能源，如水能、电、蒸汽、热水、太阳能、风能、潮汐能、地热能等。

（八）商品能源和非商品能源

商品能源是指作为商品经流通领域，在国内或国际市场上正规买卖的能源，如煤炭、石油、焦炭、核燃料、电等。

非商品能源是指未经商品流通领域，未进入市场进行正规的买卖活动，一般是农民自产自用的能源，如柴草、农作物秸秆、人畜粪便等就地利用的能源。非商品能源在发展中国家农村中广泛使用。

（九）地壳能源和地壳外能源

地壳能源是指在地球演变过程中经过漫长的地质年代逐渐自然形成的载能物体，如煤炭、石油、天然气、油页岩等。它们的形成与地壳运动、海水进退、气候变化、生物兴衰等息息相关。

地壳外能源是指除地壳能源以外的能源，它的形成不是地壳物质，如太阳能、风能等。

（十）矿物能源和非矿物能源

矿物能源又称化石燃料，是指埋藏在地质体内呈自然状态的矿产，需人工开采的能源，如原煤、原油、天然气、油页岩、石煤、铀、钍等。它们是目前人类使用的主要能源，随着人类不断的开发利用而逐渐减少，不能再生。

非矿物能源是指除矿物能源以外的其他能源，如水能、太阳能、风能、潮汐能、生物质能等。这类能源在生态循环中能不断再生，因此从自然界中源源不断地得到补充。

第三节　公共机构常规能源资源品种

目前，我国公共机构的能源统计主要涉及的能源资源品种有水、煤炭、天然气、汽油、柴油、液化石油气、电力、热力、其他燃料。其中，一次能源涉及的品种有：原煤、天然气、原油、太阳能、风能、地热能、生物质能；二次能源涉及的品种有：汽油、柴油、液化石油气、液化天然气、电力、热力。

这是截至2010年能源统计报表制度所涉及的能源统计品种分类标准，随着能源统计工作的发展，能源统计品种及其品种分组必定会进行调整。

一、煤炭

煤炭是指原煤及煤炭加工品的统称，不包括焦炭、下脚煤和石煤。

煤炭的种类繁多，质量相差也悬殊，不同类型的煤有不同的用途。为了合理利用煤炭，需把煤炭划分为不同类别，煤炭的分类方法有：

（1）按其加工方法和质量规格划分，可分为精煤、粒级煤、洗选煤、原煤、低质煤五大类；

（2）按其煤质构成划分，可分为烟煤、无烟煤、焦煤、成型煤和动力配煤；

（3）按其用途划分，可分为动力用煤、冶金用煤和化工用煤三大类。

二、原煤

原煤指煤矿生产出来的、经过验收符合质量标准、未经过洗选和筛选加工而只经人工拣矸和杂物的产品，即从毛煤中选出规定粒度的矸石（包括黄铁矿等杂物）、绝对干燥灰分在 40%以下的原煤。绝对干燥灰分虽在 40%以上，但经有关部门批准开采并有消费需求的劣质煤，同样计作原煤产量。

因此，原煤包括天然焦及劣质煤，不包括低热值煤（如石煤、泥炭、油页岩等）。原煤按其成因可分为腐植煤、腐泥煤和腐植腐泥煤三大类；按其碳化程度可分为褐煤、烟煤、无烟煤。原煤不包括石煤、泥煤（泥炭）和伴随原煤生产过程开采出来的煤矸石。

原煤是公共机构最主要的能源使用品种之一，是公共机构冬季供暖的主要能源，约占公共机构总能耗的 40%。

三、电力

电力是指一次能源经发电机组转换产出的电能量，包括火力发电、水力发电、风力发电、核能发电及其他动力能发电量（如地热能发电、太阳能发电、潮汐能发电、生物质能发电和余热余能发电等）。

火力发电指使用煤炭、石油、天然气等燃料经火力发电机组转换产出的有功电能，余热、余气等回收能经火力发电机组转换产出的有功电能也统计在火力发电量之中。

新能源和可再生能源发电：指将水力、核能、风力、潮汐、海水浓度、海水温度差等新能源和可再生能源经由发电装置转换产出电能的过程。

公共机构的电力需求主要满足公共建筑内部的照明、制冷、制热需求，电力来源主要以火电为主。另外，部分公共机构为促进当地可再生能源发展，率先采用太阳能发电等可再生能源作为补充能源，起到积极的带头示范作用。

四、天然气

天然气指的是地层内自然存在的以氢化合物为主的各种气体的混合物。天然气或由有机物质经生物化学作用分解而成，或与石油共存于岩石的裂隙和空洞中，或以溶解状态存在于地下水中，主要成分是甲烷，约占 85%～95%，还包含乙烷、丙烷、丁烷等，是一种优质燃料和化工原料。我国是开发和利用天然气最早的国家，古代把天然气叫做“火气”。天然气包括气田气、油田气和煤田气。根据气体成分，天然气可分为贫气（干气）、湿气（富气）。我国四川等地的天然气大都属于干气。湿气往往与原油共生，这种天然气除主要成分是甲烷外，还含有少量乙烷、丙烷和丁烷。乙烷、丙烷和丁烷在加大压力后可变成液体状态，又称液化石油气。

天然气在动力工业、民用燃料、工业用燃料、冶金、化工等各方面都获得了广泛的应用。天然气同样是公共机构重要的能源品种之一，在公共机构能源统计中占据重要地位。

五、液化石油气

液化石油气又称为液化气或压缩汽油，是炼油精制过程中产生并回收的气体在常温下加压而成的液态产品，主要成分是丙烷、丁烷、丙烯、丁烯，主要用作石油化工原料，脱硫后可直接用作燃料。液化石油气具有存储简单、供应灵活的特点。

在公共机构中，液化石油气主要用作燃料。

六、煤气

煤气指的是由煤、焦炭、半焦等固体燃料与燃料油等液体燃料经干馏或气化等过程所得到的可燃气体，包括焦炉煤气和其他煤气。

七、焦炉煤气

焦炉煤气指用几种烟煤配成炼焦用煤，在炼焦炉中经高温干馏后，在产出焦炭和焦油产品的同时所得到的可燃气体，是炼焦产品的副产品。1 吨煤在炼焦过程中可产出 730～780 千克焦炭和 300～340 立方米焦炉煤气以及 35～42 千克焦油。焦炉煤气热值高、燃烧快、火焰短、生成废气比重小，主要成分为甲烷、氢和一氧化碳等，可用作燃料和化工原料。

八、城市煤气

城市煤气是指供城市工业和生活用的煤气。城市煤气的来源主要有天然气、油田伴生气、油煤气、焦炉煤气、发生炉煤气以及其他煤气等。

九、原油

原油是一种褐色或黑色的黏稠状的可燃性物质。它的主要成分是碳和氢，此外还含有硫、氮和氧等成分。

十、石油炼制品

石油炼制品是指将原油经过脱盐脱水后，送到炼油厂进行蒸馏或裂化焦化等加工炼制出来的各种质量较高的产品，包括炼厂气体、汽油、煤油、柴油、燃料油、溶剂油、润滑油、石蜡、地蜡、专用蜡、凡士林、洗涤剂原料、石油脂类、石油沥青、标准油、白节油、软麻油、原料油、石油酸、石油酸皂、石油焦等。

十一、汽油

汽油指的是直馏汽油和二次加工汽油（如催化裂化、加氢裂化，催化重整和精炼的热裂化、焦化等）按照不同比例调和，加入适量抗氧防胶剂及金属钝化剂，必要时加入适量抗爆剂和着色剂的成品油。90、93、97 号汽油指的是分别对应不小于 90、93、97 等牌号辛烷值标准的汽油。汽油最主要的应用是用作汽车点燃式内燃机的燃料。

在公共机构中，汽油消费主要作为燃料用于车辆交通运输。

十二、柴油

柴油指的是直馏柴油和经过精制的二次加工（如催化裂化、加氢裂化、热裂化、加氢精制的焦化）的柴油等，以不同比例调和而成的成品油。根据凝点和用途不同，柴油可分为轻柴油、中柴油和重柴油。使用中，将中柴油和重柴油划成一类，统称重柴油。

轻柴油指直馏柴油与经过精制的二次加工的柴油，以不同比例调和而成的柴油。轻柴油呈茶黄色、表面发蓝、有味，主要用作转速不低于 960 转/分的压燃式高速柴油发动机燃料，应用于内燃机车、拖拉机和各种高速柴油机。根据凝点，轻柴油可分为 10 号、5 号、0 号、–10 号、–20 号、–35 号、–50 号等牌号。

重柴油指直馏重质柴油与经过精制的二次加工的重质柴油，以不同比例调和而成的柴油。重柴油呈棕褐色、有臭味、主要用作船舶、发电等各种柴油机的燃料。根据凝点，重柴油可分为 10 号、20 号、30 号等牌号。

重柴油：1 升=0.92 千克，1 千克=1.0870 升；

轻柴油：1 升=0.86 千克，1 千克=1.1628 升。

在公共机构，柴油同样主要用作发动机燃料，一般使用轻柴油作为燃料。

十三、热力

热力指可提供热源的热水以及过热饱和蒸汽，包括公用热电站、工业锅炉和企业自备电站生产的全部热力和蒸汽，使用单位外购的热水和蒸汽。热力的计算：蒸汽和热水的热力计算与锅炉出口蒸汽、热水的温度和压力有关。

计算方法为：

第一步：确定锅炉出口蒸汽和热水的温度和压力，根据温度和压力值，在焓熵图（表）中查出对应的每千克蒸汽、热水的热焓。

第二步：确定锅炉给水（或回水）的温度和压力，根据温度和压力值，在焓熵图（表）中查出对应的每千克给水（或回水）的热焓。

第三步：求第一步和第二步查出的热焓之差，再乘以蒸汽或热水的数量，按流量表读数计算，所得值即为热力的量。

如果企业不具备上述计算热力的条件，可参考下列方法估算：

第一步，确定锅炉蒸汽或热水的产量。产量=锅炉的给水量–排污等损失量。

第二步，确定蒸汽或热水的热焓。热焓的确定分以下几种情况：

（1）热水。

假定出口温度为 90℃，回水温度为 20℃的情况下，闭路循环系统每千克热水的热焓按 20 千卡计算，开路供热系统每千克热水的热焓按 70 千卡计算。

（2）饱和蒸汽。

压力 1～2.5 千克/平方厘米，温度 127℃以下，每千克蒸汽的热焓按 620 千卡计算；

压力 3～7 千克/平方厘米，温度 135～165℃，每千克蒸汽的热焓按 630 千卡计算；

压力 8 千克/平方厘米，温度 170℃以上，每千克蒸汽的热焓按 640 千卡计算。

（3）过热蒸汽：压力 150 千克/平方厘米。

200℃以下，每千克蒸汽的热焓按 650 千卡计算；

220～260℃，每千克蒸汽的热焓按 680 千卡计算；

280～320℃，每千克蒸汽的热焓按 700 千卡计算；

350～500℃，每千克蒸汽的热焓按 750 千卡计算。

第三步，根据确定的热焓，乘以产量，所得值即为热力的量。

对于中小企业，若以上条件均不具备，如果锅炉的功率在 0.7 兆瓦左右，1 吨/小时的热水或蒸汽按相当于 60 万千卡的热力计算。

十四、其他能源

其他能源指的是少数边疆地区使用具有本地特色的能源品种满足公共机构日常需要，比如新疆部分地区，利用牛羊粪风干处理后作为燃料，本质上仍然属于生物质能的范畴。

几个产品的单位换算系数：

（1）1 千克液化天然气=1.38 立方米天然气；

（2）1 立方米天然气=0.7256 千克液化天然气；

（3）汽油，1 升=0.73 千克，1 千克=1.3699 升；

（4）重柴油，1 升=0.92 千克，1 千克=1.087 升；

（5）轻柴油，1 升=0.86 千克，1 千克=1.1628 升；

十五、水

水指的是水资源的消费和利用。我国江河湖泊较多，水资源总量较为丰富，但人均水资源占有量较少，只有 2700 立方米/人，为世界平均水平的 1/4，属于缺水少水国家。另外，我国水资源在时空分布上呈现很强的不均匀性，北方水资源严重不足，而人口相对稠密，对节水和水资源高效利用提出了较高要求。

水是公共机构最重要的资源消费品种之一，也是公共机构能源资源统计工作的重点。“十二五”期间，公共机构人均用水量呈逐年下降趋势。

第四节　公共机构新能源品种

一、太阳能

正如前面提到的，太阳能是指太阳辐射到地球表面上的能量，是太阳内部的热核反应释放出来的能量。太阳是离地球最近的一颗恒星，是一个炽热的巨大的气态球体，其直径为 139 万公里，约为地球直径的 109 倍。太阳内部每时每刻都在进行着激烈的核裂变和核聚变反应，释放出大量的热能。太阳表面温度达 6000℃左右，内部温度高达 2000 万℃。太阳每年辐射到地球的能量约为 13×1020 千卡，相当于 186 万亿吨标准煤。除原子能外，地球上几乎所有已知的能源都直接或间接来自太阳能。太阳能是地球上最主要的能量源泉，是一种可再生能源。

人类利用太阳能的方式主要有：

（1）作为热能使用，如太阳炉、太阳能热水器、太阳灶、太阳能烘干器、太阳能采暖建筑等；

（2）作为动力使用，如太阳能水泵等；

（3）太阳能发电，如太阳能热力发电站、太阳能电池等；

（4）用于化学和物理过程，如生物光合作用等；

（5）用于照明；

（6）用于医疗。

公共机构中，太阳能的利用方式主要是太阳能发电，即利用太阳能电池板将太阳能转换为电能，满足公共机构建筑物的电力需要。这类公共机构在利用太阳能供电的同时，一般需要常规电力作为补充能源。

二、风能

风能是指地球表面大量空气运动产生的动能。由于地球表面和大气层各处不可能同时受到同量的太阳辐射，有的地方是白天，有的地方是黑夜，有的地方是炎热的夏季，有的地方是寒冷的冬季。极地属于寒带地，一年四季冰天雪地，赤道属于热带地，常年是酷暑高温，这些造成了气压的不均衡，因此大气由气压高的地方向气压低的地方流动，于是空气流动的过程就形成了风，风能是空气运动产生的动能。

大风具有很大的能量，风速 9～10 米/秒的五级风吹到物体表面上，每平方米面积受力约 10 千克；风速 20 米/秒的九级风，每平方米面积受力约 50 千克。全球的风能量比人类所能控制的能量高得多，全世界一年燃烧煤的能量还不到全年风力能量的千分之一。但是，风能的特点是分散、间歇、多变、能量密度低，从而制约了风能的开发利用。

目前风能的利用形式主要是提水、发电、运输等。我国华东沿海地区、东北地区的全年平均风速在 3 米/秒以上，而且有连续 35 个月的平均风速在 6 米/秒左右，这些地区的风能都有开采利用的价值。

在东北、内蒙古和其他边疆地区存在丰富的风能，但不易存储、风能发电不稳定等问题一直困扰着风能的有效利用和推广。公共机构作为新能源使用的示范推广单位，可以率先开展风电利用的试点项目，将风电作为公共机构建筑物常规电力供应的补充能源，并逐渐向其他用能单位推广。

三、地热能

地热能是地球内部的热量释放到地表的能量。地球内部包含着巨大的热量，地壳下是赤热的岩浆，地核的温度大约为 5000℃。

地热资源在地下热储存的形式可分为蒸汽型、热水型、干热岩型、地压型和岩浆型。目前人类能够利用的地热资源主要是地下热水、地热蒸汽和热岩层，主要用于取暖、加热、医疗保健和发电。

目前，有个别公共机构利用地热资源建立中央空调系统，在节能和环保方面也有突出的表现。

四、沼气

沼气是以甲烷、二氧化碳为主，含有少量氮、氢、氧及硫化氢等多种成分的可燃气体，它是有机物质在一定湿度、温度、酸度和缺氧条件下，经过多种微生物的作用而产生的。每立方米沼气的热值为 21744～27599 焦耳（5200～6600 千卡），平均热值为 22999 焦耳（5500 千卡），比一般的煤气的热值还高。可用来制取沼气的原料很多，如人畜粪便、农作物秸秆、树叶杂草、水生植物、有机垃圾、有机废渣、废液等。因为它是最先被人们在沼泽和池塘中发现的，所以称为沼气。

沼气的用途很广，主要有以下两个方面：一是作燃料使用，如用于炉灶、锅炉、窑炉、内燃机动力和发电、沼气灯等设备；二是作为化工原料使用，如制造一氯甲烷、二氯甲烷、三氯甲烷、四氯化碳、合成氨、炭黑等。沼气是一种干净、廉价的优质能源，因此发展沼气是解决农村能源短缺的有效途径之一。

第五节　燃料热值与标准燃料

一、燃料热值

燃料热值也叫燃料发热量，是指单位质量（指固体或液体）或单位体积（指气体）的燃料完全燃烧，燃烧产物冷却到燃烧前的温度（一般为环境温度）时所释放出来的热量。

燃料热值有高位热值与低位热值两种：高位热值是指燃料在完全燃烧时释放出来的全部热量，即在燃烧生成物中的水蒸气凝结成水时的发热量，也称毛热；低位热值是指燃料完全燃烧，其燃烧产物中的水蒸气以气态存在时的发热量，也称净热。

高位热值与低位热值的区别在于燃料燃烧产物中的水呈液态还是气态，水呈液态是高位热值，水呈气态是低位热值。低位热值等于从高位热值中扣除水蒸气的凝结热。

燃料大都用于燃烧，各种炉窑的排烟温度均超过水蒸气的凝结温度，不可能使水蒸气的凝结热释放出来，所以在能源利用中一般都以燃料的应用基低位发热量作为计算基础。各国的采用标准有所不同，中国、苏联、德国和经济合作与发展组织是按低位热值换算的，而日本、美国则是按照高位热值换算的。

固体或液体发热量的单位是千卡/千克或千焦耳/千克。气体燃料的发热量单位是千卡/标准立方米或千焦耳/标准立方米。

二、标准能源

标准能源指将不同品种、不同性质的能源按照规定的标准换算成同一热值标准计量单位的能源量。各种能源的共同属性是燃料，燃料燃烧释放热量，因此在能源使用中，习惯上都采用热量作为能源的共同换算标准，使不同类型的能源具有同质性和可比性。由于煤、油、气等不同燃料的质量不同，所含热值不同，为了便于对各种能源进行加总、对比和分析，必须将它们换算成标准能源。常用的标准能源有标准煤（煤当量）、标准油（油当量）、标准气（气当量）。国际上一般采用标准煤、标准油作为标准能源。世界各国都按本国的资源禀赋、耗能特点确定自己的能源标准量。世界上一些发达经济体一般以标准油为主，西欧有些国家以电力为主，采用标准电。我国以煤为主，采用标准煤为计算基准，即将各种能源按其发热量折算为标准煤。

三、标准煤

标准煤又称为煤当量，指具有统一规定的标准热值的一种能源标准计量单位。我国规定每千克标准煤的热值为 7000 千卡。将不同品种、不同含量的能源按各自不同的热值，以 7000 千卡为一个计量单位换算成标准燃料，即标准煤。

折算标准煤系数（千克标准煤/千克）的计算公式为

$$E=Q/7000$$

其中，E 为某种能源折算标准煤系数；Q 为某种能源实际平均热量；7000 为标准煤热值（千卡/千克标准煤）。

本书附录 1 中给出各种能源品种折算标准煤参考系数。

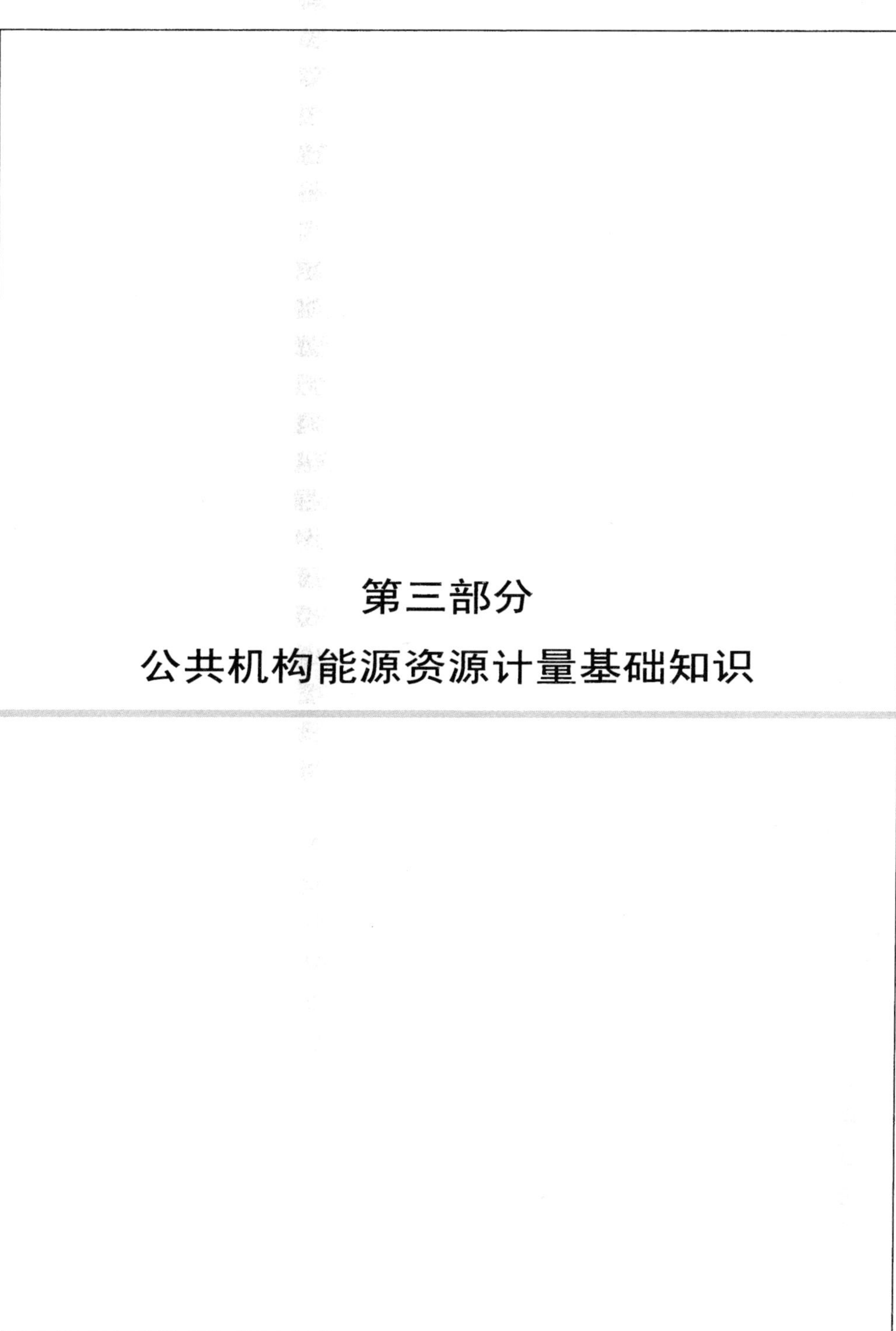

第三部分

公共机构能源资源计量基础知识

第 七 章

公共机构能源资源计量基础知识

第一节 概 述

一、能源资源计量的概念

能源资源计量是一项非常复杂的社会活动，是技术与管理的结合体。它不同于普通的计量，而是在特定的条件下，具有特定含义、特定方法、特定目的和特殊形式的计量，其本质特征是为了确定用能对象能源利用过程的完善程度而对能源资源相关量的计量。用能对象可以是公共机构、企业，或者用能的某一车间、系统、设备、过程等。能源利用过程的完善程度可以用设备效率、能效比、制冷系数、制热系数等参数来衡量，也可以用用能单位的单位产品能耗、单位产值能耗、单位建筑面积能耗、人均能耗等指标等来表达。

能源资源计量过程大体可包括以下内容：计量器具的安装、计量数据的采集、能效指标的测算及其他指标的应用。

二、能源资源计量数据的特点

（一）真实性

真实性是对任何计量数据的最基本要求。但是，如果能源计量器具不能运行或显示数据错误，或者用能单位未按照国家标准配备能源计量器具，为了应付上级有关部门的检查而用购得的能源总量"分摊倒推"，就会出现数据混乱，甚至"假数据"的现象。因此，应当反复强调"能源计量器具是能源计量数据的唯一来源"，并确保数据的真实性。

（二）计量特性

能源资源计量数据要有合理的准确度（或不确定度），准确度要求不宜过高，过高则造成不必要的浪费；也不宜过低，过低则不能满足节能量核算、能源管理等工作要求。

（三）连续性

根据能量转化和守恒定律，能源资源计量数据之间应该是相互关联、相互验证的。但是，如果计量器具配备率不符合要求，就不能得到令人满意的能源计量数据，也无法使误差合理化，同时会影响能源资源计量数据的合理性。

三、能源资源计量的特点

（一）合法性

能源资源计量属于法制计量的一个组成部分，它要受到法制计量的约束。也就是说，能源资源计量的单位、器具检定、器具管理、实验室要求等涉及现行有效规范性文件约束的计量内容都必须符合计量法及其相关法规的要求，必须合法。

（二）创新性

能源资源计量仪表和量值的表达方式都是逐渐发展，不断创新的。以前某些需要通过读取计量数据再进行分析计算而得到的重要指标数据，现在已经可以直接读取。这极大地减轻了用能单位测算相关指标数据的难度，但是这些仪表和量值可能是无法用现有的检定规程和校准规程进行量值传递和溯源的。

（三）测量方法的适用性

用能单位的能源计量大多都是现场计量，影响因素较多，因此其测量结果同时受计量器具和测量方法的影响。测量方法的适用性也是影响测量结果准确度的重要方面。

（四）测量对象的综合性

能源资源计量的对象可以是一个用能单位、一个次级用能单位或一个用能设备，由于使用能源及用能过程的多样性，能源计量对象是综合性的，同时比较复杂。

（五）测量目的的经济性

能源资源计量在某些情况下能够为用能单位直接带来经济效益。例如，根据在线计量仪表的数值所反映出的能源利用效率，即时进行设备在线调整，从而提高设备的能源利用率，就能够直接产生经济效益。

（六）测量结果的多样性

能源资源计量的测试对象是复杂的，测试指标是多方面的，计量结果的表达形式也是多种多样的，除热效率、机械效率等效率表征方法外，能效比、制冷（热）系数、单位建筑能耗、人均能耗等均是能源计量结果的能效指标。

四、能源计量和能源统计的关系

能源计量与能源统计是互有区别又互相联系的，它们在社会经济生活中是互相印证，互为前提的。没有能源计量作为基础和技术支撑，能源统计就无样本来源；反之，如果没有能源统计的宏观引导，用能单位的能源计量和能源使用就无所适从，就连简单的能源计量折算都无所依据。

泛泛的能源统计包括两个方面的内容：其一是用能单位能源统计，其二是国家统计部门的能源统计。用能单位内部的“能源统计”是一种用能单位内部能源产出与消耗的核算，它不具有任何统计学意义上的内容，不涉及试验设计和统计推断，也不涉及抽样设计、样本分布、参数回归等内容，是一种对既有数据的简单处理。而国家和地方统计部门的统计数据是建立在统计学基础上的模型推断，是真正的“能源统计”。可见，用能单位能源统计是用能单位能源计量的后续和延伸，而统计部门的“能源统计”才是具有统计学意义上的内涵，切不可将二者混淆。本文所指的“能源统计”是统计学意义上的统计。

能源计量与能源统计的主要区别在于：

（一）研究对象不同

能源计量针对的是单个经济实体，是对单个经济实体的能源资源的投入与产出及效益最大化所进行的研究和计量；而能源统计则是从宏观层面总体上研究全社会的能源利用问题，它涉及全社会（或地区）能源消耗总水平、供应均衡程度、能源政策调整、能源财政收支等。

（二）解决的问题不同

能源计量是解决用能单位能源资源消费配置的合理性问题，即用能单位消耗了多少类能源、产生了多少相关效益、能源利用的完善程度如何、可挖掘的潜力有多大等；能源统计针对的是国家宏观能源政策，包括能源生产结构的调整、涉能产品生产结构的调整及能源税费的调整等。

（三）研究方法不同

能源计量是研究用能单位的用能数量与产出情况的对应关系；能源统计是对全社会能源总量的分析，它运用统计学原理，对各类能源资源的分布、生产、输运、转换进行抽样分析和参数估计。

（四）研究的出发点不同

能源计量是以用能单位用能效率最大化为目标，因此其出发点是要最充分地挖掘用能潜力，提高能源利用效率；能源统计对应的是全社会的能源配置和能源结构问题，出发点是全社会的资源节约、环境友好和可持续发展。

五、能源计量数据的采集

（一）能源计量数据的采集原则

计量活动的最终目的是提供准确可靠的计量数据。计量数据管理涵盖数据的检测到运用全过程，主要包括数据采集、传输与统计、监督、反馈等环节。计量数据采集是数据管理的基础，应规范、真实可靠；计量数据的传输与统计应将数据及时提供出来并加以统计分析；计量数据监督是保证数据的准确性和统一性；计量数据反馈是把加工处理的数据及时反馈给有关部门。

能源计量数据要以计量器具显示的数据为准，数据修正要有依据和修正说明并予以记录，并根据用能单位能源计量器具的配备情况和统计考核需要进行全面采集。

（二）能源计量数据的采集方法

1. 计算机采集

采用计算机实时采集可以根据需要设定采样频率，并应综合考虑采样点布置、单位量纲及换算、异常数据修正、功能权限等问题。

2. 人工采集

在缺乏可利用的信息化手段的情况进行能源数据采集时，可进行人工采集。人工采集应注意以下三方面问题：

（1）使用经批准的记录格式；

（2）专人定时采集；

（3）明确采集人员的职责。

采集工作可以由能源计量部门完成，也可以由各部门分别进行数据采集后，再由能源管理员汇总计算。

（三）能源数据采集的注意事项

（1）人员固定。采集人员要相对稳定，不宜经常更换。

（2）采集频率固定。采集时间相对稳定，这样可基本上消除因时差带来的统计数据的不可比性。

（3）注意各相关能源计量器具之间的量值关系。如果总表量值与各分表量值之和的差大于允许误差，就说明表具或系统存在问题。

（4）记录数据时要把整数前的“.”全部抄上，这样便于核对，防止错位。整数后的小数，除电度表外，一般不要采集，或按文件规定执行。对模拟量指示的仪表要注意读数的有效位数，即保证读数的最后一位是估算的。

（5）仔细复核校对。仔细看准计量器具上的示值，填入相应的原始记录表格栏目后再复核一遍，以防看错和笔误，然后同上一次采集的数据作比较，估算本次读数是否有异常。

（6）记录数据要字迹清楚，用钢笔或墨水笔书写，不能涂改。如果确实在现场发现书写错误，应以“杠改法”改正。

（7）妥善保管原始记录，一般保存三年，或按文件规定办理。

第二节　常用能源资源计量器具介绍

一、什么是能源资源计量器具

计量器具是测量仪器的同义词，指单独或连同辅助设备一起用以进行测量的器具，是用来测量并能得到被测对象确切量值的一种技术工具或装置。例如，电压表、直尺、度盘秤等可以单独地用来完成某项测量；另一些测量仪器，如砝码、热电偶、标准电阻等，则需要与其他测量仪器和（或）辅助设备仪器共同使用才能完成测量。

测量仪器按其计量学用途或在统一单位量值中的作用划分，可分为计量基准、计量标准和工作用计量器具；按其结构和功能特点划分，可分为实物量具、测量用的仪器仪表、标准物质和测量系统（或装置）；也可以按输出形式、测量原理和方法、特定用途、准确度等级等特性进行分类。

能源计量器具是以能量计量为对象的计量器具。能源计量器具指测量对象为一次能源、二次能源和载能工质的计量器具，能量存在形式的多样性和能量转化过程的复杂性决定了能源计量器具的不完全确定性。

二、能源资源计量器具的种类

能源资源计量器具根据能源的状态，分为固态、液态、气态计量器具和电能计量器具；根据计量器具本身的特性，分为直接计量器具（如衡器、电能表、油流量表、气体流量计、水流量表等）和间接计量器具；根据 GB 17167-2006 中对能源资源计量器具的归类，分为主要能源计量器具、带能源计量功能的其他计量器具和管理目录外或无技术规范的计量器具。

（一）固态能源计量器具的种类

原煤、焦炭等固态能源计量一般采用衡器和皮带秤，但也有使用以动量原理支撑的冲量流量计进行计量的。用衡器计量是静态计量，皮带秤和冲量流量计计量则是动态计量。

固体能源计量主要是使用衡器（秤），根据用途的不同有各种不同的衡器，主要种类有以下 5 种：

（1）地上衡和地中衡类（图 7-1 和图 7-2）：用于车辆装载的固体燃料质量的计算。

（2）轨道衡类（图 7-3）：安装在铁路专用线上，用于铁路货车装载的固体燃料质量的计量。

（3）吊秤类（图 7-4）：安装在各类吊装机械上，如吊斗上煤装置、吊车装卸煤、码头吊车卸煤等。

图 7-1 地上衡

图 7-2 地中衡

图 7-3 轨道衡

图 7-4 吊秤

（4）皮带秤类（图 7-5）：安装在皮带输送机上对连续输送的固体燃料进行连续测量并累计计算测量值的一种计量装置。

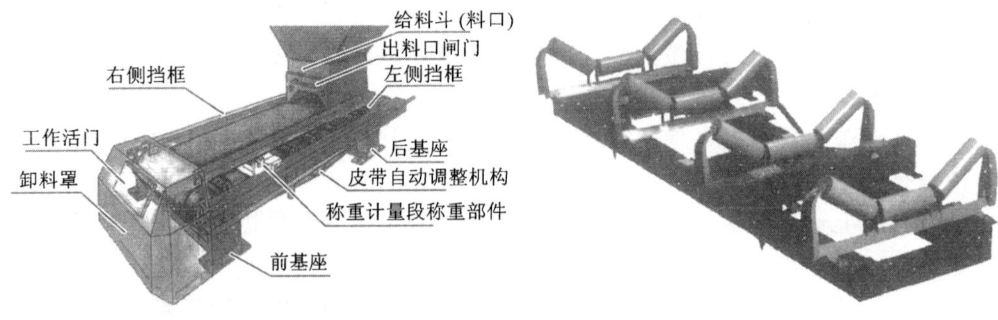

图 7-5 皮带秤

（5）电子煤量计（图 7-6）：根据体积法和转速原理设计、用于工业锅炉前段送煤处的煤量计量。

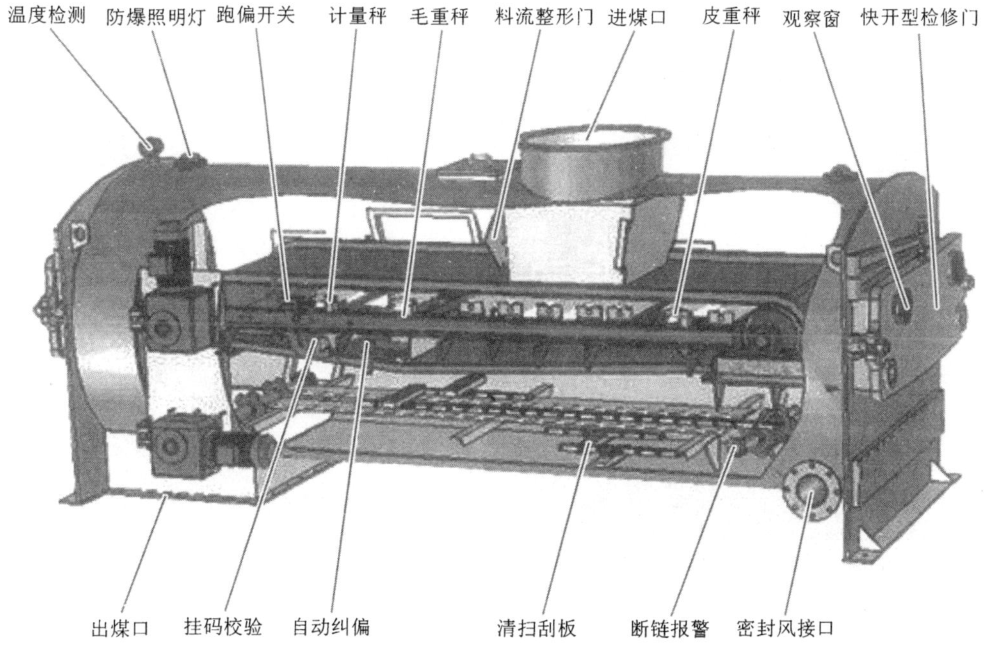

图 7-6　电子煤量计

在对进出用能单位的大批量的散装能源计量时，常采用《进出口商品重量鉴定规程水尺计重》，此时应配备符合该方法的计量器具，如准确度为万分之五的铅垂密度计、量水尺、量油尺等。

（二）电能计量器具的种类

电能是由多种一次能源转换而来的二次能源，是使用最广泛的能源，通常电能的计量采用电能表进行有功功量的计量。

用于计量电能量的电能计量装置包括各种类型电能表（图 7-7）、计量用电压、电流互感器及其二次回路、电能计量柜（箱）（图 7-8）等。

（三）液态能源计量器具的种类

液态能源中有二次能源（如原油、水能等），但二次能源较多，主要包括汽油、煤油、柴油、渣油等，由于液态能源介质的不同，其物理特性有很大不同，因此实现计量所采用的方法也不同。原油、重油、渣油等由于其密度较大，一般采用容积式流量计计量。水能的流量可以采用明渠流量计（图 7-9）、大口径电磁流量计（图 7-10）等进行计量。汽油、煤油、柴油等轻质成品油一般采用容积式流量计（图 7-11）、质量流量计（图 7-12）等进行计量，但在零售交接中则采用燃油加油机等进行计量。液态能源用 LPG 槽车（图 7-13）、LPG 钢瓶（图 7-14）等装运时采用固态能源所用的称量法计量。

图 7-7 电能表

图 7-8 电能计量柜

图 7-9　明渠流量计

图 7-10　大口径电磁流量计

图 7-11　容积式流量计

图 7-12　质量流量计

图 7-13 LPG 槽车

图 7-14 LPG 钢瓶

液态油量计通常可包括腰轮流量计（图 7-15）、刮板流量计（图 7-16）、旋转活塞式流量计（图 7-17）、椭圆齿轮流量计（图 7-18）等。

图 7-15 腰轮流量计

图 7-16 刮板流量计

图 7-17 旋转活塞式流量计

图 7-18 椭圆齿轮流量计

（四）气态能源计量

气态能源中的天然气是一次能源中的绿色能源，是我国目前大力推广使用的能源。计量天然气采用差压式流量计中的孔板流量计、速度流量计中的气体涡轮流量计和超声波流量计（图 7-19）、膜式燃气表较多。在管道输送等场合一般都采用差压式流量计中的孔板流量计（图 7-20）、超声波流量计、气体涡轮流量计（图 7-21）、气体腰轮流量计（图 7-22）、热式质量流量计（图 7-23）等。一般地，气态能源以体积计量，但气体体积因与介质温度、压力有关联，故要辅以温度和压力测量，最终得到标准体积量。

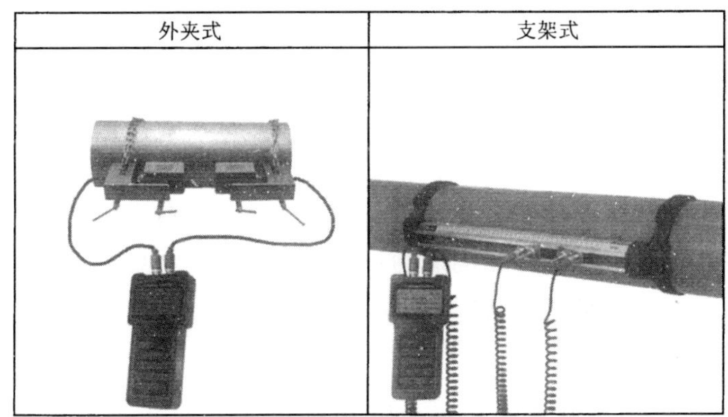

图 7-19　超声波流量计

图 7-20　孔板流量计

图 7-21　气体涡轮流量计

图 7-22　气体腰轮流量计

气态能源中天然气存储钢瓶（图 7-24）等也采用与固态能源计量方法一样的衡器称量计量。

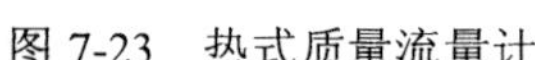

图 7-23 热式质量流量计

图 7-24 存储钢瓶

（五）载能工质的计量

载能工质中的蒸汽有两种，饱和蒸汽和过热蒸汽。通常的流量计量采用差压式流量计中的孔板流量计（图 7-25）、阿牛巴流量计（图 7-26）、涡街流量计（图 7-27）、电磁流量计（图 7-28）等进行流量计量，但由于饱和蒸汽的密度与压力或者温度成对应关系，过热蒸汽的密度则同压力和温度有关联，故要对温度和压力进行测量。因此，在对蒸汽计量时，要辅以温度、压力测量，再进行密度补偿运算，得到蒸汽的质量流量。

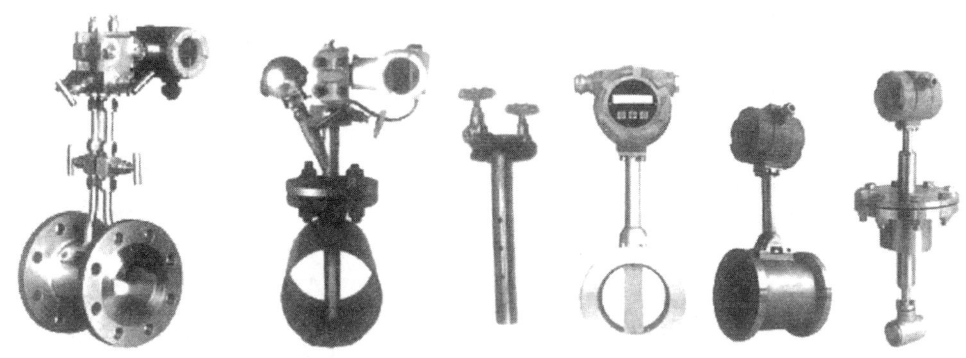

图 7-25 孔板流量计　　图 7-26 阿牛巴流量计　　图 7-27 涡街流量计

热水计量时，需要以热能计量的可以选用热能表（图 7-29），仅需体积计量的则可以采用热水表（图 7-30）、涡街流量计、电磁流量计等进行计量。

三、能源资源计量器具的选择与配备原则

（一）满足实际需求原则

用能单位要坚持按被测能源对象的实际需求选配测量器具，如能源的种类、结构、技术性能参数；能源进出用能单位、进出主要次级用能单位和主要用能设

图 7-28　电磁流量计

图 7-29　热能表

图 7-30　热水表

备或用能单元的耗能计量参数；购入储存、加工转换、输运分配、生产（主要、辅助生产）过程、运输、采暖（空调）、照明、生活、排放、自用与外销等计量参数。

（二）综合考虑的原则

选配时既要考虑器具的先进性又不盲目追求高技术指标，还要注意经济实用，以达到“满足预期使用要求的目的”。选配决策时，应综合考虑用能单位的规模、性质等特点。满足预期使用要求具体表现为：有一定的先进性；使用可靠；维修、备品储存费用尽可能少；溯源方便；平衡风险、成本和效果。因此，选配时需从测量、技术、经济特性等方面综合考虑。

1. 计量特性

能源计量器具的计量特性如下：

（1）应具有预期使用要求的计量特性，包括准确度、稳定性、测量范围、分辨力和灵敏度等，保证测量结果可靠是首要条件。

（2）能源计量器具应能实现量值传递和量值溯源要求。计量器具的检定或校准必须符合现行有效检定规程或校准技术规范的要求。

（3）计量检定或校准方法要科学、合理、可行、简单。

（4）具有合理的检定周期（或确认间隔）。

（5）能对测量结果进行评价。

2. 技术特性

明确能源计量器具的通用结构特性，必须达到以下目的：

（1）能源计量器具的计量特性在使用中保持不变。

（2）能源测量结果可靠，简单明确。

（3）使用方便、操作简单可靠。

（4）运输、拆卸、组装、安装方便。

（5）在使用保存期间，易于防护，防损坏、防污染，抗干扰性能良好。

（6）所需专用辅助设备（安装、读数、记录、电源等）少。

（7）对环境、操作人员的要求要合适，不苛刻。

（8）使用计算机软件的计量器具不能出现欺诈行为。

（9）方便进行数据采集。

3. 经济特性

（1）能源计量器具购置费用少。在保证测量准确度等级和功能的前提下，应尽量避免采用高准确度等级、价格昂贵的测量器具，在技术指标和准确度等级指标相同的情况下，首选国内产品。

（2）操作、维护、保护费用少。

（3）能够调整，使用寿命长。

（4）利用率高。

（5）使用时所需场地小，操作人员少。

4. 其他综合影响因素

（1）计量器具应有CMA（中华人民共和国制造、修理计量器具许可证英文缩写）标志，同时要求供应商提供质量证明文件（如型式批准证书、产品合格证、质量体系认证证明等）。进口的测量器具应符合《中华人民共和国进出口监督管理办法》的规定要求。《中华人民共和国进出口监督管理办法》规定，凡进口或外商在中国境内销售《中华人民共和国进口计量器具型式审查目录》附录中的计量器具，必须办理型式批准手续，型式批准包括计量法制审查和定型鉴定。

（2）生产厂商必须提供制造该计量器具设备的企业或国家标准。

（3）新科技、新技术需要确定相应的技术规范和标准。

总之，测量器具选配在综合考虑风险、成本、利益的基础上，对诸多因素进行技术论证、评审和裁决活动，其中最关键的是计量特性的选择，特别是测量结果不确定度是保证测量结果准确可靠的首要条件。

四、能源资源计量器具的选择与配备

（一）固态能源计量器具的选择与配备

在选择衡器时可以按照不同的称量要求选择不同量程的计量器具（如1吨，2吨，10吨等）。质量计量的各种衡器（秤）准确度等级一般应选为1级。一般情况下，能源计量的量值都比较大（相对克、毫克而言），称量都达到几吨或几十吨，故选用1级衡器就能满足GB 17167-2006《用能单位能源计量器具配备和管理通则》中“进出用能单位的燃料静态计量”准确度等级0.1级的要求。“进出用能单位燃料的动态计量”通常使用电子皮带秤和轨道衡，其准确度为0.5级。

公共机构应按照需要的准确度和称量范围选用衡器，不要把衡器检定分度值与衡器的分度值混淆，以免遭受损失。同时，注意生产厂家需具备《制造计量器具许可证》，衡器上具有 CMC 标记。安装后必须经过计量管理部门检定合格后方可使用，并在使用中必须接受后续周期检定。同时，要对衡器进行正确安装与调试，以确保衡器的计量性能。例如，同一台秤由于两端路轨或路面的好坏，会使测量结果有很大差异，所以安装后必须经过检定合格才能投入使用。

（二）电能计量器具的选择与配备

电能表的种类很多，一般可分为机械式电能表和电子式电能表两种。通常可以以计量器具的适用范围和特点选择电能计量器具。

机械电能表又叫感应电能表，是我国生产最早的一种电能表。经过几十年的使用，此类电能表基本上都具有稳定性好、使用寿命长等特性，电盘转与不转看起来也很直观。但它容易受外界环境（如温度等）的影响，遇到强烈撞击就会影响其准确度，尤其是在校准后更应注意。

目前电子式电能表在市场上比较受欢迎，按附加功能分，电能表有多费率电能表、预付费电能表、多用户电能表、多功能电能表、载波电能表等。多费率电能表或称分时电能表、复费率表，俗称峰谷表，是近年来为适应峰谷分时电价的需要而提供的一种计量手段。它可按预定的峰、谷、平时段的划分，分别计量高峰、低谷、平段的用电量，从而对不同时段的用电量采用不同的电价，发挥电价的调节作用，鼓励用电客户调整用电负荷，移峰填谷，合理使用电力资源，充分挖掘发、供、用电设备的潜力。预付费电能表俗称卡表，可用 IC 卡预购电，将 IC 卡插入表中可控制按费用电，防止拖欠电费。多用户电能表即一只表可供多个用户使用，对每个用户独立计费，因此可达到节省资源并便于管理的目的，还利于远程自动集中抄表。多功能电能表集多项功能于一身，属电子式电能表；载波电能表利用电力载波技术，用于远程自动集中抄表。

选用电能表时首先要了解铭牌。用户根据自己用电量的大小，依据电能表的铭牌就能选购出所需要的电表，以 DDS 型和 DTS938 型电能表为例进行说明，如表 7-1 所示。

表 7-1　电能表的铭牌

铭牌中的字母	字母含义
kWh	kW 为功率单位；h 为小时，kWh 为 1 度
DD	单相
DT	三相四线有功
DS	三相三线有功
DX	三相无功

续表

铭牌中的字母	字母含义
S	（电子式）如 DDS、TDS 中的 S
F	分时：如 DDSF、DTSF 中的 F
Y	预付费：如 DDSY 中的 Y
D	多功能：如 DTSD 中的 D
I	载波表：如 DDSI 中的 I
L	长寿命：如 DDL0 中的 L
J	防电：如 DDJ 中的 J
121983	不同厂家生产的不同编号
脉冲 200lmp/kWh	

运行中的电能计量装置按其所计量电能量的多少和计量对象的重要程度分为五类，选用时可按要求、规格不同进行选择。

1. I 类电能计量装置

月平均用电量 500 万千瓦时及以上或变压器容量为 10000 千伏安及以上的高压计费用户、200 兆瓦及以上发电机、发电企业上网电量、电网经营企业之间的电量交换点、省级电网经营企业与其供电企业的供电关口计量点，选择 I 类电能计量装置。

2. II 类电能计量装置

月平均用电量 100 万千瓦时及以上或变压器容量为 2000 千伏安及以上的高压计费用户、100 兆瓦及以上发电机、供电企业之间的电量交换点，选择 II 类电能计量装置。

3. III 类电能计量装置

月平均用电量 10 万千瓦时及以上或变压器容量为 315 千伏安及以上的计费用户、100 兆瓦以下发电机、发电企业厂（站）用电量、供电企业内部用于承包考核的计量点、考核有功电量平衡的 110 千伏安及以上的送电线路，选择 III 类电能计量装置。

4. Ⅳ类电能计量装置

负荷容量为 315 千伏安以下的计费用户、发供电企业内部经济技术指标分析、考核用的电能计量，选择 IV 类电能计量装置。

5. V 类电能计量装置

单相供电的电力用户计费者用电能计量选择 V 类电能计量装置。

（三）液态、气态能源计量器具的选择与配备

1. 液态能源计量

由于腰轮流量计和刮板流量计可以做得比较大，故一般在大口径大流量的原

油计量中采用。成品油的计量则选择中小口径的流量仪表，一般为腰轮流量计、刮板流量计、旋转活塞式流量计、椭圆齿轮流量计等。

2. 气态能源计量

（1）气态能源计量器具主要有差压式孔板流量计、气体腰轮流量计、气体涡轮流量计、热式气体质量流量计、气体超声波流量计、膜式燃气表等。

（2）通常气体大流量计量选用气体涡轮流量计和超声波流量计；中流量则选择用气体涡轮、气体腰轮、孔板流量计等；小流量选择用膜式燃气表、热式气体质量流量计等。选用仪表时应注意压力等级的适用性。

3. 载能工质的计量

（1）蒸汽计量时，选择孔板流量计和涡街流量计，但当测量的量程范围较大时，一般采用涡街流量计，原因是孔板流量计的范围度较小而涡街流量计的范围度较大。

（2）热水计量时，小流量热量计量一般选用热能表计量，中流量体积计量选用涡街流量计与电磁流量计计量。大口径用电磁流量计，当需要进行中大口径热能计量时应配备辅助的温度计量，并配置计量系统计算热量值的软件等。

（3）水计量可以按流量大小选择不同的流量计，大口径（DN300mm 以上）选择电磁流量计，中口径（DN100mm～300mm）选择涡街流量计和电磁流量计，小口径（DNl00mm）以下选择普通水表。

通常可以以计量器具适用范围和特点选择液态、气态能源计量器具，原则如下：

（1）电磁流量计适用于具有一定电导率的液体计量，同时也适用于脏污、含颗粒纤维、具有腐蚀性、带惯性的混合液体等的测量。但在选用不同的里衬时，应根据测量介质的不同物理化学特性而定。

（2）涡轮流量计适用于对清洁的气体、液体的测量。

（3）涡街流量计适用于清洁的高低温气体、液体的测量。

（4）孔板流量计适用于清洁的混合介质液体、高低温气体、液体介质的测量。

（5）腰轮流量计适用于清洁的液体和气体测量。

（6）质量流量计适用于清洁的或者脏污的惯性非牛顿液体的测量，热式质量流量计则适用于一般气体小流量测量。

第 八 章

公共机构能源资源计量标准

第一节 概 述

2006 年，国家发展改革委、国家质检总局等 6 部门联合发布了《千家企业节能行动实施方案》，要求各行业针对自身特点制定《企业能源计量器具配备和管理要求》国家标准，由此产生了 GB/T 21368-2008《钢铁企业能源计量器具配备和管理要求》等标准，这些标准实际上给出了该行业的计量需求。不同行业对于相同的计量项目要求的计量器具准确度等级不完全相同，其取决于行业自身特点以及能源的用量。

目前，能源计量器具的部分选配标准有：GB 17167-2006《用能单位能源计量器具配备和管理通则》、GB/T 17471-1998《锅炉热网系统能源监测与计量仪表配备原则》、GB/T 20901-2007《石油石化行业能源计量器具配备和管理要求》、GB/T 20902-2007《有色金属冶炼企业能源计量器具配备和管理要求》、GB/T 21367-2008《化工企业能源计量器具配备和管理要求》、GB/T 21368-2008《钢铁企业能源计量器具配备和管理要求》、GB/T 21369-2008《火力发电企业能源计量器具配备和管理要求》、GB/T 24851-2010《建筑材料行业能源计量器具配备和管理要求》、GB/T 29453-2012《煤炭企业能源计量器具配备和管理要求》、GB/T 29149-2012《公共机构能源资源计量器具配备和管理要求》等。

公共机构首先应遵循的是 GB 17167-2006《用能单位能源计量器具配备和管理通则》，由于该标准条款与现行的检定规程不完全一致，因此为了便于公共机构开展能源计量器具配备管理与应用，全国能源基础与管理标准化技术委员会制定了 GB/T 29149-2012《公共机构能源资源计量器具配备和管理要求》，对公共机构能源资源计量器具配备与管理进行指导。

GB/T 29149-2012《公共机构能源资源计量器具配备和管理要求》是由国务院机关事务管理局提出，中国标准化研究院和中国计量科学研究院起草的针对公共机构能源资源计量器具配备和管理的规范性标准。该标准是针对各类公共机构能源计量现状制定的一项新的国家标准，服务业等其他用能单位可参照执行。对各类公共机构，本标准的要求颇为具体实用，而对未使用财政资金的很多服务性机构和其他用能单位，若其组织形式、工作特点与公共机构的某种组织形式很相似，也可参照本标准。例如，大型跨国企业和国有企业的总部机关，它的组织形式与国家管理机关相似，以集中办公为主，主要耗能类型相似，此类总部机关虽不是公共机构，但是本标准对其有很强的适应性。再如私立医院和私立学校，它们虽非公共机构，但其组织管理形式、能源供应和消费形式以及能源消费指标的核算也与属于公共机构的公立医疗和公立学校极为类似。总之，GB/T 29149-2012 虽是针对公共机构制定的，但使用范围不一定仅限于公共机构。

GB/T 29149-2012 中要求公共机构能源资源计量器具的配备满足分类、分户、分区的要求，这些要求是与能源统计、能源管理相适应的。

第二节　公共机构能源资源计量器具配备和管理标准要求

一、公共机构规模确定

GB/T 29149-2012 中要求不同规模公共机构能源资源计量器具配备应实现精细化管理，不同规模公共机构的划分见 GB/T 29149-2012 附录 A。由于公共机构的规模差异很大，所具有的职能又千差万别，因此，针对不同规模、不同职能的公共机构进行适当的划分，有的放矢地提出差异性的要求，以实现对公共机构的精细化管理是十分必要的。然而，这种划分在现阶段不能过细，过细会使很多处于规模边界域的公共机构无所适从，不利于有关部门的统一要求。一般来说，由于大规模的公共机构能源消耗量相对多、管理体系相对完善、技术水平相对较高、相关人才相对齐全，故 GB/T 29149-2012 中对规模较大的公共机构能源资源计量器具的配备要求较之规模较小的公共机构要严些。这里应当注意的是，任何公共机构不应以规模小为借口而放松对自己的要求。鼓励小规模的公共机构用更高的标准要求自己。

关于大型、中型和小型公共机构的划分，主要参考国家发展改革委等部委《关于印发万家企业节能低碳行动实施方案的通知》，以及建设部等《关于加强大型公共建筑工程建设管理的若干意见》中的相关定义。

《关于印发万家企业节能低碳行动实施方案的通知》中规定：纳入万家企业节能低碳行动的企业均为独立核算的重点用能单位，包括：2010 年综合能源消费量 1 万吨标准煤及以上的工业企业；2010 年综合能源消费量 1 万吨标准煤及以上的客运、货运企业和沿海、内河港口企业，或拥有600辆及以上车辆的客运、货运企业，货物吞吐量5千万吨以上的沿海、内河港口企业；2010年综合能源消费量5千吨标准煤及以上的宾馆、饭店、商贸企业、学校，或营业面积8万平方米及以上的宾馆饭店、5万平方米及以上的商贸企业、在校生人数1万人及以上的学校。《关于加强大型公共建筑工程建设管理的若干意见》规定：大型公共建筑一般指建筑面积2万平方米以上的办公建筑、商业建筑、旅游建筑、科教文卫建筑、通信建筑以及交通运输用房。

基于以上内容，故将大型公共机构划定为在校生人数在1万人及以上的学校、三级医疗机构、建筑面积在2万平方米及以上的其他公共机构，中型和小型在此基础上进行了细分，如表8-1所示。

表8-1 公共机构类型

类别	学校	医疗机构	其他公共机构
大型公共机构	在校生10000人及以上	三级	总建筑面积20000平方米及以上
中型公共机构	在校生2000～10000人	二级	总建筑面积5000～20000平方米
小型公共机构	在校生2000及以下	一级	总建筑面积5000平方米及以下

注：医疗机构分类依据卫生部门评定的级别。
其他公共机构包括各级国家机关以及除学校和医院外的各类事业单位和团体组织。

二、分类计量

能源的分类计量是能源统计所要求的，能源的分类有物理分类、商品分类及来源分类，后两种分类在国内外文献中已多有论述，现就能源的物理分类进行简单介绍。用能单位实际消耗的各种能源，指用能单位购入或储存用于用能单位使用的各种一次能源、二次能源或载能工质。用能单位的生产生活所消耗的能源即为用能单位的总能耗。从热物理过程可知，能量的传递形式分为传热和做功两种，而热和功之间的转换又存在明确的方向和限度。因此，能量可以划分为三大类：

第一类是不受限制可以完全转变为功的能量，称为“高级能量”，如电能、机械能、水能、风能等。从本质上说，高级能量是完全有序运动的能量，所以各种高级能量可以无限地相互转换。

第二类是受限制只可以部分（非全部）转变为功的能量，称为“中级能量”，如热能、化学能、物质的内能、流动体系的总能（焓）等。由于中级能量从本质上说只有部分是有序的，因而只有能够转变为功的那部分才是可用能，其余不能转变为功的部分虽有一定的“量”但其“质”为零，可以称这部分能量为“乏能”。所以，中级能量的数量与质量是不统一的。

第三类是受自然环境所限不能转变为功的能量，称为“低级能量”，如在自然环境条件下介质的内能、焓。根据热力学第二定律，尽管低级能量有相当的数量，但在技术上无法使其转变为功，所以它们是只有数量而无质量的能量，即所谓“乏能”。了解了能源的品位，我们就应该清楚为什么标准中要提出对能源分类计量的要求，也就是说电能、机械能、热能等要分门别类单独计量，煤、油、气等也要分类计量。

三、分户计量

进出公共机构的各类能源和水应加装计量器具。两个或两个以上在同一栋建筑或同一区域不同建筑内的公共机构，其各类能源和水应分别计量。对于拥有多栋建筑的公共机构，其每栋建筑的电力、热力、水消耗量应单独计量。所谓分户计量就是某一用能单位要将自己的用能数量单独计量出来，这个要求是基本的，也是最重要的。作为一个与外界有着能源商品买卖关系的用能单位，出于贸易结算的需求，其能源耗量应该是已知的，是通过贸易计量的，但由于历史和用能单位内部组织结构的原因，这种贸易计量在很多场合下与GB/T 29149-2012所要求的分户计量是有差异的。例如：

（1）公共机构的能源管理计量器具是可以与其他用途的能源计量器具公用的，如已加装了贸易用、工艺用或监测用能源计量器具的，且该器具符合GB 17167-2006《用能单位能源计量器具配备和管理通则》的要求，可不另行加装能源计量器具。

同一区域内有不同的公共机构合署办公，这种情况下仍需加装能源资源计量器具。如果是甲单位的两位员工与乙单位的两位员工在同一区域（如房间）一同办公，耗能量很小（如电力装机容量不足10千瓦），也很难装计量仪表（如共同卫生间），则可通过能源管理的程序文件进行约定公摊。当然，这种情况最好是合理调整办公区域，以便更好地进行能源消耗量的量化管理。

两单位共用一个较大的办公区域，如共用一个办公大楼，这种情况下一定要各自独立加装能源计量器具，极个别的区域（如个别卫生间、小食堂、公共活动空间及共用的照明、公共管线的损耗）应按预先约定好的能源管理程序文件进行分摊。

公共机构加装的能源计量器具可以是“隐性”的。例如，公共机构汽车用油的能源计量器具是加装在加油站的，通过加油站开具的财务账目单可知其车用成品油的消耗量。边远地区的中小学有些还是教室内生火取暖，其用煤经过称重后存储于某地，待取暖季结束后，再将剩余的燃料称重交回，这里的称重衡器可能在离学校很远的煤炭供应站，但这种情况认为属于加装了能源计量器具。

（2）某一公共机构与家属院在一个供能区域内，如果家属院无计量，这属于“包责制”，显然是不符合要求的。如果家属院实现了每家每户的计量而无总线计量，也不符合要求，因为总线线损应合理分摊到家属院中，即一定要有外供家属的总线计量，而计量表应安装在公共机构的出线端。

（3）有些公共机构的附属设施外包给社会上的一些部门，如游泳池、体育场、小卖部、洗衣房等，这些设施与公共机构共用一些市政能源，它们的计量一定要以公共机构出线（出口）端为准，且在与承包单位的合同中，不应包括能源总费用包干的内容，而应按量计价。单位职工和其他城乡居民使用某些用能单位生产的水、煤气、天然气、煤等资源，应当按照国家规定计量和交费，不应无偿使用或者实行包费制。分户计量是能源计量最基本的要求，是一切能源计量的基础和前提，其重要性如何强调也不过分。加装能源计量器具是对公共机构的最基本要求，是对公共机构的强制性要求，是对公共机构能源管理的基础。

（4）两单位共用一个很大的区域，如在一个区域内各有其办公建筑交错分布，在各自加装能源计量器具时应尽量避免互相嵌套，即一个单位与另一个单位管线线路进行串联，甲单位的出线为乙单位的进线，在有条件的情况下应尽量实现各单位能源供应线路的并联安装。

（5）对于某多栋建筑的公共机构，除公共机构的能源资源计量器具分户安装如前所述外，其每栋建筑也应加装能源资源计量器具。多层楼房建筑的“栋”较好理解，就是一栋楼，平房建筑的“栋”不是一间房或几间房，而是联排建筑的一排，或不与其他建筑物外墙结构一体的独立建筑。

只有对公共机构加装了符合要求的能源计量器具，才能做到“数据源于计量，管理依靠数据”。如果没有这项基本要求，就不能根除一些对公共机构实行“包费制”的顽疾。

四、分区计量

GB 17167-2006《用能单位能源计量器具配备和管理通则》中有关主要次级用能单位的能源计量要求，是针对用能单位内部行政管理、量化责任、追溯到人的计量管理原则提出的。能源管理的责任考核制、能源管理的领导者问责制，都要以能源的数据量化为基础。主要次级用能单位能源计量器具配备的基本要求，就是要把一个用能单位的每个层级的领导者和参与者的积极性都充分调动起来，从而达到最佳的管理节能效果。

公共机构除了要按强制性国标 GB17167-2006 的规定安装能源资源计量器具之外，还要根据自己的特点，满足其不同功能区的能源资源计量器具的配备要求。由于公共机构是一个庞杂的族群，其内部的功能分区尤其复杂，往往这些功能区的电耗和水耗是其能源资源消耗的主要组成部分，而其许多功能区的能源消耗又与人为管理水平的高低关系极大，如场馆空调温度的调节、图书馆的灯光分区、主要设备的待机能耗、公共浴室的插卡管理等都有很大的节能空间。因此，分区计量应是 GB/T 29149-2012 的一个较鲜明的特色。为便于公共机构能源计量器具的管理，体现功能有别，根据公共机构日常工作的管理特点，将其划分为行政区（含办公室、会议室等）、业务区（含一般业务区，如机关、事业单位和团体组织的行政中心、办事大厅，医院的门诊大厅、住院大厅等，学校的教室，场馆等；特殊业务区，如数据中心或信息机房，铁路等部门的调度中心，航空等部门的指挥及控制中心，气象等部门的监控中心，实验室，医院的手术室、重症监护室等）、后勤服务区（含餐厅、食堂、厨房、公共浴室、宿舍或公寓等），以及其他区域（含对外服务的场所、外包场所、绿化等）。这些功能分区能源资源消耗超过一定数量以及一些具有特定功能的区域应单独计量。

（一）行政区计量

对于行政区，针对各类公共机构所属的大型会议室、资料室、独立办公室等场所，如果其所有固定用电设备的额定功率之和超过 10 千瓦，应该单独计量。针对固定用电设备增加了标注说明，即在固定位置使用的用电设备，如分体空调、办公计算机、打印机、投影仪、音响设备、实验仪器、检测仪器等，不包括照明系统。

所谓行政区就是通常所说的办公区，GB/T 29149-2012 用了“会议室、资料室、办公室”等字样。理解相关条款要注意如下事项：

（1）由于行政区、业务区、后勤服务区以及其他区域定义不够完善，划分难以明晰，如果某些公共机构对某一特定区域的划分不能把握，或者有些区域难以划分，这些区域的能源资源计量器具的安装可以按行政区的要求执行，这是因为 GB/T 29149-2012 中行政区的含义较泛，行政区的计量器具配备要求比较严。

（2）行政区内除固有的固定设备外，还有一些系统设备（如照明系统），一般应由公共机构内的总系统计量，可计入办公区内计量。空调系统、热力采暖系统（不含插座式电采暖器）也是如此。

（3）行政区域是分开的，如两间办公室，总耗电功率 10 千瓦以上，而每一间不超过 10 千瓦，且两间办公室不走同一线路，无法安装共用表，则可不加装电能表。

（4）行政区的划块要单一功能，不宜将会议室与办公室等划成一个行政区，应分区计量，除非办公室所属的会议室（或会议室所属的办公室）单独额定功率小于 10 千瓦。

行政区划块不可跨越主要次级用能单位，即行政区划块比主要次级用能单位更加严格，不可将两个以上主要次级用能单位的同类型行政区划在一起，应分别计量。

（二）一般业务区

对于一般业务区，针对各类公共机构所属的办事大厅，如医院的门诊大厅、住院大厅、学校的教室、场馆等场所，如果固定用电设备额定功率之和超过 10 千瓦，应该单独计量。

一般业务区广泛存在于学校、医院及大中小型国家机关，对一般业务区的能源计量要求与行政区的要求基本相同，但应注意：

（1）只对电力的计量有要求，对其他种类的能源资源不作要求。这是因为：一是从一般业务区所从事的业务功能来看，其所消耗能源资源以电为主；二是电力计量器具的安装成本相对较低。

（2）一般业务区的划分不是很严格，也没有一定的固定模式，故在某一业务区内嵌套了与此业务相关的非主流业务，且同属于一个主要次级用能单位，非主流业务的电力装机额定功率小于 10 千瓦，则可将此非主流业务区并入主流业务区一并安装能源计量器具。这种合并不应影响能耗指标的定额考核。

（三）大型和中型公共机构的特殊业务区

对于特殊业务区，其中最重要的就是数据中心（或称信息机房），是公共机构用能量较大的区域。此外，有些公共机构设有调度中心（如铁路部门）、指挥及控制中心（如航天、气象、卫生等部门）、监控中心等，针对大中型公共机构，其用电用水量应单独计量。特殊业务区是针对大中型公共机构耗电耗水量相对较大的具有特殊功能的场合提出的，在理解相关条款时要注意如下事项：

（1）对象一定是大中型公共机构所属的相关区域，如中小学所属的简易实验室，如果其办学规模属于小型公共机构的不属此列。小型公共机构的相关场所按一般业务区处理。

（2）特殊业务区应属常设部门，如临时的指挥中心等非常设部门不在此列。

（3）特别应注意的是，特殊业务区的电量计量不像一般业务区那样有电力装机容量限制。特殊区与一般业务区的另一个不同点是，一般业务区可不进行水的分区计量，而特殊业务区一定要进行分区计量。

（4）特殊业务区除电力和水之外的其他类型的能源资源没有分区计量要求。

（四）后勤服务区

所谓后勤服务区，针对规模较大的（即大中型）公共机构所属的餐厅、食堂、厨房等用餐场所，电、水、气等燃料应单独计量。

（1）大中型公共机构的用餐场所能源资源消耗很大且庞杂，特别是用于烹调的燃料一般为电力、煤炭、燃气等，在理解相关条款时要注意如下事项：

①相关条款只针对大中型公共机构的集中餐饮场所，小型公共机构的食堂按一般业务区处理。

②能源资源计量范围包括电力和水，其他类型的能源只有炊用的予以计量，如使用某种能源类溶剂擦拭炊具就不在计量之列。

③只计量消耗的电力、水和炊用燃料，其回收的和自产的能量，如炊具排烟的余热回收利用，用太阳能热水洗拭炊具，均不在分区计量之列。

④烹调区和用餐区可一并计量。

⑤大型公共食堂所属的办公室、小型沐浴间，除其规模超过所规定的行政区和一般业务区的功能限额按 GB/T 29149-2012 中的 6.2.1 和 6.2.2.1 执行外，一般作为同一区域处理。

（2）大型和中型公共机构所属公共浴室，在理解相关条款要注意如下事项：

①相关条款的能源计量种类是电力、热力和水力，这里的热力是指洗浴热力，洗浴热力（如取暖）不在此列。

②只计量能源的消耗量，对能源资源再利用没有分区计量要求。

③相关条款涉及的浴室是公共机构所属的，这里的所属是指公共机构具有编制的公共浴室，而公共机构某一小试验室里三或五个人共用的附属小沐浴间不在此列。

④公共机构的洗浴用水应逐渐过渡到磁卡控水开关，据综合性大学学生公共浴室测算，磁卡控水开关可节约用水 50%以上。

（3）公共机构所属公寓学校的学生宿舍或专家公寓，以及国家机关、科研院所等为员工提供的单身宿舍或公寓，其用电、用气、用水等均应该单独计量，以便于同办公区域区分。理解相关条款要注意如下事项：

①能源资源的种类是按 GB/T 29149-2012 中的 4.1 的要求来分类的，但电力和水的计量仍是本条款的重点。

②要正确区分宿舍类公寓与家属区的区别，本条款只涉及宿舍类公寓。

③相关条款涉及的是整个公寓区的计量而非各个公寓间的计量。

④公寓区内如有大的耗能设备，应按 GB/T 29149-2012 中的 6.3.2 的加装能源资源计量器具。公寓区的门房、公共活动室等场所，其耗能量如达到行政区定额的要求，按 GB/T 29149-2012 中的 6.2.1 执行，否则与公寓区合并处理。

⑤公寓区的各个公寓间的能源资源计量应逐渐过渡到电磁卡开关和水磁卡开关定额控制，以节约能源资源。

⑥公寓区的太阳能热利用计量不在此条款中要求。

（4）公共机构所属游泳馆是高耗能、高耗水的公共场所，其用电、用热、用水应该单独计量。理解相关条款要注意如下事项：

①只计电力、热力和水，GB/T 29149-2012 中的 4.1 的其他种类的能源资源不在此列。

②热力既包括供暖热量又包括游泳用水所消耗的热力。

③电力、热力和水的计量是指本区内消耗的量，而热的回收和水的再利用计量不在相关条款要求内。

④在制定各类场馆的能源资源消耗定额考核指标时，要依据不同场馆的特殊性，创新性地提出可比性指标，如耗热量/人/小时、耗水量/人/小时、耗水量/单位有效场馆面积、耗热量/单位有效水容量等，也可用这些指标的不同权重的加权值。指标的纵比、横比、环比、同比、阶段比、瞬时比被认为对节能减排具有特殊价值。

（五）其他区域

绿化用水是水计量的薄弱环节，首先是绿化形式的多样性，有盆栽花木的人工点灌式、草坪式绿地的喷灌式、高大乔木的树下漫灌式，同时根据景观的要求，其栽种地点很分散，因此很难对其用水量进行统一的强制规定。理解相关条款要注意如下事项：

（1）对于用水量超过 GB 24789-2009《用水单位水计量器具配备和管理通则》限额要求的，应按该标准加装水量计量器。

（2）GB/T 29149-2012 条款中的“有条件”是指，绿化用水相对集中，该集中用水量的水直接成本（年成本）比计量成本（装表成本）高一个数量级，此种情况建议加装水计量器具。

（3）有条件的单位应将分散绿化用水集中总管计量，如果成本过高，不作强行要求。

（4）有条件的单位应尽量采用再生水作为绿化用水，再生水的计量亦依据 GB24789-2009 的规定。

（5）尽量采用节水型绿化灌溉器具。公共机构对外服务及外包场所随着第三产业的发展，社会服务水平及服务效率进一步提高，社会化分工更精细、更明确、更深入、更合理，企业办社会的现象逐渐淡出人们的视野。公共机构作为社会的一个族系，其有许多社会服务功能向大众开放，而且有许多具有一定特殊行业功能的场所向外承包都是十分正常的，但这给公共机构的能源资源计量管理带来了新的问题。

理解相关条款要注意如下事项：

（1）对外服务及外包场所的电力和水力要单独计量，其他种类的能源资源不在此列。

（2）对外服务及外包场所虽与公共机构的主营业务有所区别，但作为公共机构的次级用能单位或特殊用能区域，GB/T 29149-2012 的其他条款对其是适用的。

（3）外包场所的能源资源要计量取费，不允许在承包合同中有直接或变相的能源资源“包费制”条款。对外服务及外包场所的能源计量管理适应于其相应行业的国家能源资源计量器具配备要求的，应参照该行业的要求。

五、主要用能设备的单独计量要求

能源的转换和利用主要通过用能设备来实现，所以准确地计量用能设备的能源利用量应当是能源计量的关键，但用能设备的范围很大，全部纳入强制管理范畴不符合实际，也没有必要，因此仅对耗能量超过一定限额的用能设备提出了加装能源计量器具的要求，并定义该种用能设备为主要用能设备。与分区计量相比会发现，设备计量的限定值要求没有分区计量要求那样严，这种所谓“小分区大设备”的计量器具配备原则主要考虑了以下因素：

（1）强化分区计量、管理好次级用能单位的能源计量管理是加强能源计量管理的重要环节，对能源定额管理指标的分解、增强企业管理者和职工的节能意识起着至关重要的作用。

（2）主要用能设备的用能量或单独、或与其他用能系统一起都已经过分户、分区或次级用能单位的计量。

（3）主要用能设备一般在大中型公共机构使用，这些用能单位能源计量相对规范。

（4）主要用能设备在大中型公共机构内数量很多，如果限定值过低，将过大地增加公共机构的计量成本。主要用能设备的定义除考虑其配备规定、安装方法、计量成本、使用范围的直观性、易行性、等值性、实用性、广泛性等因素外，还应考虑用能设备在加装能源计量器具时的经济性和特殊性。所谓经济性是指公共机构的规模和用能设备的容量差异很大，在某些公共机构容量相对很大的设备在另外一些公共机构却很小。如果将限定值定得太高，可能多数公共机构无主要用能设备可管理；反之，如果将限定值定得太低，则许多公共机构会产生过高的用能设备管理成本。通过对一些不同规模的公共机构，特别是大型公共机构的调研及相关专家的研讨，最终确定了限定值（详见 GB/T 29149-2012 的表 1）。所谓特殊性是指公共机构对用能系统的管理方式千差万别，也有按“供能—用能—产出”型管理的，也有按“供能块、用能块、产出块”型管理的。对于这些情况，GB/T 29149-2012 中都有相关规定。

六、能源计量的文件化管理

文件管理主要包括管理体系、对管理体系的要求、管理行为的规范等各类管理文件。

（一）建立能源计量管理体系

《节约能源法》第二十七条明确规定“用能单位应当加强能源计量管理”。GB

17167-2006 要求："用能单位应建立能源计量管理体系，形成文件，并保持和持续改进其有效性。"能源计量管理体系可参照 GB/T 19022-2003《测量管理体系测量过程和测量设备的要求》。该标准适用于各种组织，强调测量管理体系是组织整个管理体系的组成部分，测量管理体系和能源管理体系都是公共机构管理体系的一部分。能源计量管理体系是指配备和用好计量器具、仪器、仪表，最终准确、完整、及时地提供各种有关能源数据的一个系统工程。

（二）能源计量管理体系文件

能源计量管理体系文件通常由管理手册、程序文件、作业指导书、记录表格等层次的文件构成。

（三）体系的保持和持续改进

主要包括体系的保持和运行、体系的监督、体系的外部审核和内部审核、体系的改进与体系的受控管理。

（四）与能源计量相关的软件的管理过程和结果计算中所用的软件应形成文件并经过识别和受控，以确保持续使用的适宜性

软件及其任何修改在启用前应进行测试和（或）确认，并经批准和存档。测试应在必要的范围内进行，以确保测量结果有效。建立计算机数据保护程序，包括数据的输入或采集、存储、传输和处理的完整性和保密性。维护计算机和自动设备以确保其功能正常。对软件的适用性进行适当的测试验证。

七、能源计量的人员管理

所谓的人员管理主要是人员的定员管理、人员的职责要求、人员的能力培训、人员的资质要求等。

（一）人员的定员管理

GB/T 29149-2012 中要求："公共机构应指定部门设专人或兼职人员负责本机构能源资源计量器具的管理，负责能源资源计量器具的配备、使用、检定（校准）、维修、报废等管理工作。"

（二）人员的职责要求

公共机构分管能源计量工作的领导职责，主要包括：负责贯彻国家能源、计量法律和法规，依法进行管理；建立和不断改进能源计量管理体系，批准各种体系文件并组织实施；制定能源计量管理工作方针和目标，明确各相关部门的职责和权限；审批能源计量部门的年度工作计划、审批能源计量设备的添置更新计划；检查和考核能源计量部门执行年度计划的情况，研究和决策能源管理中有关计量技术方面的问题；对业务部门的能源计量数据实行监督管理，总结年度能源计量工作。

能源计量管理员职责，主要包括：正确了解能源管理的计量需求，按 GB/T 29149-2012 的规定与实际需求，制定能源计量器具的配备计划，报企业领导批准后组织实施；建立能源计量器具台账，对计量器具实施全过程管理；制定能源计量器具量值溯源计划，组织实施能源计量器具在使用前、使用中和修理后的检定（校准）；组织编制能源计量器具的使用、维护保养作业指导书，经领导批准后组织实施；制定与能源计量有关的岗位职责，经用能单位领导批准后组织实施，并进行监督检查；制定培训计划，对能源计量人员进行培训，确保所有上岗人员都具备相应的知识和技能，并建立相应的人员技术档案；配合有关部门组织对能源计量体系进行审核和管理评审；与能源管理部门配合，对能源计量数据实施监督。此外，对能源计量器具使用人员、维修人员、校准人员、能源计量数据采集人员、能源计量数据统计人员的职责都有相应的要求。

（三）人员的能力培训

GB/T 29149-2012 要求：公共机构的能源资源计量管理人员应通过相关部门组织的培训考核，做到持证上岗；公共机构应建立和保存能源资源计量管理人员的技术档案。

（四）人员的资质要求

GB/T 29149-2012 要求能源资源计量器具检定、校准和维修人员应具有相应的资质。

八、能源计量器具的管理

公共机构能源计量器具管理主要涉及三个方面：一是合理配置必要的能源计量器具；二是加强对能源计量器具的管理；三是以能源计量器具给出的数据作为公共机构能源消耗管理的基础数据，提高能源利用率。

公共机构的能源计量器具的流转过程一般包括：配备策划、购置、验收、安装、调试、使用、借还、维护、修理、验证、携带、运输、更新、降级、报废等。

用能单位的能源计量器具在全过程的所有环节都应受控。公共机构的能源计量器具的管理主要有能源计量器具的购置、能源计量器具的管理、编制能源计量仪器设备一览表、不合格能源计量器具的处置、能源计量器具的使用和维护。

（一）能源计量器具的购置

依据 GB/T 19022-2003《测量管理体系测量过程和测量设备的要求》，能源计量器具的合理配置取决于相应能源计量项目的需求，GB/T 19022-2003 给出了确定计量需求的评估方法。公共机构配备的能源计量器具要求取决于公共机构自身特点以及能源的用量大小。

在购置能源计量器具前，能源计量管理职能机构应对购置计划进行审批，审批时应注意的要点如下：一是对购置的计量器具预定使用场合的使用要求是否明确（准确度或最大允许误差、分辨力、量程等）；所选用的仪器是否能满足预期要求的性能；是否进行了先进性、经济性评估。二是选择符合要求的供应商。供应商应具有计量法律规定的资质（国家规定实施依法管理的七十五大类的计量器具必须具有制造计量器具许可证）；供应商所提供产品的质量水平；供应商后期服务能力及态度；产品的价格；采购时的招投标形式。三是按预定要求进行验收。在订购前就应确定验收方法和要求，特别是对一些较贵重的检测设备及需要安装及调试后才能使用的计量设备；尽可能采用检定或校准的方法对所购仪器的计量性能进行验收；做好验收记录；验收不合格的不得入库和投入使用，并应通知供应方退货、更换或调整至符合要求。

对于大宗或用量较大的能源，计量器具的准确度等级较高。对于流量计量仪表，由于其准确性受介质和工况条件影响较大，在选择具体计量器具时应对计量器具的特性是否满足使用条件予以重点考虑。例如，常用的油流量仪表（齿轮流量计、腰轮流量计、刮板流量计、质量流量计等）很容易满足 0.2～0.5 级的要求，而气体流量仪表达到 1.5 级以下较容易，若要达到 1.0 级以上并保持长期较好的稳定性，则有一定难度。因此需要选择技术先进的仪表（如气体超声流量计、质量好的容积式流量计、涡轮流量计等），但这些流量计造价通常较高。蒸汽的准确计量目前仍是一个难题，蒸汽流速快、管道振动大，蒸汽密度受温度、压力等因素影响大，目前最常用的是涡街流量计、差压式流量计等，一般准确度在 2.0 级以下，若要达到 1.0 级则很困难，需要仔细选择流量计种类和品牌，以适应蒸汽工艺条件的要求。

在压力、温度等参数测量中，二次仪表分辨力引入的测量不确定度应引起充分重视。例如，量程为 5 兆帕时，若仪表分辨力为 0.1 兆帕，则分辨力引入的测量不确定度（k=2）接近 1.2%。当二次仪表只作为中间显示环节，其模拟信号输出作为控制量时，二次仪表引入的测量不确定度应是输出信号的测量不确定度。

（二）能源计量器具的管理

用能设备对计量测试设备的要求在 GB/T 6422-2009《用能设备能量测试导则》，GB/T 15316-2009《节能监测技术通则》中提出了用能设备应满足能对用能设备进行能源监测的要求。在用能设备（特别是符合主要用能设备条件的）的购置、设计、安装阶段就要对是否能满足这些要求做出评价。

按时对能源计量器具进行溯源，以保证其准确性，是能源计量器具管理的重要内容之一。20 世纪 90 年代，国家在企业计量定级升级考核中，对计量器具实行 A、B、C 分类管理，现在很多企业仍采用这种方法。依据 GB/T 19022-2003，测量设备应按照使用的位置、用途、法制要求和重要程度实施分类管理。实行 A、

B、C 分类管理时，分类应正确，计量器具应分别作出 A、B、C 标识。

用于监视和记录影响量的测量设备应包括在测量管理体系中。同时，计量器具周期溯源包括检定和校准，公共机构应对溯源结果是否满足计量要求进行确认，称作验证。例如，气体容积式流量计检定规程中规定了 0.2 级、0.5 级、1.0 级、1.5 级、2.0 级和 2.5 级等 6 个准确度等级，只要检定结果符合哪个准确度等级，原则上就可以出具相应等级的检定合格证书，但不一定满足公共机构对准确度的要求。再如，对大口径水流量计进行现场校准后，给出该流量计有较大示值误差、但测量不确定度较小的结果，但是因为可以满足公共机构内部计量要求，公共机构就可以通过在短期内再校准的方式考察该流量计的重复性和稳定性；若统计数据表明该流量计具有较好的重复性和稳定性，可以对其示值误差进行修正，修正后的该流量计的测量不确定度为校准证书中给出的测量不确定度数值。

（三）编制能源计量仪器设备一览表

按照 GB/T 29149-2012 的要求，用能单位应备有完整的能源计量器具一览表，主要次级用能单位和主要用能设备应备有独立的能源计量器具一览表分表。能源计量仪器设备一览表是对能源计量仪器设备管理的基本手段。表中应列出计量器具的名称、型号规格、准确度等级、测量范围、生产厂家、出厂编号、用能单位测量设备管理编号、安装使用地点（代号）、计量状态等基本信息。对不同的行业，不同的用能单位，不同的设备可能还会有其他相关信息要在仪器设备一览表中反映出来，各用能单位可根据实际情况而定。最好能对应计量设备列出预期使用要求。

某些仪器设备是由一个主机、多个传感器组成的，有的主机与传感器分离，这种情况下主机与传感器在仪器设备一览表中应分别列出，必要时在备注栏中加以说明。如计量设备配有计算机软件的，也应分别列出，必要时在备注栏内加以说明。对于技术指标，至少应包括测量范围及测量准确度，若为多挡，应分挡列出；若传感器、二次仪表分别有其测量准确度，也应分别列出。仪器设备一览表中仪器设备的排列，应按测量参数的性质（如温度、压力、流量、电流、电压等）分类填写，能测多种参数的仪器设备，按其主要测量参数类别排序，也可按用能单位编制的能源计量点编号排列。一览表要实行动态管理，跟随计量检测设备的增、减、停、降、废等动态变化及时变更，保持与公共机构计量检测设备的实际情况相符。

（四）不合格能源计量器具的处置

应将不合格设备从服务区中隔离或者以标签或标志（如停用标识）标识。不合格设备经修理且重新确认合格之前，不能返回使用。在发现测量设备不合格之前，该设备可能还使用过一段时间，应确定潜在后果，并采取必要的措施，包括对用该不合格测量设备测量过的能源量进行重新检测或对在这段时间内获得的计量数据进行评定。对确定为报废的计量器具应从使用场合清除出去，或采取措施使其处于无法使用的状态或加以明显的报废标识。

（五）能源计量器具的使用和维护

计量器具应按规定方法正确使用，应在规定的工作环境中使用或保存，应按规定进行维护保养，必要时应制定维护保养作业指导书，规定维护保养的项目和工作内容，明确承担维护保养的人员及其职责，要求按规定时间做好维护保养工作和记录。

九、能源计量的数据管理

（一）能源计量数据的生产应用

能源计量数据的应用之一是反馈到生产中，用以诊断、评估、调节生产的工艺、过程和控制系统。一般来说，连续的、光滑无阶跃的数据曲线可以认为是正常的，如果能源消耗曲线出现了非常态阶跃，则可认为能源利用系统失常，应立即予以处理。

（二）能源计量数据的经济应用

能源计量数据的经济应用主要指能源成本的即时测算。考虑能源成本时，除按一般生产资料考虑其构成诸多因素外，还应顾及能源成本的固有特点。

1. 能源成本的即时性

由于能源的供应市场和能源的需求市场都具有很强的刚性，且供应市场的刚性大于需求市场的刚性，故能源价格的平衡点是十分脆弱的，一有风吹草动，价格就振荡不已是能源价格的属性，因此能源价格的时效性很强。

2. 能源成本的社会性

能源成本除了经济学赋予的一般社会必要劳动时间和市场炒作的因素外，其基础资源的地位使社会和公众为其分担了一部分社会隐性成本，这主要是指能源资源的稀缺性、不可再生性、污染性和温室气体排放。因此，用能单位的能源潜在成本应高于能源的显性成本，而二者之差目前是以政策约束来实现的，但从长远和宏观上看，能源的社会隐性成本一定会纳入能源的显性成本中，从而达成能源的实际成本。

3. 能源成本的前瞻性

之所以说能源成本具有前瞻性，是因为从宏观上看能源价格随时间是有规律可循的。这个规律是：在世界范围内能源的开采量大约以 10 年为周期呈几何级数增长，化石能源的储量是一定的（不考虑探明储量问题），能源资源的稀缺性和温室气体的排放约束会使能源资源的价格也近似以几何级数的速度增长。

（三）能源计量数据的政策应用

一般来说，用能单位污染物排放的主要来源是化石燃料的燃烧所造成的，准确即时地把握用能单位能源的消耗量对适时调节污染治理设备工况、有效治理污染是十分必要的。同时，准确即时地把握用能单位能源的消耗量对环保部门监测用能单位的污染排放也起到了补充和旁证作用。

（四）能源计量数据能效指标的应用

能源计量的出发点和最终目的是评价用能单位、设备、流程、产品的能源利用完善程度，这也是能源计量有别于传统计量的本质所在。即时性的测算出用能对象的能源利用率，对用能单位找出能源利用漏洞、评价设备性状、考核人员操作都是必需的。这种评价对于政府管理部门调整产业结构、评估行业能源利用程度也是不可或缺的。

（五）能源计量数据衍生指标的应用

测算温室气体的排放是能源计量最重要的衍生目的之一。我国已向国际社会承诺，到 2020 年比 2005 年单位 GDP 碳排放减少 40%～45%，这就要求各个地区、各个部门和用能单位把本地区、本部门和本用能单位的节能量与相应的碳减排量对应起来。然而，尽管化石燃料的燃烧是温室气体排放的主要来源，但由于能源构成的复杂多变，要量化地确定节能量与碳排放的对应关系也有很多工作要做。其中两点是必需的：一是要准确严格地做好能源的分类、分级、分项计量工作；二是做好能源消耗与碳排放的物理数学模型设计。

第 九 章

计量器具配备的其他工作要求

一、能源计量器具统计台账

能源计量器具统计台账可按照表 9-1 所示格式来编写。

表 9-1 能源计量器具统计台账格式

序号	计量器具名称	规格型号	准确度等级	测量范围	制造厂商	出厂编号	管理编号	启用日期
序号	配备地点	检定周期	检定日期	有效期至	检定结论	设备状态	责任人	备注

二、能源计量管理体系

（一）能源计量管理体系文件

能源资源计量管理体系文件通常由管理手册、程序文件、作业指导书、记录表格等层次的文件构成。

1. 能源资源计量管理体系管理手册

（1）管理手册通常应包括：能源资源计量管理体系的范围、能源资源计量管理体系的方针与目标、组织机构的说明、职责和权限的界定、能源资源计量管理体系过程及相互作用的表述、与程序文件的关系等内容。

（2）能源资源计量管理的管理手册内容和章节顺序可参照《测量管理体系测量过程和测量设备的要求》。

（3）已建立质量管理、测量管理体系等体系的用能单位也可将能源资源计量管理体系与其他体系合并编写管理手册，或在原体系文件中增加和补充相应的要求。

2. 程序文件

通常用于指导和规范管理性活动的文件称为程序文件。

已建立质量管理体系的用能单位对一些通用性比较强的管理文件，如内部审核程序、文件管理程序等可共用质量体系的相关程序，但在内容上要满足能源资源计量的要求。

用能单位的能源资源计量管理体系至少应有：能源资源计量器具管理程序（包括能源资源的采购、验收入库、流转、周期检定、使用、维护保养、不合格计量器具控制等）、能源资源记录管理程序、能源资源计量数据采集管理程序、能源资源计量数据统计分析程序、能源资源计量数据报表管理程序等程序文件。

3. 作业指导书

主要用于指导和规范技术性的活动，如测量规范、校准规范、测量设备操作指导书等，应有可操作性，能确保测量活动规范，测量结果可复现、可比较。对一些比较复杂、贵重的测量设备和比较关键的能源测量过程，在需要时应编制文件化的作业指导书。

4. 记录表格

记录表格是给出收集或报告必要信息要求的文件。

能源资源计量测试活动的结果要使用经批准的固定格式的记录表格。记录表格的设计要求能充分反映测量结果相关的所有信息，以确保能对测量结果的准确性、可靠性进行评价和在使用测量结果时分析测量过程中的有关情况。

5. 体系文件的管理要求

（1）所有在现场使用的文件都必须是经过批准的。

（2）确保需使用文件的使用者能及时得到文件。

（3）所有在现场使用的文件都必须是受控的。文件上应有文件编号、文件版次和第几次修订、文件批准和实施日期、文件分发号等受控标识。

（4）文件分发应有记录，当文件修订后应及时跟踪更换并回收作废文件（页）。

（5）文件在使用过程中应适时进行评审，以确保文件的适用性，必要时对文件进行修订并再次得到批准，及时进行更换。

（二）能源计量管理体系的保持和持续改进

1. 能源资源计量管理体系的保持和运行实施培训

在体系刚建立时要组织全体员工学习管理手册，提高认识，加深理解。

2. 组织实施

在将文件发至相关人员后要强调按文件规定实施，部门要加强检查监督。对出现的问题和意见要及时反馈至责任管理部门，及时处理。

3. 能源资源计量管理体系的监督

用能单位应规定承担日常监督的责任人员和日常监督检查的方法。可以采用的监督方法有以下几种：

（1）对照体系文件进行定期检查和不定期检查；

（2）相同检测仪器之间的比对；

（3）对已检测过的进行重复测量（同一人或变换人）；

（4）运用已知量值的核查标准对检测设备进行期间核查；

（5）采用监视器进行监视；

（6）采用统计技术对能源计量数据进行统计分析。

4. 内部审核

体系的内部审核的目的是检查体系的运行是否符合体系文件规定，以确保其有效地实施和符合规定。能源资源计量管理体系的审核可以作为用能单位管理体系审核的一部分进行，但应提出能源资源计量管理体系的特殊要求。

5. 管理评审

对能源资源计量管理体系进行管理评审是用能单位的最高管理者的职责，评审的目的是确定能源资源计量体系是否得到持续的实施，对用能单位的能源核算促进节能工作的有效性。应考虑能源资源计量管理体系是否已满足各方面的要求，这些要求可能来自政府、法律法规、社会、顾客、行业和用能单位本身等。

6. 体系的改进

（1）纠正措施和预防措施。

对日常监督、内部审核、管理评审过程中发现的不合格之处进行纠正，需要时应针对不合格发生的原因采取纠正措施，对潜在的不合格应采取预防措施。

纠正措施（预防措施）针对不合格发生的原因，要有可操作性和可检查性。完成后应由能源计量职能部门进行验证，确认不合格产生的原因已被消除，纠正（预防）措施有效，并做好记录。

（2）对行之有效的纠正措施和预防措施，必要时应用文件的方式巩固，要求员工按行之有效的正确方法执行，以避免以后再次发生类似的不合格。不论是新编制的文件还是对原有文件进行修改，都需按体系文件的控制程序进行审批。

三、能源计量单位及换算（表 9-2～表 9-4）

表 9-2　常用能源计量单位

符号	表示
tce	吨标准煤（煤吨当量）：标准煤是按煤的热当量值计算各种能源的计量单位 1kgce=7000kcal=29307kJ
Mtce	百万吨标准煤
kgce	公斤标准煤
gce	克标准煤
toe	吨油当量：油当量是按照石油的热当量值计算各种能源的计量单位 1kgoe=10000kcal=41816kJ
Btu	英热单位：1Btu=252cal=1055J
kcal	千卡
Mt	百万吨
St	短吨：1St=2000lb=907.185kg
MW	千千瓦（兆瓦）
GW	百万千瓦（吉瓦）
TW	10 亿千瓦小时
kWh	千瓦小时
GWh	百万千瓦小时
TWh	10 亿千瓦小时

表 9-3　公共机构常用能源计量单位换算（国家统计局）

能源名称	折标煤系数/(kgce/kg)
原煤	0.7143
洗精煤	0.9000
其他洗煤	
洗中煤	0.2857
煤泥	0.2857～0.4286
焦炭	0.9714
原油	1.4268
燃料油	1.4268

续表

能源名称	折标煤系数/(kgce/kg)
汽油	1.4714
煤油	1.4714
柴油	1.4571
液化石油气	1.7143
天然气	1.3300
热力（当量）	1.1429
电力（当量）	0.03412
生物质能	0.1229

来源：国家统计局

表 9-4　公共机构常用能源计量单位换算（联合国）

能源名称	折标煤系数
原油	1.429
天然气液	1.542
汽油	1.500
煤油	1.474
喷气燃料	1.474
柴油	1.450
燃料油	1.416
液化石油气	1.554
天然汽油	1.532
水电和风电（1000 千瓦时）	0.123
核电（1000 千瓦时）	0.372
地热电（1000 千瓦时）	1.228

来源：UN，Energy Statistics Yearbook

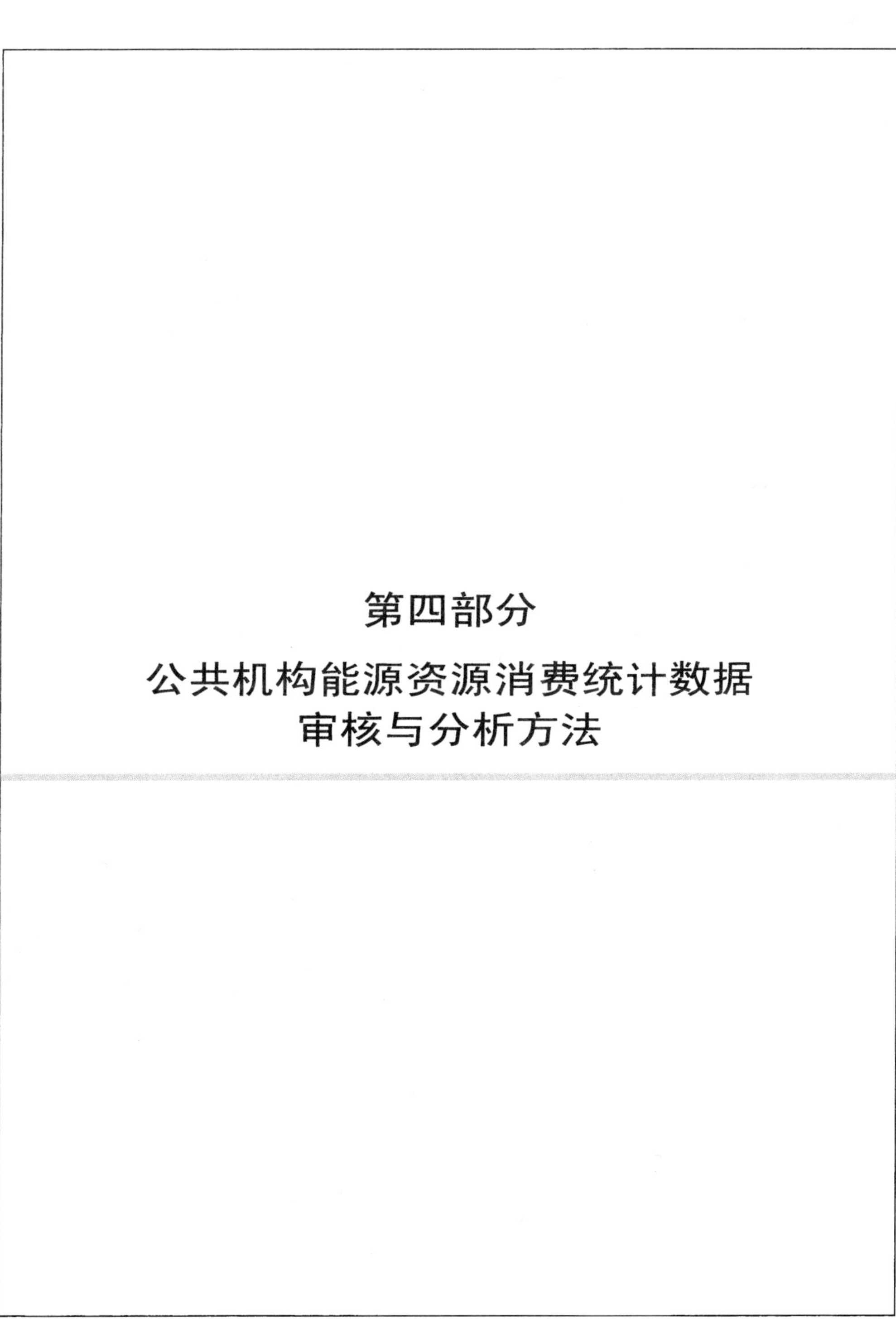

第四部分

公共机构能源资源消费统计数据
审核与分析方法

第　十　章

公共机构主要节能指标及节能量计算方法

第一节　能源折标煤计算方法

一、计量单位换算

计量单位换算主要涉及两类：其一为相同计量单位数量级别间的转换；其二为同种能源不同形态下计量单位间的转换。针对上述两类单位换算分别给出计量单位换算系数：

（一）计量单位数量级间转换系数

1 万=10^4=10000，1=10^{-4}万=1/10000 万，如 56700 千瓦时=5.76 万千瓦时。

1 吨=1000 千克，1 千克=1/1000 吨，如 1.23 吨标准煤=1230 千克标准煤。

1 吉焦=10^6千焦=1 百万千焦，如 12340000 千焦=12.34 吉焦。

（二）计量单位能源形态间转换系数

1. 液化天然气与气态天然气之间的转换

1 千克液化天然气=1.38 立方米天然气；

1 立方米天然气=0.7256 千克液化天然气。

2. 汽油的质量与体积计量单位间的转换

1 升=0.73 千克；1 千克=1.3699 升。

3. 柴油的质量与体积计量单位间的转换

重柴油：1 升=0.92 千克；1 千克=1.0870 升。

轻柴油：1 升=0.86 千克；1 千克=1.1628 升。

4. 其他能源的质量与体积计量单位间的转换

煤油：1 升=0.82 千克；1 千克=1.2195 升。

燃料油：1 升=0.91 千克；1 千克=1.0990 升。

二、折标准煤计算

（一）折算基本公式

将某种能源（以实物量）单位计量折算为标准量能源（以标准量单位计量），需要根据能源数量（实物量），并采用其标准量系数进行计算。

计算公式为

$$E_{标}=k\cdot A$$

其中，$E_{标}$为能源折合标准煤量；k 为能源折标煤系数；A 为能源实物数量。

【说明】

国家标准 GBT 2589-90 中确定：能源折标煤系数=某种能源实际热值（千卡/千克）/7000（千卡/千克）；1 卡=4.1816 焦耳。

（二）统计报表中能源折标煤系数

1. 电力

1 万千瓦时=1.229 吨标准煤；

1 千瓦时=0.1229 千克标准煤=0.0001229 吨标准煤。

【说明】

由于公共机构能源消费用途相对固定，在进行能源资源消费统计分析过程中，统一按照国家统计局规定的折算系数进行计算。其他用途另行确定。

2. 天然气

1 万立方米=13.3 吨标准煤；

1 立方米=1.33 千克标准煤=0.00133 吨标准煤。

3. 煤炭

1 万吨=7143 吨标准煤；

1 吨=0.7143 吨标准煤。

【说明】

上述折标系数适用于主管部门统一对所辖区域内公共机构煤炭进行折标煤计算。

具体到各个独立单位时，应对本单位所消费煤的质量（热值）进行调查，根据实际消费煤的质量（热值）选择适当的折标煤系数。

【例如】

北京某单位生活用煤的热值为 5700 千卡/千克，其折标煤系数为 0.8143（5700/7000）。江西某地区生活用煤热值为 4500 千卡/千克，其折标煤系数则应选择 0.6429（4500/7000）。

4. 汽油

1 万升=10.74122 吨标准煤；

1 升=1.074122 千克标准煤=0.001074122 吨标准煤。

5. 柴油

1 万升=12.53106 吨标准煤；

1 升=1.253106 千克标准煤=0.001253106 吨标准煤。

6. 热力

1 万吉焦=341.2 吨标准煤；

1 吉焦=0.03412 吨标准煤。

第二节　能源消费指标及其计算方法

一、能源消费总量

（一）计算公式

应对各公共机构消费的所有类型能源折算为标准煤消费量进行累加所得（水在公共机构通常不作为能源类型，原则上列为资源消费）。

$$E_{总}=\sum k_i \cdot A_i$$

其中，$E_{总}$为能源消费总标煤量；Σ为求和符号，表示将所有类型的能源折算成统一单位（公共机构中统一为标准煤）后进行累加；k_i为某种能源折标煤系数，i表示统计表格中的煤、电、天然气等；A_i为某种能源实物数量，i表示统计表格中的煤、电、天然气等。

【说明】

在公共机构能源消费主要指标计算过程中，能源消费总量中应包括新能源，但在人均能源消费量、用电总量及人均用电量等指标中不计入新能源。

（二）案例解析

摘取某公共机构汇总上报的统计报表（综合 1 表），如表 10-1 所示。

表 10-1　某公共机构 2014 年统计报表上报数据

建筑面积	用能人数	车辆			电	水	煤炭	天然气
		总数	汽油车	柴油车	消费量	消费量	消费量	消费量
万平方米	人	辆	辆	辆	万千瓦时	万立方米	吨	万立方米
61.07	41099	561	470	91	3467.66	147.00	5826.48	41.20

续表

汽油			柴油			热力	其他能源
消费总量	车用油量	其他	消费总量	车用油量	其他	消费量	消费量
万升	万升	万升	万升	万升	万升	吉焦	吨标准煤
110.15	110.00	0.15	32.50	21.96	10.54	52003	22.38

根据计算公式可以计算出该单位能源消费总量为

$E_{总}=\sum k_i \cdot A_i$

$=k_{电} \cdot A_{电}+k_{煤} \cdot A_{煤}+k_{天然气} \cdot A_{天然气}+k_{汽油} \cdot A_{汽油}+k_{柴油} \cdot A_{柴油}+k_{热力} \cdot A_{热力}+A_{其他}$

$=1.229\times3467.66+0.7143\times5826.48+13.3\times41.20+10.74122\times110.15$

$+12.53106\times32.50+0.03412\times52003+22.38$

=12358.70（吨标准煤）

二、人均能源消费量

（一）计算公式

$$e_{人}=E_{总}/R$$

其中，$e_{人}$为人均能源消费量；R 为总用能人数。

（二）案例解析

本例以表 10-1 中数据进行案例计算解析，上文计算出能源消耗总量为 12358.70 吨标准煤，根据人均能源消费量计算公式可得

$e_{人}=E_{总}/R$

$=12358.70\div41099$

=0.30071（吨标准煤/人）=300.71（千克标准煤/人）

【说明】

1 吨标准煤/人=1000 千克标准煤/人

三、建筑能源消费量

（一）计算公式

建筑能源消费量指公共机构能源消费总量中用于建筑物本身的能源消费量，统计数据中用于汽油车、柴油车的能源消费量不属于该项，计算公式中应在总量中剔除上述两项能耗，故建筑能源消费量计算公式可表示为

$$E_{面}=E_{总}-k_{汽油} \cdot A_{车用汽油}-k_{柴油} \cdot A_{车用柴油}$$

其中，$E_{面}$为建筑能源消费量；$A_{车用汽油}$为汽油车车用油消费量；$A_{车用柴油}$为柴油车车用油消费量。

（二）案例解析

本例以表 10-1 中数据进行案例解析计算，上文计算出能源消耗总量为 12358.70 吨标准煤，根据建筑能源消费量计算公式可得

$E_{面}=E_{总}-k_{汽油} \cdot A_{车用汽油}-k_{柴油} \cdot A_{车用柴油}$

$=12358.70-10.74122\times110.00-12.53106\times21.96$

=10901.98（吨标准煤）

四、单位建筑面积能源消费量

（一）计算公式

$$e_{面}=E_{面}/S$$

其中，$e_{面}$为单位建筑面积能源消费量；S为总建筑面积。

（二）案例解析

本例以表 10-1 中数据进行案例计算解析，上文计算出建筑能源消费量为 10901.98 吨标准煤，根据单位建筑面积能源消费量计算公式可得

$e_{面}=E_{面}/S$

$=10901.98\div61.07$

$=178.5$（吨标准煤/万平方米）$=17.85$（千克标准煤/平方米）

【说明】

1 吨标准煤/万平方米=1000 千克标准煤÷10000 平方米

=0.1 千克标准煤/平方米

五、其他常用型能源消费指标

（一）人均用电量

1. 计算公式

人均用电量=电消费总量/用能人数

2. 案例解析

本例以表 10-1 中数据进行案例解析计算，表 10-1 显示，电消费总量为 3467.66 万千瓦时，总用能人数为 41099 人，根据人均用电量计算公式可得

人均用电量=电消费总量/用能人数

=3467.66÷41099

=0.084373（万千瓦时/人）=843.73（千瓦时/人）

【说明】

1 万千瓦时/人=10000 千瓦时/人

（二）单位建筑面积用电量

1. 计算公式

单位建筑面积用电量=电消费总量/建筑面积

2. 案例解析

本例以表 10-1 中数据进行案例解析计算，表 10-1 显示，电消费总量为 3467.66

万千瓦时，总建筑面积为 61.07 万平方米，根据单位建筑面积用电量计算公式可得

单位建筑面积用电量=电消费总量/建筑面积

=3467.66÷61.07

=56.78（万千瓦时/万平方米）=56.78（千瓦时/平方米）

【说明】

1 万千瓦时/万平方米=10000 千瓦时÷10000 平方米

=1 千瓦时/平方米

（三）汽油车单车油耗量

1. 计算公式

汽油车单车油耗量=汽油车车用油耗量/汽油车数量

2. 案例解析

本例以表 10-1 中数据进行案例解析计算，表 10-1 显示，车用汽油消费量为 110.00 万升，总汽油车数为 470 辆，根据汽油车单车油耗量计算公式可得

汽油车单车油耗量=汽油车车用油耗量/汽油车数量

=110.00÷470

=0.234043（万升/辆）=2340.43（升/辆）

【说明】

1 万升/辆=10000 升/辆

（四）柴油车单车油耗量

1. 计算公式

柴油车单车油耗量=柴油车车用油耗量/柴油车数量

2. 案例解析

本例以表 10-1 中数据进行案例解析计算，表 10-1 显示，车用柴油消费量为 21.96 万升，总汽油车数为 91 辆，根据柴油车单车油耗量计算公式可得

柴油车单车油耗量=柴油车车用油耗量/柴油车数量

=21.96÷91

=0.241319（万升/辆）=2413.19（升/辆）

第三节　水消费指标及计算方法

一、水消费总量

水消费总量是指公共机构消费水的总量，主要包括自来水、自备井供水、桶装水及市政供热水等。另外，要正确处理好中水的计入方法，凡属于公共机构水

资源二次利用“生产”的中水，不应重复计入。

二、人均用水量

（一）计算公式

人均用水量=水消费总量/总用能人数

（二）案例解析

本例以表 10-1 中数据进行案例计算解析，表 10-1 显示，水消费总量为 147.00 万立方米，总用能人数为 41099 人，根据人均用水量计算公式可得

人均用水量=水消费总量/总用能人数

=147.00÷41099

=0.003577（万立方米/人）=35.77（立方米/人）

【说明】

1 万立方米/人=10000 立方米/人

第四节　节能量计算方法

一、年度节能量计算

（一）计算公式

$$\sigma_i=(X_n-X_{n-1})/X_{n-1}\times 100\%$$

其中，σ_i 为某项考核指标的年度节能量指标，i 表示具体的考核指标内容；X_n 为本年度某项考核指标的计算值；X_{n-1} 为上一年度该项考核指标的计算值，如本年度为 2014 年，则上年度考核指标表示为 $X_{2014-1}=X_{2013}$。

（二）案例解析

本例以表 10-1 中数据为基础进行案例计算解析，表 10-1 为该公共机构 2014 年汇总上报的统计报表，摘取该公共机构 2013 年汇总上报的统计报表（综合 1 表），如表 10-2 所示。

表 10-2　某公共机构 2013 年统计报表上报数据

建筑面积	用能人数	车辆			电	水	煤炭	天然气
		总数	汽油车	柴油车	消费量	消费量	消费量	消费量
万平方米	人	辆	辆	辆	万千瓦时	万立方米	吨	万立方米
60.03	40135	565	474	91	3283.87	148.39	6382.17	33.02

续表

汽油			柴油			热力	其他能源
消费总量	车用油量	其他	消费总量	车用油量	其他	消费量	消费量
万升	万升	万升	万升	万升	万升	吉焦	吨标煤
113.61	113.48	0.13	34.99	21.52	13.47	51767	22.91

同样，应用上文中能源消费总量公式、人均能源消费公式、建筑能源消费量公式、单位建筑面积能源消费量公式等计算该公共机构 2013 年各消费指标情况。其中，综合能耗表示能源消费总量，人均能耗表示人均能源消费，建筑能耗表示建筑能源消费量，面均能耗表示单位建筑面积能源消费量，人均水耗表示人均用水量，单车汽油表示汽油车单车油耗量，将计算结果列于表 10-3 中。

表 10-3　某公共机构 2013 年各消费指标情况

综合能耗	人均能耗	建筑能耗	面均能耗	人均水耗	人均电耗	面均电耗	单车汽油
tce	kgce/人	tce	kgce/m^2	立方米/人	千瓦时/人	千瓦时/平方米	升/辆
12481.80	311.00	10993.22	18.31	36.97	818.21	54.70	2394.09

表 10-3 所列指标中，人均能耗、面均能耗及人均水耗三个指标为公共机构节能考核指标，2014 年相对 2013 年三个指标变化情况如下：

1. 人均能耗年度节能率计算

$$
\begin{aligned}
\sigma_{人均能耗} &= (e_{人2014}-e_{人2013})/e_{人2013}\times 100\% \\
&= (300.71-311.00)/311.00\times 100\% \\
&= -3.31\%
\end{aligned}
$$

2. 面均能耗年度节能率计算

$$
\begin{aligned}
\sigma_{面均能耗} &= (e_{面2014}-e_{面2013})/e_{面2013}\times 100\% \\
&= (17.85-18.31)/18.31\times 100\% \\
&= -2.52\%
\end{aligned}
$$

3. 人均水耗年度节能率计算

$$
\begin{aligned}
\sigma_{人均水耗} &= (e_{人水2014}-e_{人水2013})/e_{人水2013}\times 100\% \\
&= (35.77-36.97)/36.97\times 100\% \\
&= -3.26\%
\end{aligned}
$$

综上，该公共机构 2014 年各项节能量相对指标分别为：人均能耗年度节能率 3.31%；面均能耗年度节能率 2.52%；人均水耗年度节能率 3.26%。

二、“五年”规划节能量计算

（一）计算公式

$$\sigma_i=(X_n-X_{2010})/X_{2010}\times 100\%$$

其中，σ_i 为某项考核指标的年度节能量指标，i 表示具体的考核指标内容；X_n 为本年度某项考核指标的计算值；X_{2010} 为“十二五”基准期指标值，“十三五”基准期可变为 X_{2015}。

（二）案例解析

本例以表 10-1 中数据为基础进行案例计算解析。表 10-1 为该公共机构 2014 年汇总上报的统计报表，摘取该公共机构 2010 年汇总上报的统计报表（综合 1 表），如表 10-4 所示。

表 10-4　某公共机构 2010 年统计报表上报数据

建筑面积	用能人数	车辆			电	水	煤炭	天然气
		总数	汽油车	柴油车	消费量	消费量	消费量	消费量
万平方米	人	辆	辆	辆	万千瓦时	万立方米	吨	万立方米
57.11	37825	568	476	92	3087.19	154.41	7359.56	21.34

续表

汽油			柴油			热力	其他能源
消费总量	车用油量	其他	消费总量	车用油量	其他	消费量	消费量
万升	万升	万升	万升	万升	万升	吉焦	吨标煤
124.18	123.91	0.27	40.22	25.36	14.86	50881	23.77

同样，应用上文中能源消费总量公式、人均能源消费公式、建筑能源消费量公式、单位建筑面积能源消费量公式等计算该公共机构 2010 年各消费指标情况，将计算结果列于表 10-5 中。

表 10-5　该公共机构 2010 年各消费指标情况

综合能耗	人均能耗	建筑能耗	面均能耗	人均水耗	人均电耗	面均电耗	单车汽油
tce	kgce/人	tce	kgce/m^2	立方米/人	千瓦时/人	千瓦时/平方米	升/辆
12932.59	341.91	11283.85	19.76	40.82	816.18	54.06	2603.15

表 10-5 所列指标中，人均能耗、面均能耗及人均水耗三个指标为公共机构节

能考核指标，2014 年相对 2010 年三个指标变化情况如下：

1. 人均能耗“十二五”累计节能率计算

$\sigma_{人均能耗}$=（$e_{人2014}$−$e_{人2010}$）/$e_{人2010}$×100%

=（300.71−341.91）/341.91×100%

= −12.05%

2. 面均能耗“十二五”累计节能率计算

$\sigma_{面均能耗}$=（$e_{面2014}$−$e_{面2010}$）/$e_{面2010}$×100%

=（17.85−19.76）/19.76×100%

= −9.65%

3. 人均水耗“十二五”累计节能率计算

$\sigma_{人均水耗}$=（$e_{人水2014}$−$e_{人水2010}$）/$e_{人水2010}$×100%

=（35.77−40.82）/40.82×100%

= −12.38%

综上，该公共机构 2014 年各项节能量相对指标分别为：人均能耗“十二五”期间累计节能率 12.05%；面均能耗“十二五”期间累计节能率 9.65%；人均水耗“十二五”期间累计节能率 12.38%。

第十一章

公共机构统计分析基本方法

第一节　公共机构统计分析的概念

公共机构统计分析主要是指依据能源资源消费统计数据，在深入调查研究的基础上，结合用能设施设备运行状况、日常管理及节能改造等资料，运用统计分析的基本原则和方法，对公共机构能源资源构成、各类能源资源消费的内在联系及其发展变化规律、能源资源利用效率进行的分析、判断和评价。

统计分析是对公共机构能源资源消费基本规律、变化特征和节能管理、改造成效进行评价、监督的重要手段。

第二节　公共机构能源资源消费统计分析的主要类型

公共机构能源资源消费统计分析主要分定期分析、专题分析、综合分析三种类型。

一、定期分析

1. 基本概念

定期分析是指按月度、季度、年度等周期定期对公共机构能源资源消费情况进行的分析评价，反映各类能源资源的主要指标（总量、人均消费量、单位建筑面积消费量，下同）消费情况、同比变化与节能目标完成情况等。

2. 使用建议

定期分析属于时间序列上的延续分析，建议各公共机构主管部门以月度为最小基数单元进行年度分析，或以年度为最小基数单元进行逐年同比分析。

通过对所辖公共机构能源资源数据的定期分析，掌握能源资源总量变动、能源结构、能源指标变化等情况。若能按一定的实践周期进行定期分析，将留存足够量的累计数据，对于日后的节能工作总结、改造等大有益处。

二、专题分析

1. 基本概念

专题分析是指针对公共机构节能管理中的重点、难点和热点问题，对某一类型能源资源消费情况专题进行分析、评价。这种分析是不定期的，可因时、因事进行选题，要求重点突出，并紧紧围绕主题进行系统而深入的调查与分析。

2. 使用建议

在公共机构节能管理工作中，要适时地结合公共机构能源资源消费实际情况和阶段性工作需要开展专题分析，这样有利于深入剖析能源资源消费使用和管理情况，并有助于挖掘节能潜力及查找节能管理的薄弱环节。

三、综合分析

1. 基本概念

综合分析是指对公共机构能源资源消费状况进行全面系统的分析评价。这种分析要求在定量分析能源资源消费情况的基础上深入调查能源资源使用和管理情况，从定量、定性两个方面全面系统地分析、评价能源资源利用效率和用能管理水平。

2. 使用建议

综合分析既包含了定期分析的时间延展性又突出了专题分析的重点挖掘度，属于阶段总结性分析，建议各公共机构主管部门在总结编写“五年规划”的过程中应用综合分析法对统计数据进行全面说明。

第三节　公共机构能源资源消费统计数据分析的具体方法

一、结构分析法

1. 基本概念

结构分析法是指对公共机构各类型能源消费构成情况进行的分析，是在综合能耗分析的基础上对各类型能源进行总量、人均和单位建筑面积消费量（公务车单车消费量）的指标分析。采用结构分析法，一方面可深入了解公共机构各类型能源消费在综合能耗中的权重，另一方面可进一步掌握各类型能源消费的基本情况。

2. 使用建议

各级公共机构节能管理部门在开展统计分析工作中，应将本行政区域内公共机构消费能源统一折算为标准煤，比较各类型能源的权重。另外，还应对公共机构能源消费中的电、煤炭、油（汽油、柴油）、天然气、热力等指标进行深入分析。

3. 案例解析

本例以表 10-1 中所示数据为基础进行案例解析。表 10-1 为该公共机构 2014 年汇总上报的统计报表，将各能源实物量统一折算成标准煤，具体各能源实物量及折成标煤量对照如表 11-1 所示。

表 11-1　某公共机构 2014 年各消费指标情况

	电	煤炭	天然气	汽油	柴油	热力	其他
实物量	万千瓦时	吨	万立方米	万升	万升	吉焦	吨标准煤
	3467.66	5826.48	41.20	110.15	32.50	52003	22.38
标煤量	吨标准煤	吨标准煤	吨标准煤	吨标准煤	吨标准煤	吨标准煤	吨标准煤
	4261.75	4161.85	547.96	1183.15	407.26	1774.34	22.38

根据表 11-1，对各能源进行结构分析，通过结构分析法绘制各能源在能源消费总量中占比情况，如图 11-1 所示。

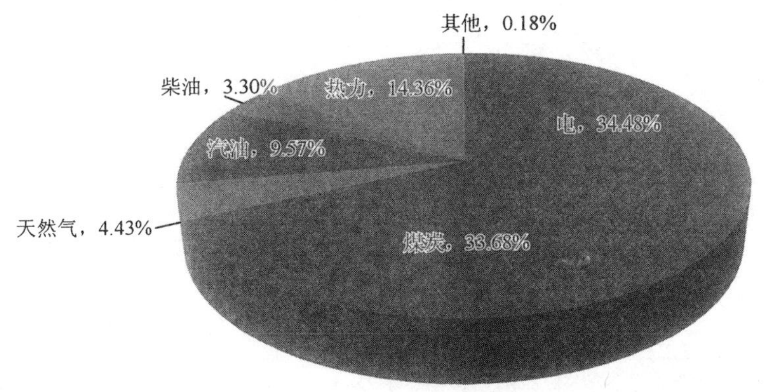

图 11-1　某公共机构 2014 年各能源消费构成情况

通过结构分析，可以直观反映该单位所辖范围内公共机构能源使用类型权重，帮助管理者找准节能潜力较大的能源，便于为后续的节能改造项目提供充足的数据信息。

二、分类分析法

1. 基本概念

分类分析法是指区分公共机构行业、类型，在掌握能源资源消费相关信息的基础上，对各类型、各行业公共机构能源资源消费情况分别进行分析评价的方法。

2. 使用建议

各级公共机构节能管理部门在对本行政区域内的公共机构能源资源消费情况进行分析评价时，应采用分类分析法，区分国家机关、事业单位（教育、科技、文化、卫生、体育及其他）、团体组织分别进行能源资源消费情况分析，进行相同行业之间能源资源消费水平分析比较，有助于合理、系统地反映各行业、各类型公共机构能源资源消费水平。

3. 案例解析

本例以表 10-1 中数据为基础进行案例解析，表 10-1 为某公共机构汇总其所辖 27 个单位 2014 年统计数据后形成的报表，将 27 家单位按类型进行分类可得到表 11-2 所示的数据（综合 2 表）。

应用上文中能源消费总量公式、人均能源消费公式、建筑能源消费量公式、单位建筑面积能源消费量公式等计算该公共机构 2014 年各类型机构能源消费指标情况，将计算结果列于表 11-3 中。

表 11-2　某公共机构所辖范围各类型机构 2014 年能耗数据表

			总量	国家机关	教育	科技	文化	卫生	体育	其他	团体组织
机构数量		个	27	6	8	3	1	5	1	1	2
建筑面积		万平方米	61.07	6.47	26.74	3.51	0.36	20.83	0.39	0.86	1.91
用能人数		人	41099	7964	19208	2098	334	7997	209	1163	2126
车辆	总数	辆	561	157	134	63	15	105	24	21	42
	汽油车	辆	470	137	107	53	13	88	19	18	35
	柴油车	辆	91	20	27	10	2	17	5	3	7
电	消费量	万千瓦时	3467.66	660.59	1077.45	785.30	18.43	642.16	38.43	88.43	156.86
水	消费量	万立方米	147.00	38.71	47.53	14.00	1.27	30.25	1.07	5.06	9.11
煤炭	消费量	吨	5826.48	394.77	2726.36	953.18	0.00	1078.98	25.80	215.80	431.59
天然气	消费量	万立方米	41.20	5.33	13.87	5.95	2.20	5.61	1.38	2.63	4.23
汽油	消费总量	万升	110.15	32.07	25.04	12.4	3.04	20.6	4.45	4.36	8.19
	车用油量	万升	110.00	32.07	25.04	12.4	3.04	20.6	4.45	4.21	8.19
	其他	万升	0.15	0.00	0.00	0.00	0.00	0.00	0.00	0.15	0.00

续表

			总量	国家机关	教育	科技	文化	卫生	体育	其他	团体组织
柴油	消费总量	万升	32.50	9.95	7.1	2.41	0.48	8.48	1.21	1.18	1.69
	车用油量	万升	21.96	4.83	6.52	2.41	0.48	4.10	1.21	0.72	1.69
	其他	万升	10.54	5.12	0.58	0.00	0.00	4.38	0.00	0.46	0.00
热力	消费量	吉焦	52003	18765	3213	7370	1721	17388	0	0	3546
其他能源	消费量	吨标准煤	22.38	4.87	7.12	3.19	1.88	2.67	0.58	1.69	0.38

表 11-3　某公共机构所辖范围 2014 年各类型机构能耗指标数据计算表

		总量	国家机关	教育	科技	文化	卫生	体育	其他	团体组织
综合能耗	吨标准煤	12358.70	2279.03	3930.78	2143.17	151.18	2558.02	147.56	361.12	787.85
人均能耗	千克标准煤/人	300.71	286.17	204.64	1021.53	452.64	319.87	706.01	310.50	370.58
建筑能耗	吨标准煤	10901.98	1874.03	3580.12	1979.77	112.51	2285.38	84.60	306.87	678.70
面均能耗	千克标准煤/平方米	17.85	28.96	13.39	56.40	31.25	10.97	21.69	35.68	35.53
人均水耗	吨/人	35.77	48.61	24.74	66.73	38.02	37.83	51.20	43.51	42.85

根据表 11-3，对各类型机构进行分类分析，如对各类型机构能源消费总量占比进行分类对比，绘制各类型机构能源消费总量在该单位所辖公共机构能源消费总量中占比情况，如图 11-2 所示。

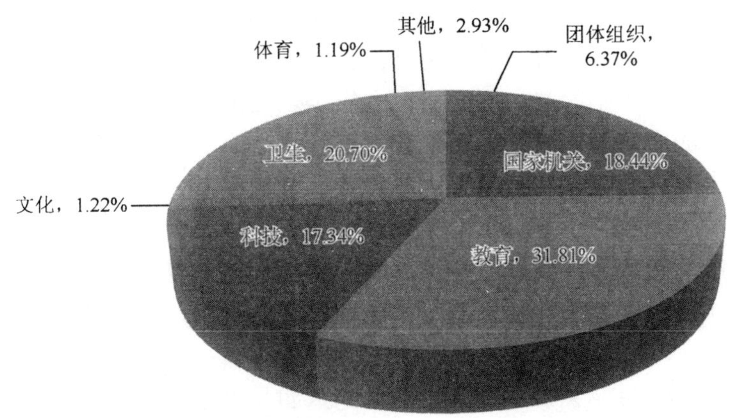

图 11-2　2014 年不同类型公共机构能源消费情况

通过分类分析，可以直观反映该单位所辖范围内不同类型公共机构能源消费量权重大小，帮助管理者找准重点节能领域，可以结合不同的机构类型分别实施不同节能改造计划，便于为后续的节能改造项目提供充足的数据信息。

三、对比分析法

1. 基本概念

对比分析法是将公共机构基本信息和能源资源消费信息相结合，通过各指标之间的内在联系，对比分析能源资源消费情况。本方法要求所对比各指标内容、口径、计量单位和计算方法要统一，具有可比性。国家统计局实施的《能源统计报表制度》中，对国家机关、事业和其他单位的能源消费情况进行分析时，采用人均能源消费量指标评价其变化趋势和能耗水平，且要求在测算人均能源消费量时，剔除人员与用能设施增量等影响因素。

2. 使用建议

统计分析中，对比分析法可适用于绝对量和相对量两种类型指标的分析比较。绝对量的对比分析主要用于公共机构综合能耗和各类型能源资源消费总量的分析比较，如公共机构用水、用电总量的同比分析评价。相对量的对比分析可采用一项或多项（人均能耗量、单位建筑面积能耗量、单车油耗量等）指标进行分析比较，主要有两个方面：一个方面是用于同地区、同时期、同类型公共机构之间的分析，比较和评价公共机构之间的能耗水平高低；另一方面进行不同地区、不同时期或不同类型公共机构之间相对量的比较，了解不同地区、不同时期或不同类型公共机构之间的能耗水平差异。

3. 案例解析

本例以表 11-2 中数据为基础进行案例解析，表 11-3 显示，某公共机构所辖单位中国家机关、教育、科技及卫生为能源消费量占比较大的公共机构类型的能源消费总量占比分别为 18.44%、31.81%、17.34%、20.70%。

上述现象的产生可由两个原因导致：

其一，上述四种类型机构数量占比较大，建筑面积、用能人数相对于其他机构更多；

其二，由于人均某种能源消费量较高，总体能源消费量高、占比大。

现对上述四种类型公共机构的人均用电量进行计算对比，计算数值及对比情况如图 11-3 所示。

图 11-3 显示，科技类公共机构人均耗电量明显高于其他三种类型公共机构的数值。在机构数量上科技类最少为三个，且用能人数、建筑面积等基本参数较低。

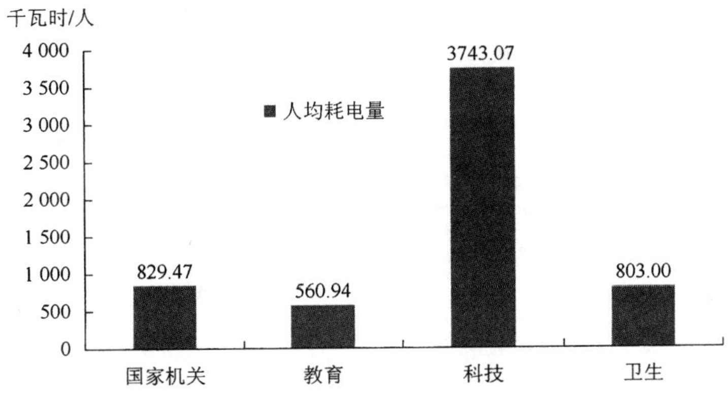

图 11-3　不同类型公共机构人均耗电量对比情况

通过对比分析可以确定，导致科技类公共机构能源消费总量较高的原因为第二种，即由于人均耗电量较高，总体能源消费量高、占比大。同时，其余三种类型机构能源消费总量较高则主要是由于机构数量、用能人数、建筑面积等占总量比值均较大引起的。

通过对比分析，可以直观地比较两个或多个参数的总量或指标高低情况，从而能够准确判断高能耗产生的原因，以便于管理者找准重点节能部位，对重点部位进行强化管理或有效的项目改造来提升用能效率，达到节能效果。

四、动态分析法

1. 基本概念

动态分析法是指将公共机构能源资源消费主要指标，按照时间序列进行排列，形成一个动态数列，从数量方面分析公共机构能源资源消费变化的趋势和规律。在动态数列中，绝对量指标（水、电、油等消费总量）是最基本的，相对量指标（人均、单位建筑面积消费量或单车油耗量等）是由绝对量指标派生的。

2. 使用建议

通常在运用动态分析法时，对公共机构逐年（月）水、电、油等消费总量、人均消费量、单位建筑面积消费量和单车油耗量进行排列，并辅以相关的图表说明，可直观地反映能源资源消费主要指标变化情况。

3. 案例解析

本例以表 10-1、表 10-2、表 10-4 中数据为基础进行案例解析，上文中分别描述了该公共机构 2010 年（表 10-4）、2013 年（表 10-2）、2014 年（表 10-1）能源消费情况，同时通过对该机构 2011 年、2012 年能耗数据进行计算（计算方法与前文相同，在此不再赘述），利用对比分析的原理对该公共机构人均用水量进行动态分析。

通过计算可得该公共机构2010～2014年人均用水量指标，具体数值如表11-4所示。

表11-4 某公共机构2010～2014年人均用水量指标情况

	2010年	2011年	2012年	2013年	2014年
立方米/人	40.82	40.05	38.13	36.97	35.77

根据表11-4绘制人均耗水量逐年变化情况，如图11-4所示。

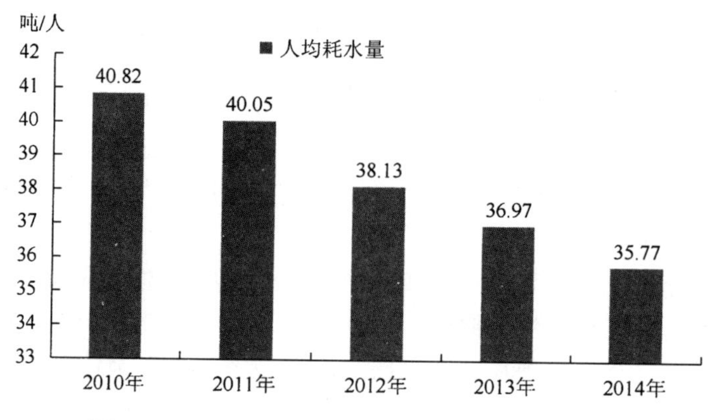

图11-4 2010～2014年人均耗水量逐年变化情况

图11-4显示，该公共机构2010～2014年人均耗水量呈逐年下降趋势，根据上文节能量相对指标计算，截至2014年，该单位能够完成当年年度考核指标及“十二五”累计指标。但从绝对值分析，截至2014年，该公共机构人均耗水量指标仍高于全国平均值（26吨/人）。

通过动态数据分析可以肯定该公共机构在“十二五”期间节水工作成效显著，但通过与平均值对比发现，节水工作仍有空间。

在进行公共机构能源资源分析过程中建议能够将上述集中分析方法进行混合使用，切莫单一使用一种分析方法就下结论。

五、因素分析法

1. 基本概念

因素分析法是指分析公共机构能源资源消费中导致主要指标变动的各因素影响方向和程度的一种方法，各因素指数的乘积应当等于总变动指数。

2. 使用建议

本方法适用于专题分析中，以深入分析公共机构能源消费的内因，使用时可将影响能耗变化的主要指标分解为各个可以计量的因素，并根据各个因素之间的依存关系，测定各因素对分析指标的影响方向和程度。

3. 案例解析

例如，2013 年某政府部门公务车数量 25 辆，单车年平均行驶里程共计 4 万公里，单车平均油耗 12 升/百公里；到 2014 年公务车数量减少为 20 辆，单车年平均行驶里程共计 3 万公里，单车均油耗 10 升/百公里。

在分析该部门公务车用油情况时，可把公车数量、行驶里程及单车油量等对用油总量影响的各因素联系起来，其方法是：

2013 年，25 辆×4 万公里×12 升/百公里=12 万升；

2014 年，20 辆×3 万公里×10 升/百公里=6 万升。

同比分析：

6 万升/12 万升=（20 辆/25 辆）×（3 万公里/4 万公里）×［(10 升/百公里)/(12 升/百公里)］

计算结果显示，影响用油总量的各因数指数分别为：车辆数量 0.8、行驶里程 0.75、单车油耗量 0.83。这表明该部门 2014 年单车油耗量降低对用油总量同比下降影响最大。

第四节　公共机构能源资源消费统计分析的主要步骤

一、确定分析主题和大纲

确定分析主题，一是根据公共机构能源资源消费统计数据反映出的情况和问题进行选题；二是根据国家节能减排工作要求和公共机构节能管理工作需要进行选题。所选主题要鲜明、适时，目的要合理、准确。

分析大纲，一般包括分析研究背景和目的，主题和纲要，内容和重点，论点和论据，分析的方法和过程等。要做到观点和材料紧密结合和有机统一，用正确的观点统帅材料，用丰富的材料阐明观点。

二、搜集、加工资料

统计分析资料既要充分、准确、可靠的基础数据，还要丰富详实的实际情况调查。一方面，应认真整理各类能源资源消费统计报表中的数据；另一方面，要组织专题调查，搜集公共机构能源资源使用、管理及改造等情况，充实分析研究材料。

在广泛搜集资料的基础上进一步审核基础数据的准确性，核对相关资料的真实性和代表性，去粗取精，去伪存真，确认符合统计分析研究目的要求方可使用。

三、综合分析相关信息

应选择合理的评价指标和正确的分析方法，由点到线，由线到面，由部分到全体，逐步分析归纳，深入揭示公共机构能源资源消费过程中各因素的内在联系和变化规律。

四、归纳概括分析结果

应以降低能源资源消费、提高能源资源使用效率为核心，真实反映公共机构能源资源消费情况和各项节能措施和政策落实客观情况，揭示能源资源消费过程中存在的不合理现象，深入系统地挖掘节能潜力，并提出合理的节能工作建议。

第 十 二 章

重点领域数据分析介绍

第一节　用能人数计算案例

本节主要针对不同类型的公共机构用能人数、建筑面积的计算方法的案例解析。

计算公式：

$$R=\sum R_b \cdot \varphi_i$$

其中，R 为用能人数；R_b 为某一种类型的人数，b 表示在编人员、外来人员等人员类型；φ_i 为计日系数，i 表示在编人员、外来人员等人员类型。

一、国家机关

（1）在编人员：800 人；

（2）长期聘（借）的编外人员：235 人；

（3）工勤、保障人员：80 人；

（4）外来人员：

会议 1：参会人数 300 人，会议时间 2 日；

会议 2：参会人数 100 人，会议时间 3 日；

通过上述描述，可汇总该国家机关的用能人数计算表如表 12-1 所示。

表 12-1　某国家机关用能人数计算明细表

名称	人数/人	计日系数		用能人数/人	
		算式	结果	算式	结果
在编人员	800	—	1	800×1	800
长期聘（借）编外人员	235	—	1	235×1	235

续表

名称	人数/人	计日系数		用能人数/人	
		算式	结果	算式	结果
工勤、保障人员	80	—	1	80×1	80
外来人员	300	会议时间/年天数	2/365	300×2/365	1.64
	100	会议时间/年天数	3/365	100×3/365	0.82
合计					1147.46

表 12-1 显示该公共机构用能人数为 1147 人（小数点采用四舍五入）。

二、事业单位——学校

（1）在编教职工：400 人，其中 300 人寒暑假均不在校办公，其余 100 人寒暑假期间需要在校继续办公；

（2）工勤、保障人员：240 人，其中 175 人寒暑假均不在校办公，其余 65 人寒暑假期间需要在校继续办公；

（3）注册学生：3000 人，其中 2500 人寒暑假均不在学校，其余 500 人仅寒假不在学校；

（4）外来人员：

会议 1：参会人数 3000 人，会议时间 2 日；

会议 2：参会人数 5000 人，会议时间 3 日；

通过上述描述，可汇总该学校的用能人数计算表如表 12-2 所示。

表 12-2 某学校用能人数计算明细表

名称	人数/人	计日系数		用能人数/人	
		算式	结果	算式	结果
在编教职工	300	（365–46–42）/365	277/365	300×277/365	227.67
	100	365/365	1	100×1	100.00
工勤、保障人员	175	（365–46–42）/365	277/365	175×277/365	132.81
	65	365/365	1	65×1	65.00
注册学生	2500	（365–46–42）/365	277/365	2500×277/365	1897.26
	500	（365–46）/365	319/365	500×319/365	436.99
外来人员	3000	会议时间/年天数	2/365	3000×2/365	16.44
	5000	会议时间/年天数	3/365	5000×3/365	41.10
合计					2917.26

表 12-2 显示该公共机构用能人数为 2917 人（小数点采用四舍五入）。

【说明】

计日系数计算中“46”、“42”两个数字分别为举例说明某学校暑假及寒假的放假时间，学校进行本单位具体计算时要根据具体时间安排来进行替换代入计算。

三、事业单位——医院

（1）在编职工：500 人；

（2）工勤、保障人员：260 人；

（3）学生：100 人；

（4）门诊人数：累计门诊量 587600 次；

（5）住院人数：医院共有床位数为 800 个。

通过上述描述，可汇总该医院的用能人数计算表如表 12-3 所示。

表 12-3　某医院用能人数计算明细表

名称	人数/人	计日系数		用能人数/人	
		算式	结果	算式	结果
在编职工	500	—	1	500×1	500.00
工勤、保障人员	260	—	1	260×1	260.00
学生	100	（365–46–42）/365	277/365	100×277/365	75.89
门诊人数	587600	1/365	1/365	587600×1/365	1609.86
住院人数	800	—	1	800×1	800.00
合计					3245.75

表 12-3 显示该公共机构用能人数为 3246 人（小数点采用四舍五入）。

【说明】

计日系数计算中“46”、“42”两个数字分别为举例说明某医院培养学生的暑假及寒假的放假时间，医院在进行本单位具体计算时要根据具体时间安排来进行替换代入计算。

四、事业单位——图书馆

（1）在编职工：30 人；

（2）工勤、保障人员：10 人；

（3）阅览人次：57650 人；

通过上述描述，可汇总该图书馆的用能人数计算表如表 12-4 所示。

表 12-4 某图书馆用能人数计算明细表

名称	人数/人	计日系数		用能人数/人	
		算式	结果	算式	结果
在编职工	30	365/365	1	30×1	30.00
工勤、保障人员	10	365/365	1	10×1	10.00
阅览人次	57650	1/313	1/313	57650×1/313	184.19
合计					224.19

表 12-4 显示该公共机构用能人数为 224 人（小数点采用四舍五入）。

五、事业单位——体育馆

（1）在编职工：20 人；
（2）工勤、保障人员：20 人，其中 8 人为轮流制，隔天工作，12 人为全日制；
（3）场内活动人次：15650 人；
（4）比赛售票量：总量为 5700 张。
赛事 1：售票 1800 张；
赛事 2：赠票 2000 张；
赛事 3：售票 1900 张；
通过上述描述，可汇总该体育馆的用能人数计算表如表 12-5 所示。

表 12-5 某体育馆用能人数计算明细表

名称	人数/人	计日系数		用能人数/人	
		算式	结果	算式	结果
在编职工	20	365/365	1	20×1	20.00
工勤、保障人员	12	365/365	1	12×1	12.00
	8	1/2	1/2	8×1/2	4.00
场内活动人次	15650	1/365	1/365	15650×1/365	42.88
比赛售票量	5900	1/365	1/365	5900×1/365	16.16
合计					95.04

表 12-5 显示该公共机构用能人数为 95 人（小数点采用四舍五入）。

第二节　小案例一（国家机关）

本节以某国家机关为例，对该公共机构基础数据的情况整理、指标计算及数据分析进行案例解析。

一、基础表汇总

本案例中凡涉及单位基本信息的均由数字“0”和字母“X”代替。该公共机构为独立办公，主要消耗能源为电力、天然气、汽油、热力及水资源，其中热力消耗为市政热力供暖用。该公共机构有信息中心机房 1 个、无独立供暖锅炉房而采用集中市政热力供暖，其中信息中心机房建筑面积为 1122.68 平方米，供暖面积为 36385 平方米。

根据能耗统计汇总该公共机构 2014 年基础表数据，具体如表 12-6～表 12-9 所示。

表 12-6　XXX 2014 年基本信息

001 单位详细名称：XXX
002 组织机构代码：00000000
003 机构类型：国家机关
004 行业代码：01
005 单位地址：__XXX__省（自治区、直辖市）__XXX__地（区、市、州）__XXX__县
（市、区、旗）__XXX__乡（镇）__XXX__街（村）__XXX__门牌号
006 邮政编码：000000
007 单位所在地区区划代码：000
008 联系方式：0081 电话号码：000-00000000　　0082 传真号码：000-00000000
0083 电子信箱：XXX@163.com
009 用地面积：______（平方米）
010 其他：

表 12-7　XXX 2014 年能源资源消费情况

指标名称	计量单位	代码	数量
甲	乙	丙	1
建筑面积	平方米	101	37559
用能人数	人	102	1412

续表

指标名称	计量单位	代码	数量
甲	乙	丙	1
其中：编制人数	人	1021	977
车辆数量	辆	103	21
其中：汽油车数量	辆	1031	21
柴油车数量	辆	1032	0
新能源汽车数量	辆	1033	0
电消费量	千瓦时	110	3650980
费用	元	111	1869302
水消费量	立方米	120	32971
费用	元	121	191233
煤炭消费量	吨	130	0
费用	元	131	0
天然气消费量	立方米	140	64425
费用	元	141	182966
汽油消费量	升	150	62826
费用	元	151	489817
其中：车辆用油量	升	1501	62826
费用	元	1511	489817
其他用油量	升	1502	0
费用	元	1512	0
柴油消费量	升	160	0
费用	元	161	0
其中：车辆用油量	升	1601	0
费用	元	1611	0
其他用油量	升	1602	0
费用	元	1612	0
热力消费量	吉焦	170	7608
费用	元	171	422244
其他能源消费量（ ）	吨标准煤	180	0
费用	元	181	0
可再生能源应用			
太阳能光热利用系统集热器面积	平方米	190	0
太阳能光电利用系统装机容量	峰瓦	191	0
浅层地热能利用系统装机容量	千瓦	192	0
辅助热源供热量	千焦	193	0

表 12-8　XXX 2014 年数据中心机房能源消费情况

指标名称	计量单位	代码	数量
甲	乙	丙	1
机房建筑面积	平方米	201	1122.7
机柜总数量	个	210	114
其中：预留机柜数量	个	2101	36
设备总功率	千瓦	220	222.3
其中：IT 设备功率	千瓦	2201	117.7
空气调节设备功率	千瓦	2202	75.0
配电及附属设备功率	千瓦	2203	29.6
UPS 装机容量	千伏安	230	30
总用电量	千瓦时	240	1946511
其中：IT 设备用电量	千瓦时	2401	1030877
空气调节设备用电量	千瓦时	2402	656912
照明及附属设备用电量	千瓦时	2403	258722
其他能源消费量（　）	吨标准煤	250	0

表 12-9　XXX 2014 年采暖能源资源消费情况

指标名称	计量单位	代码	数量
甲	乙	丙	1
采暖面积	平方米	301	36385
其中：独立供暖面积	平方米	3011	0
热计量收费的面积	平方米	3012	36385
采暖天数	天	302	121
独立供暖供热能力			
热水锅炉热功率	兆瓦	303	0
蒸汽锅炉蒸发量	吨/小时	304	0
水消费量	立方米	310	372
费用	元	311	2158
电消费量	千瓦时	320	306662
费用	元	321	157012
煤炭消费量	吨	330	0
费用	元	331	0
煤炭热值	千卡	332	0
天然气消费量	立方米	340	0

续表

指标名称	计量单位	代码	数量
甲	乙	丙	1
费用	元	341	0
柴油消费量	升	350	0
费用	元	351	0
热力消费量	吉焦	360	7608
费用	元	361	422244
其他能源消费量（ ）	吨标准煤	370	0
费用	元	371	0

二、能源资源指标计算

1. 能源消耗总量

$$
\begin{aligned}
E_{总} &= \sum k_i \cdot A_i \\
&= k_{电} \cdot A_{电} + k_{天然气} \cdot A_{天然气} + k_{汽油} \cdot A_{汽油} + k_{热力} \cdot A_{热力} \\
&= 0.1229 \times 3650980 + 1.33 \times 64425 + 1.074122 \times 62826 + 34.12 \times 7608 \\
&= 861458 \text{（千克标准煤）}
\end{aligned}
$$

2. 人均综合能耗

$$
\begin{aligned}
e_{人} &= E_{总}/R \\
&= 861458 \div 1412 \\
&= 610.10 \text{（千克标准煤/人）}
\end{aligned}
$$

3. 建筑能源消费量

$$
\begin{aligned}
E_{面} &= E_{总} - k_{汽油} \cdot A_{车用汽油} - k_{柴油} \cdot A_{车用柴油} \\
&= 861458 - 1.074122 \times 62826 - 1.253106 \times 0 \\
&= 793976 \text{（千克标准煤）}
\end{aligned}
$$

4. 单位建筑面积能源消费量

$$
\begin{aligned}
e_{面} &= E_{面}/S \\
&= 793976 \div 37559 \\
&= 21.14 \text{（千克标准煤/平方米）}
\end{aligned}
$$

5. 人均用水量

人均用水量=水消费总量/总用能人数

=32971÷1412

=23.35（立方米/人）

三、能源资源分析报告模板

1. 机构概况

该部分内容主要包括以下几方面：

（1）机构的基本情况，如主要职能、组织机构构成等信息；

（2）机构的基础信息，如本单位是否为独立办公、占地面积、建筑面积、编制人数、有无对外办事大厅等信息；

（3）机构的其他情况，如有无派出机构、信息机房基本情况、采暖系统基本情况等信息。

2. 能源资源消耗情况

XXX 机构主要消费能源种类包括电、天然气、汽油、热力。其中，主要用电设备为信息中心机房、空调、照明、电梯以及其他电耗设备；天然气主要用于食堂餐厅；汽油主要用于公务车；热力主要用于采暖。水资源消费主要用于给排水系统、中央空调系统及采暖系统三部分。

根据统计数据汇总 2013 年、2014 年能源资源消耗情况，如表 12-10 所示。

表 12-10　XXX 2013 年、2014 年能源资源消耗情况

年度	电	天然气	汽油	热力	水
	千瓦时	立方米	升	吉焦	立方米
2013 年	3628729	64438	63933	7729	33583
2014 年	3650980	64425	62826	7608	32971

3. 能源资源指标情况

XXX 2013～2014 年建筑面积未改变均为 37559 平方米，用能人数由 1370 人增加至 1412 人，根据两年能源资源消耗情况分别计算人均综合能耗、建筑能耗、单位建筑面积能耗及人均水耗，同时计算 2014 年对比 2013 年各项指标同比变化情况，各指标数值及两年指标同比变化情况如表 12-11 所示。

表 12-11　XXX 2013 年、2014 年各项指标及同比变化情况

年度	综合能耗	人均综合能耗	建筑能耗	单位建筑面积能耗	人均水耗
	吨标准煤	千克标准煤/人	吨标准煤	千克标准煤/平方米	立方米/人
2013 年	864.06	630.70	795.39	21.18	24.51
2014 年	861.46	610.10	793.98	21.14	23.35
同比变化	–0.30%	–3.27%	–0.18%	–0.18%	–4.74%

4. 能源资源消耗分析

1）各能源品种占比分析

根据表 12-10，分别将各能源品种统一折算成标准煤后，计算各能源品种占总能源消耗的比例，如图 12-1 所示。

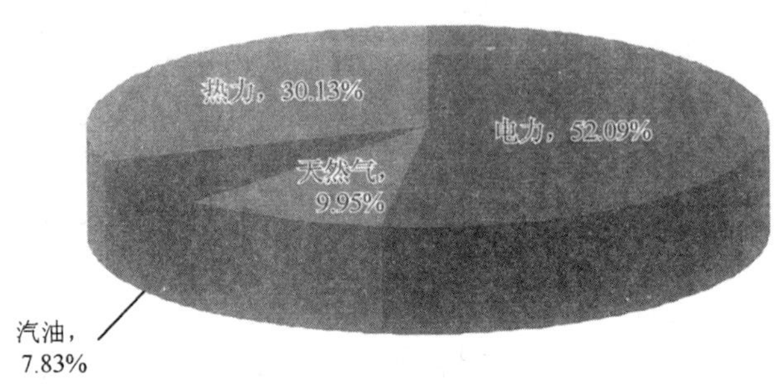

图 12-1 XXX 2014 年各能源品种占比情况

图 12-1 显示，XXX 2014 年电力消费量占比最大为 52.09%，热力消费量占比次之为 30.13%，天然气及汽油消费量相对较小分别占比 9.95%、7.83%。电力消耗量中机房消费量占比较高，具体能耗数据可根据基础表 3 进行计算。

2）能源资源指标变化情况

人均水耗：根据历年数据进行指标逐年变化的对比分析，人均用水量逐年数值及其变化情况如图 12-2 所示。

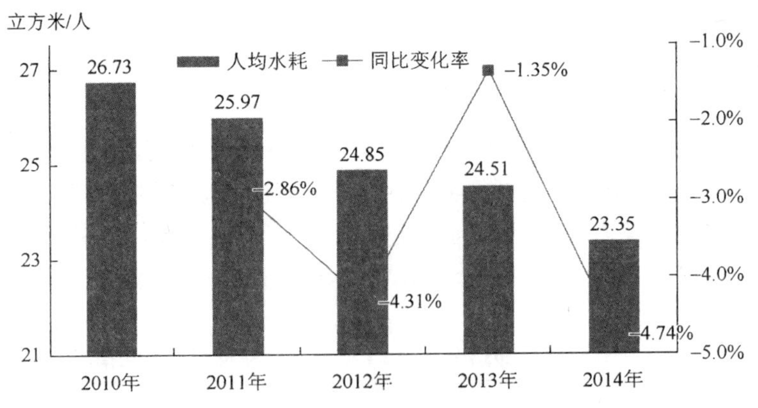

图 12-2 人均用水量逐年数值及其变化情况

人均综合能耗：根据历年数据进行指标逐年变化的对比分析，人均综合能耗逐年数值及其变化情况如图 12-3 所示。

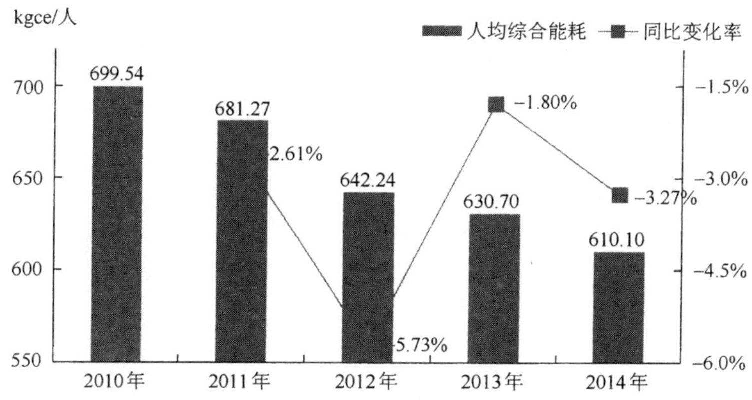

图 12-3　人均综合能耗逐年数值及其变化情况

图 12-2、图 12-3 显示，人均用水量及人均综合能耗均呈现逐年下降趋势。人均用水量降幅最大值出现在 2014 年，同比降幅为 4.74%；人均综合能耗降幅最大值出现在 2012 年，同比降幅为 5.73%。

单位建筑面积能耗：根据历年数据进行指标逐年变化的对比分析，单位建筑面积能耗逐年数值及其变化情况如图 12-4 所示。

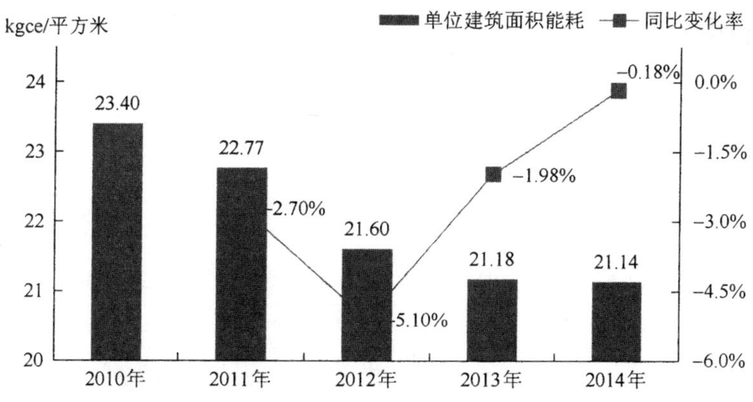

图 12-4　单位建筑面积能耗逐年数值及其变化情况

图 12-4 显示，单位建筑面积能耗呈现逐年下降趋势，但下降幅度为先增加后逐年降低。单位建筑面积能耗降幅最大值出现在 2012 年，同比降幅为 5.10%；2014 年同比降幅仅为 0.18%。

3）节能目标完成情况

表 12-11、图 12-2～图 12-4 显示，对比 2013 年，XXX 2014 年人均能耗、单位建筑面积能耗、人均水耗分别下降 3.27%、0.18%、4.74%，人均综合能耗及人

均水耗均完成年度节能指标；由于建筑面积未改变，单位建筑能耗节能量指标未完成年度指标。但与2010年定比分析，三项指标分别下降12.79%、9.65%、12.65%，均完成了“十二五”期间的累计节能指标，通过数据及XXX的实际使用情况，预测2015年能够顺利完成“十二五”节能指标。

4）采暖能源资源消耗分析

根据基础表4，XXX 2013年、2014年采暖系统主要能源为热力及电力，将采暖系统消耗的热力及电力折算成标准煤后计算采暖系统能耗在总能耗量中的占比情况，如表12-12所示。

表12-12 XXX 2013年、2014年采暖系统能耗情况

年度	采暖总消耗	综合能耗	采暖能耗占比
	吨标准煤	吨标准煤	
2013年	289.16	864.06	33.47%
2014年	297.27	861.46	34.51%

表12-12显示，2013年、2014年采暖能耗在总能耗中的占比分别为33.47%、34.51%，占比较大且有增长趋势。由此，在今后的节能工作中应重点针对采暖系统进行节能管理及节能改造项目的建设。

5）信息中心机房能源资源消耗分析

根据基础表3，XXX信息中心机房能源消耗品种仅为电，分别计算信息中心机房电耗在总电耗中的占比及信息机房能耗在总能耗中的占比情况，如表12-13所示。

表12-13 XXX 2013年、2014年各项指标及同比变化情况

年度	机房电耗	总电耗	电耗占比	能耗折标	占总能耗比
	千瓦时	千瓦时		千克标准煤	
2013年	1951268	3628729	53.77%	239811	27.75%
2014年	1946511	3650980	53.31%	239226	27.77%

表12-13显示，2013年、2014年信息中心机房电耗在总电耗中的占比分别为53.77%、53.31%；信息中心机房能耗在总能耗中的占比分别为27.75%、27.77%。数据显示，信息中心机房能源消耗量占比接近30%，为本单位仅次于采暖能耗的第二大耗能系统，在今后的节能工作中对信息中心机房有针对性地实施节能技术改造项目。

5. 存在问题、对策及建议

本部分需要根据具体情况进行编写，具体可包括如下内容：

（1）是否存在能源无法拆分，建筑扩容、置换等问题；

（2）对建筑及能源系统的节能改造计划；

（3）对现有的统计报表的参数、构成及报表上报流程、方式等的建议。

第三节　小案例二（教育）

本节以某教育类高等院校为例，对该公共机构基础数据情况整理、指标计算及数据分析进行案例解析。

一、基础表汇总

本案例中凡涉及单位基本信息的均由数字“0”和字母“X”代替。该公共机构为教育类事业单位，主要消耗能源为电力、天然气、汽油、热力及水资源，其中热力消耗为学校热水用。该公共机构有信息中心机房及采暖锅炉房各 1 个，其中信息中心机房建筑面积为 282.2 平方米，供暖面积为 178765 平方米，均为采暖锅炉房独立供应。

根据能耗统计汇总该公共机构 2014 年基础表数据，具体见表 12-14～表 12-17。

表 12-14　XXX 大学 2014 年基本信息

001 单位详细名称：XXX 大学

002 组织机构代码：00000000

003 机构类型：事业单位-教育类

004 行业代码：021

005 单位地址：__XXX__省（自治区、直辖市）__XXX__地（区、市、州）__XXX__县（市、区、旗）__XXX__乡（镇）__XXX__街（村）__XXX__门牌号

006 邮政编码：000000

007 单位所在地区区划代码：000

008 联系方式：0081 电话号码：000-00000000　　0082 传真号码：000-00000000

0083 电子信箱：XXX@163.com

009 用地面积：________（平方米）

010 其他：

表 12-15　XXX 大学 2014 年能源资源消费情况

指标名称	计量单位	代码	数量
甲	乙	丙	1
建筑面积	平方米	101	239353
用能人数	人	102	12861
其中：编制人数	人	1021	938
车辆数量	辆	103	35
其中：汽油车数量	辆	1031	35
柴油车数量	辆	1032	35
新能源汽车数量	辆	1033	0
电消费量	千瓦时	110	14281463
费用	元	111	7145200
水消费量	立方米	120	512345
费用	元	121	3056070
煤炭消费量	吨	130	0
费用	元	131	0
天然气消费量	立方米	140	2623444
费用	元	141	7556350
汽油消费量	升	150	44153
费用	元	151	324994
其中：车辆用油量	升	1501	44153
费用	元	1511	324994
其他用油量	升	1502	0
费用	元	1512	0
柴油消费量	升	160	0
费用	元	161	0
其中：车辆用油量	升	1601	0
费用	元	1611	0
其他用油量	升	1602	0
费用	元	1612	0
热力消费量	吉焦	170	13790
费用	元	171	823680
其他能源消费量（　）	吨标准煤	180	0
费用	元	181	0
可再生能源应用			
太阳能光热利用系统集热器面积	平方米	190	0
太阳能光电利用系统装机容量	峰瓦	191	0
浅层地热能利用系统装机容量	千瓦	192	0
辅助热源供热量	千焦	193	0

表 12-16　XXX 大学 2014 年数据中心机房能源消费情况

指标名称	计量单位	代码	数量
甲	乙	丙	1
机房建筑面积	平方米	201	282.2
机柜总数量	个	210	28
其中：预留机柜数量	个	2101	12
设备总功率	千瓦	220	33.2
其中：IT 设备功率	千瓦	2201	16.8
空气调节设备功率	千瓦	2202	13.1
配电及附属设备功率	千瓦	2203	3.3
UPS 装机容量	千伏安	230	30
总用电量	千瓦时	240	206202
其中：IT 设备用电量	千瓦时	2401	117734
空气调节设备用电量	千瓦时	2402	74591
照明及附属设备用电量	千瓦时	2403	13876
其他能源消费量（　）	吨标准煤	250	0

表 12-17　XXX 大学 2014 年采暖能源资源消费情况

指标名称	计量单位	代码	数量
甲	乙	丙	1
采暖面积	平方米	301	178765
其中：独立供暖面积	平方米	3011	178765
热计量收费的面积	平方米	3012	0
采暖天数	天	302	128
独立供暖供热能力			
热水锅炉热功率	兆瓦	303	21
蒸汽锅炉蒸发量	吨/小时	304	0
水消费量	立方米	310	12357
费用	元	311	64256
电消费量	千瓦时	320	135168
费用	元	321	67784
煤炭消费量	吨	330	0
费用	元	331	0
煤炭热值	千卡	332	0

续表

指标名称	计量单位	代码	数量
甲	乙	丙	1
天然气消费量	立方米	340	1872590
费用	元	341	5397288
柴油消费量	升	350	0
费用	元	351	0
热力消费量	吉焦	360	0
费用	元	361	0
其他能源消费量（）	吨标准煤	370	0
费用	元	371	0

二、能源资源指标计算

1. 能源消耗总量

$E_{总}=\sum k_i \cdot A_i$

$=k_{电} \cdot A_{电}+k_{天然气} \cdot A_{天然气}+k_{汽油} \cdot A_{汽油}+k_{热力} \cdot A_{热力}$

$=0.1229\times239353+1.33\times2623444+1.074122\times44153+34.12\times13790$

=5762313（千克标准煤）

2. 人均综合能耗

$e_{人}=E_{总}/R$

$=5762313\div12861$

=448.05（千克标准煤/人）

3. 建筑能源消费量

$E_{面}=E_{总}-k_{汽油} \cdot A_{车用汽油}-k_{柴油} \cdot A_{车用柴油}$

$=5762313-1.074122\times44153-1.253106\times0$

=5714887（千克标准煤）

4. 单位建筑面积能源消费量

$e_{面}=E_{面}/S$

$=5714887\div239353$

=23.88（千克标准煤/平方米）

5. 人均用水量

人均用水量=水消费总量/总用能人数

$=512345\div12861$

=39.84（立方米/人）

三、能源资源分析报告模板

1. 学校概况

该部分内容主要包括以下三方面内容：

（1）学校的基本情况，如成立时间、组织机构构成等信息；

（2）学校的基础信息，如学校由几个校区组成、占地面积、建筑面积、教职工数量、学生数量等信息；

（3）学校的其他情况，如科研人才力量、办学理念等信息。

2. 能源资源消耗情况

XXX 大学主要消费能源种类包括电、天然气、汽油、热力。其中，主要用电设备为空调、照明、电梯、办公设备实验仪器以及其他电耗设备；天然气主要用于采暖、食堂餐厅；汽油主要用于公务车；热力主要用于公共浴室。根据统计数据汇总 2013 年、2014 年能源资源消耗情况，如表 12-18 所示。

表 12-18　XXX 大学 2013 年、2014 年能源资源消耗情况

年度	电	天然气	汽油	热力	水
	千瓦时	立方米	升	吉焦	立方米
2013 年	14715642	2633218	43549	13677	509041
2014 年	14281463	2623444	44153	13790	512345

3. 能源资源指标情况

XXX 大学 2013～2014 年建筑面积未改变均为 239353 平方米，用能人数由 12517 增加至 12861 人，根据两年能源资源消耗情况分别计算人均综合能耗、建筑能耗、单位建筑面积能耗及人均水耗，同时计算 2014 年对比 2013 年各项指标同比变化情况，各指标数值及两年指标同比变化情况详见表 12-19。

表 12-19　XXX 大学 2013 年、2014 年各项指标及同比变化情况

年度	综合能耗	人均综合能耗	建筑能耗	单位建筑面积能耗	人均水耗
	吨标准煤	千克标准煤/人	吨标准煤	千克标准煤/平方米	立方米/人
2013 年	5824.17	465.30	5777.39	24.14	40.67
2014 年	5762.31	448.05	5714.89	23.88	39.84
同比变化	−1.06%	−3.71%	−1.08%	−1.08%	−2.04%

4. 能源资源消耗分析

1）各能源品种占比分析

根据表 12-18，分别将各能源品种统一折算成标准煤后，计算各能源品种占总能源消耗的比例，如图 12-5 所示。

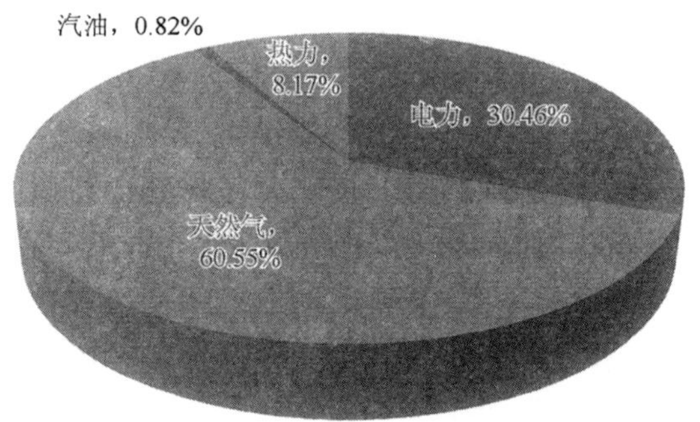

图 12-5 XXX 大学 2014 年各能源品种占比情况

图 12-5 显示，XXX 大学 2014 年天然气消耗量占比最大为 60.55%，电力消耗量占比次之为 30.46%，热力及汽油消耗量相对较小分别占比 8.17%、0.82%。天然气消耗主要由两部分组成，分别为采暖及食堂，采暖能耗数据可根据基础表 4 进行计算。

2）能源资源指标变化情况

人均水耗：根据历年数据进行指标逐年变化的对比分析，人均用水量逐年数值及其变化情况如图 12-6 所示。

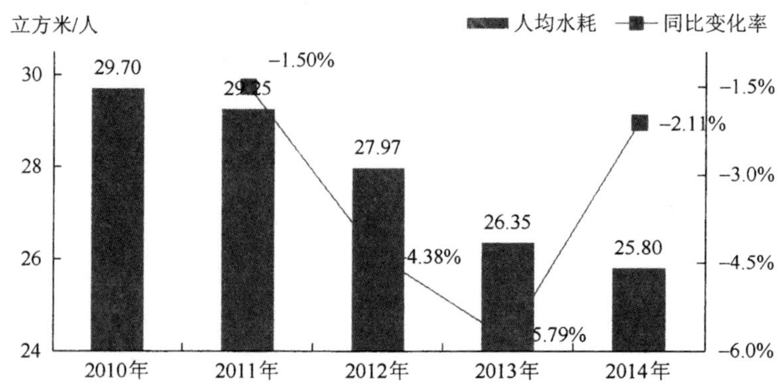

图 12-6 人均用水量逐年数值及其变化情况

人均综合能耗：根据历年数据进行指标逐年变化的对比分析，人均综合能耗逐年数值及其变化情况如图 12-7 所示。

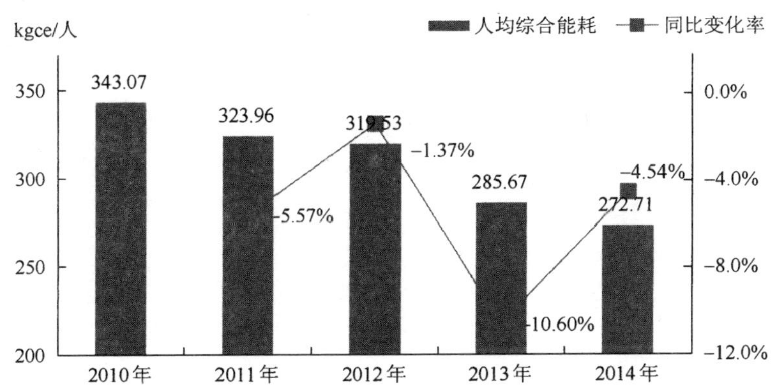

图 12-7　人均综合能耗逐年数值及其变化情况

图 12-6、图 12-7 显示，人均用水量及人均综合能耗均呈逐年下降趋势。两项指标降幅最大值均在 2013 年，同比降幅分别为 5.79%、10.60%。

单位建筑面积能耗：根据历年数据进行指标逐年变化的对比分析，单位建筑面积能耗逐年数值及其变化情况如图 12-8 所示。

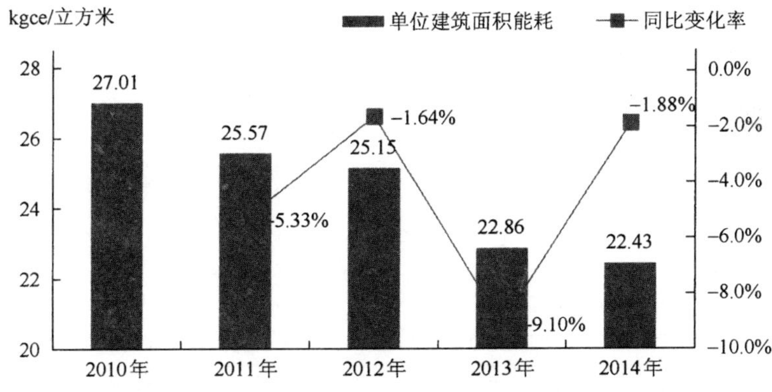

图 12-8　单位建筑面积能耗逐年数值及其变化情况

图 12-8 显示，单位建筑面积能耗呈现逐年下降趋势，但下降幅度各年间差异较大。单位建筑面积能耗降幅最大值出现在 2013 年，同比降幅为 9.10%；最小值出现在 2012 年，同比降幅为 1.64%。

XXX 大学在 2012 年进行了锅炉的热源改造，将燃气锅炉改造成市政热力供暖，2012～2013 年采暖季开始使用，从上述指标来看，2013 年各项指标均有明显降低，说明采暖热源改造效果整体较好。

3）节能目标完成情况

表 12-19 显示，对比 2013 年，XXX 大学 2014 年人均能耗、单位建筑能耗、人均水耗分别下降 3.71%、1.08%、2.04%，人均能耗完成年度节能指标；由于建筑面积未改变，单位建筑能耗节能指标及人均水耗指标均未完成年度指标。但与 2010 年定比分析，三项指标分别下降 12.55%、9.87%、12.37%，均完成了“十二五”期间的累计节能指标，通过数据及本校的实际使用情况，预测 2015 年能够顺利完成“十二五”节能指标。

4）采暖能源资源消耗分析

根据基础表 4，XXX 大学 2013 年、2014 年采暖系统主要能源为天然气及电力，将采暖系统消耗的天然气及电力折算成标准煤后计算采暖系统能耗在总能耗量中的占比情况，如表 12-20 所示。

表 12-20　XXX 大学 2013 年、2014 年采暖系统能耗情况

年度	采暖总消耗	综合能耗	采暖能耗占比
	吨标准煤	千克标准煤	
2013 年	2412.55	5824.17	41.42%
2014 年	2507.16	5762.31	43.51%

表 12-20 显示，2013 年、2014 年采暖能耗在总能耗中的占比分别为 41.42%、43.51%，占比较大且有增长趋势。由此，在今后的节能工作中应重点针对采暖系统进行节能管理及节能改造项目的建设。

5）信息中心机房能源资源消耗分析

根据基础表 3，XXX 大学信息中心机房能源消耗品种仅为电，分别计算信息中心机房电耗在总电耗中的占比及信息中心机房能耗在总能耗中的占比情况，如表 12-21 所示。

表 12-21　XXX 大学 2013 年、2014 年各项指标及同比变化情况

年度	机房电耗	总电耗	电耗占比	能耗折标	占总能耗比
	千瓦时	千瓦时		千克标煤	
2013 年	193711	14715642	1.32%	23807	0.41%
2014 年	206202	14281463	1.44%	25342	0.44%

表 12-21 显示，2013 年、2014 年信息中心机房电耗在总电耗中的占比分别为 1.32%、1.44%；信息中心机房能耗在总能耗中的占比分别为 0.41%、0.44%。由此，虽然信息中心机房能耗占比有增长趋势，但总量较小，故在今后的节能工作中应以节能管理为主，不建议投入大量资金进行节能技术改造。

5. 存在问题、对策及建议

本部分需要根据具体情况进行编写，具体可包括如下内容：

（1）本年度或下年度是否有新增建筑或学校有改扩建计划；

（2）本年度或下年度是否有对能源系统进行改造的计划；

（3）是否存在外租办公楼能源无法拆分情况等；

（4）对现有的统计报表的参数、构成的建议；

（5）对统计报表上报流程、方式等的建议。

第四节　小案例三（卫生）

本节以某卫生类综合医院为例，对该公共机构基础数据情况整理、指标计算及数据分析进行案例解析。

一、基础表汇总

本案例中凡涉及单位基本信息的均由数字“0”和字母“X”代替。该公共机构为卫生类事业单位，主要消耗能源为电力、天然气、汽油、柴油及水资源，其中汽油、柴油为车辆消耗。该公共机构有信息中心机房 1 个，其中信息中心机房建筑面积为 1037.2 平方米，由于该公共机构在南方地区，不涉及采暖能耗，故采暖能源资源信息表无数据。

根据能耗统计汇总该公共机构 2014 年基础表数据，具体如表 12-22～表 12-24 所示。

表 12-22　XXX 医院 2014 年基本信息

001 单位详细名称：XXX 医院
002 组织机构代码：00000000
003 机构类型：事业单位-卫生类
004 行业代码：024
005 单位地址：__XXX__省（自治区、直辖市）__XXX__地（区、市、州）__XXX__县
（市、区、旗）__XXX__乡（镇）__XXX__街（村）__XXX__门牌号
006 邮政编码：000000
007 单位所在地区区划代码：000
008 联系方式：0081 电话号码：000-00000000　　0082 传真号码：000-00000000
0083 电子信箱：XXX@163.com
009 用地面积：________（平方米）
010 其他：

表 12-23　XXX 医院 2014 年能源资源消费情况

指标名称	计量单位	代码	数量
甲	乙	丙	1
建筑面积	平方米	101	387122
用能人数	人	102	35497
其中：编制人数	人	1021	1738
车辆数量	辆	103	47
其中：汽油车数量	辆	1031	43
柴油车数量	辆	1032	4
新能源汽车数量	辆	1033	0
电消费量	千瓦时	110	44521647
费用	元	111	21520963
水消费量	立方米	120	902617
费用	元	121	3955314
煤炭消费量	吨	130	0
费用	元	131	0
天然气消费量	立方米	140	4086750
费用	元	141	13346495
汽油消费量	升	150	154397
费用	元	151	1140633
其中：车辆用油量	升	1501	154397
费用	元	1511	1140633
其他用油量	升	1502	0
费用	元	1512	0
柴油消费量	升	160	3562
费用	元	161	25506
其中：车辆用油量	升	1601	3562
费用	元	1611	25506
其他用油量	升	1602	0
费用	元	1612	0
热力消费量	吉焦	170	0
费用	元	171	0
其他能源消费量（）	吨标准煤	180	0
费用	元	181	0
可再生能源应用			
太阳能光热利用系统集热器面积	平方米	190	0
太阳能光电利用系统装机容量	峰瓦	191	0
浅层地热能利用系统装机容量	千瓦	192	0
辅助热源供热量	千焦	193	0

表 12-24　XXX 医院 2014 年数据中心机房能源消费情况

指标名称	计量单位	代码	数量
甲	乙	丙	1
机房建筑面积	平方米	201	1037.2
机柜总数量	个	210	106
其中：预留机柜数量	个	2101	34
设备总功率	千瓦	220	125.7
其中：IT 设备功率	千瓦	2201	63.6
空气调节设备功率	千瓦	2202	49.6
配电及附属设备功率	千瓦	2203	12.5
UPS 装机容量	千伏安	230	114
总用电量	千瓦时	240	780620
其中：IT 设备用电量	千瓦时	2401	445709
空气调节设备用电量	千瓦时	2402	282382
照明及附属设备用电量	千瓦时	2403	52530
其他能源消费量（　）	吨标准煤	250	0

二、能源资源指标计算

1. 能源消耗总量

$E_{总}=\sum k_i \cdot A_i$

$=k_{电} \cdot A_{电}+k_{天然气} \cdot A_{天然气}+k_{汽油} \cdot A_{汽油}+k_{柴油} \cdot A_{柴油}$

$=0.1229 \times 44521647+1.33 \times 4086750+1.074122 \times 154397+1.253196 \times 3562$

$=11077393$（千克标准煤）

2. 人均综合能耗

$e_{人}=E_{总}/R$

$=11077393 \div 35497$

$=312.07$（千克标准煤/人）

3. 建筑能源消费量

$E_{面}=E_{总}-k_{汽油} \cdot A_{车用汽油}-k_{柴油} \cdot A_{车用柴油}$

$=11077393-1.074122 \times 154397-1.253106 \times 3562$

$=10907088$（千克标准煤）

4. 单位建筑面积能源消费量

$e_{面}=E_{面}/S$

$=10907088 \div 387122$

$=28.17$（千克标准煤/平方米）

5. 人均用水量

$$
\begin{aligned}
\text{人均用水量} &= \text{水消费总量/总用能人数} \\
&= 902617 \div 35497 \\
&= 25.43\ (\text{立方米/人})
\end{aligned}
$$

三、能源资源分析报告模板

1. 医院概况

该部分内容主要包括以下三方面内容：

（1）医院的基本情况，如成立时间、组织机构构成、门诊量、医院级别等信息；

（2）医院的基础信息，如医院由几个院区组成、占地面积、建筑面积、医护人员数量等信息；

（3）医院的其他情况，如科研人才力量、医院管理理念等信息。

2. 能源资源消耗情况

XXX 医院主要消费能源种类包括电、天然气、汽油、柴油。其中，主要用电设备为空调、照明、电梯、医疗用设备器材以及其他电耗设备；天然气主要用于医疗蒸汽、热水及员工食堂餐厅；汽油、柴油主要用于公务车。根据统计数据汇总 2013 年、2014 年能源资源消耗情况，如表 12-25 所示。

表 12-25　XXX 医院 2013 年、2014 年能源资源消耗情况

年度	电	天然气	汽油	柴油	水
	千瓦时	立方米	升	升	立方米
2013 年	41019524	4024040	157971	4036	851326
2014 年	44521647	4086750	154397	3562	902617

3. 能源资源指标情况

XXX 医院 2013～2014 年新增 1 栋住院楼，建筑面积由 348975 平方米增加到 387122 平方米，用能人数由 32195 增加至 35497 人，根据两年能源资源消耗情况分别计算人均综合能耗、建筑能耗、单位建筑面积能耗及人均水耗，同时计算 2014 年对比 2013 年各项指标同比变化情况，各指标数值及两年指标同比变化情况详见表 12-26。

表 12-26　XXX 医院 2013 年、2014 年各项指标及同比变化情况

年度	综合能耗	人均综合能耗	建筑能耗	单位建筑面积能耗	人均水耗
	吨标准煤	千克标准煤/人	吨标准煤	千克标准煤/m^2	立方米/人
2013 年	10568.01	328.25	10393.27	29.78	26.44
2014 年	11077.39	312.07	10907.09	28.17	25.43
同比变化	4.82%	–4.93%	4.94%	–5.40%	–3.84%

4. 能源资源消耗分析

1）各能源品种占比分析

根据表 12-25，分别将各能源品种统一折算成标准煤后，计算各能源品种占总能源消耗的比例，如图 12-9 所示。

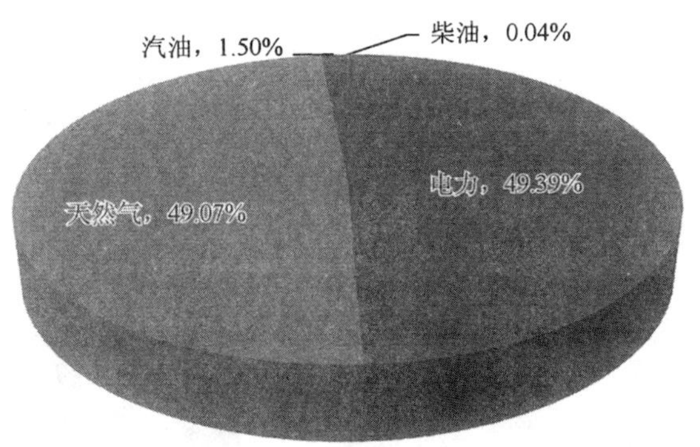

图 12-9　XXX 医院 2014 年各能源品种占比情况

图 12-9 显示，XXX 医院 2014 年主要以天然气及电力消耗为主，其消耗量占比分别为 49.07%、49.39%，汽油及柴油消耗量占比相对较小分别为 1.50%、0.04%。天然气消耗主要由两部分组成，分别为医疗用蒸汽、热水及食堂用两部分；电力消耗量主要由医疗用仪器设备、空调、照明、动力等构成。

2）能源资源指标变化情况

人均水耗：根据历年数据进行指标逐年变化的对比分析，人均用水量逐年数值及其变化情况如图 12-10 所示。

人均综合能耗：根据历年数据进行指标逐年变化的对比分析，人均综合能耗逐年数值及其变化情况如图 12-11 所示。

图 12-10、图 12-11 显示，人均用水量及人均综合能耗均呈现逐年下降趋势。人均用水量降幅最大值出现在 2013 年，同比降幅为 4.94%；人均综合能耗降幅最大值出现在 2014 年，同比降幅为 4.93%。

单位建筑面积能耗：根据历年数据进行指标逐年变化的对比分析，单位建筑面积能耗逐年数值及其变化情况如图 12-12 所示。

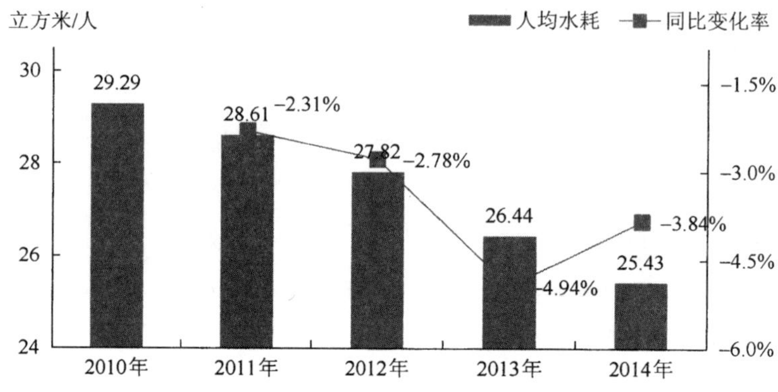

图 12-10　人均用水量逐年数值及其变化情况

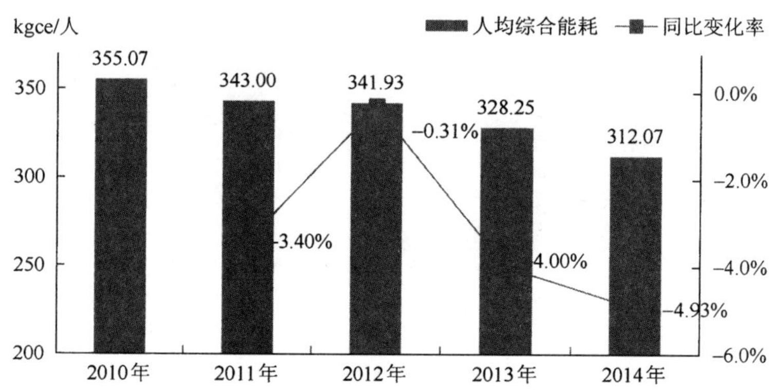

图 12-11　人均综合能耗逐年数值及其变化情况

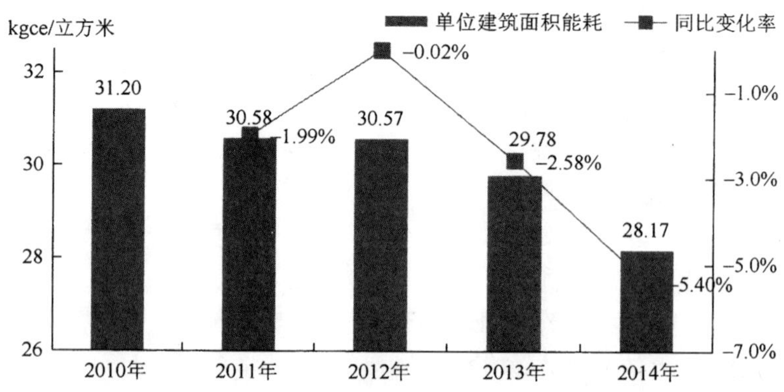

图 12-12　单位建筑面积能耗逐年数值及其变化情况

图 12-12 显示，单位建筑面积能耗呈现逐年下降趋势，但下降幅度各年间差异较大。单位建筑面积能耗降幅最大值出现在 2014 年，同比降幅为 5.40%；最小值出现在 2012 年，同比降幅仅为 0.02%。

XXX 医院在 2012～2014 年，由于业务量的增加前后新建并投入使用了 1 栋门诊楼及 1 栋住院楼，总建筑面积增加，导致我院总能耗量及总水耗量 2015 年逐年增加。但通过上述指标分析来看，我院各项指标呈现稳定的下降趋势，足以证明虽然我院总量逐年增加，但通过有效的节能管理手段及相应的节能改造措施降低了能耗指标量。

3）节能目标完成情况

表 12-26 显示，对比 2013 年，XXX 医院 2014 年人均能耗、人均水耗及单位建筑面积能耗分别下降 4.93%、3.84%、5.40%，人均综合能耗、人均水耗、单位建筑面积能耗三项指标均完成年度节能指标。

定比分析来看，我院 2014 年人均能耗、人均水耗及单位建筑面积能耗定比 2010 年分别下降 12.11%、13.18%、9.69%，三项指标的累计值完成进度节能指标，预计 2015 年末均能完成“十二五”节能指标。

4）信息中心机房能源资源消耗分析

根据基础表 3，我院信息中心机房能源消耗品种仅为电，分别计算信息中心机房电耗在总电耗中的占比及信息中心机房能耗在总能耗中的占比情况，如表 12-27 所示。

表 12-27　XXX 医院 2013 年、2014 年各项指标及同比变化情况

年度	机房电耗	总电耗	电耗占比	能耗折标	占总能耗比
	千瓦时	千瓦时		千克标准煤	
2013 年	793711	39019524	2.03%	97547	0.95%
2014 年	780620	44021647	1.77%	95938	0.87%

表 12-27 显示，2013 年、2014 年信息中心机房电耗在总电耗中的占比分别为 2.03%、1.77%；信息中心机房能耗在总能耗中的占比分别为 0.95%、0.81%。由此，虽然信息中心机房能耗占比有增长趋势，但总量较小，故在今后的节能工作中应以节能管理为主，不建议投入大量资金进行节能技术改造。

5. *存在问题、对策及建议*

本部分需要根据具体情况进行编写，具体可包括如下内容：

（1）本年度或下年度是否有新增建筑或医院有改扩建计划；

（2）本年度或下年度是否有对能源系统进行改造的计划；

（3）是否存在外租办公楼能源无法拆分情况等；

（4）对现有的统计报表的参数、构成的建议；

（5）对统计报表上报流程、方式等的建议。

第十三章

数据审核方法

第一节　异常数据核验

一、涉及数据内容

（1）基础表 2：用能人数、编制人数、车辆总量、汽油车数量、柴油车数量、新能源汽车数量；

（2）基础表 3：机柜总数量、预留机柜数量；

（3）基础表 4：采暖天数；

（4）综合表 1 及综合表 2：公共机构数量、用能人数、编制人数、车辆总量、汽油车数量、柴油车数量、新能源汽车数量；

（5）综合表 3：机房数量、机柜总数量；

（6）综合表 4：采暖天数。

对于上述指标，要求上报的数据为整数，若为小数，则需要报送单位进行数据核算后重新上报；若数据是通过计算得出的，要求取整后上报。

二、案例解析

截取某单位综合表 1 的部分数据，如表 13-1 所示。

表 13-1　某单位综合表 1 的部分数据

部门名称	代码	公共机构数量	用地面积	建筑面积	用能人数	其中
						编制人数
		个	万平方米	万平方米	人	人
甲	乙	1	2	3	4	5
某区总计	01	80	19.31	65.51	25678	8532

续表

部门名称	代码	公共机构数量	用地面积	建筑面积	用能人数	其中 编制人数
		个	万平方米	万平方米	人	人
本级	02	6	1.22	4.18	2068	699
某乡镇总计	03	8	3.59	8.77	4558	879
某乡镇教育局	0301	2	1.08	3.52	1578.5	320
…	…	…	…	…	…	…

表 13-1 所示，教育局上报的“用能人数”为 1578.5 人，数据异常，需要要求其重新核查后上报。

第二节　报表平衡核验

一、单表格报表平衡核验

1. 综合表 1 数值核验

综合表 1 的数值核验主要为下属单位上报的数据的代数和是否与“总计”一行填写的数值相同，截取某单位综合表 1 的部分数据，如表 13-2 所示。

表 13-2　某区上报综合表 1 的部分数据

部门名称	代码	公共机构数量	用地面积	建筑面积	用能人数	其中 编制人数
		个	万平方米	万平方米	人	人
甲	乙	1	2	3	4	5
某区总计	01	80	19.31	65.51	25678	8532
本级	02	6	1.22	4.18	2068	699
某乡镇教育局	03	8	3.59	8.77	4558	879
某乡镇卫生局	04	10	1.08	9.52	5132	840
某乡镇文化局	05	9	1.83	7.22	4097	771
某乡镇体育局	06	5	1.29	3.19	2132	606
某乡镇事业单位	07	36	9.58	28.62	9542	4138
某乡镇团体组织	08	6	1.33	4.01	2569	599

表 13-2 显示，“用地面积”及“用能人数”两项，各下属机构的数据累加求和值分别为：

（1）用地面积：1.22+3.59+1.08+1.83+1.29+9.58+1.33=19.92；

（2）用能人数：2068+4558+5132+4097+2132+9542+2569=30098。

上述两项计算结果均与数据总计不相等，需要该区对自己的综合 1 表进行数据的重新计算，确定是下属单位数据填写有误还是总量计算有误，确认后进行数据修改重新上报。

2. 综合表 2 数值核验

综合表 2 的数值核验主要为不同类型公共机构的数据的代数和是否与“总计”一列填写的数值相同。仍以上述单位为例，截取该单位综合表 2 的部分数据，如表 13-3 所示。

表 13-3　某区上报综合表 2 的部分数据

指标名称	计量单位	代码	合计	国家机关	事业单位							团体组织
					小计	教育	科技	文化	卫生	体育	其他	
甲	乙	丙	1	2	3	4	5	6	7	8	9	10
公共机构数量	个	100	80	14	60	12	4	10	12	8	14	6
用地面积	万平方米	101	19.31	3.77	14.21	4.11	1.06	2.22	2.39	2.12	2.31	1.33
建筑面积	万平方米	102	65.71	14.47	47.23	11.05	3.38	8.21	10.33	5.73	8.53	4.01
用能人数	人	103	25678	7680	15629	4704	1232	1982	4421	1266	2024	2569
其中：编制人数	人	1031	8532	1741	6192	1354	460	945	1477	945	1011	599
车辆总量	辆	104	148	29	109	32	10	10	26	6	25	10
其中：汽油车数量	辆	1041	102	22	73	18	5	9	15	6	20	7
柴油车数量	辆	1042	36	5	28	12	1	0	11	0	4	3
新能源汽车数量	辆	1043	9	2	7	2	3	1	0	0	1	0

表 13-3 显示，科技类事业单位中上报的车辆总量为 10，而汽油车、柴油车及新能源汽车总和为 9，数据不对应，导致事业单位小计及合计两项数值均存在车辆总量与分项不匹配的情况。另外，用能人数合计为 25678，但国家机关、事业单位小计及团体组织三项总和为 25878，数据间存在不平衡情况，需要该区对自己的综合 2 表进行数据的重新计算。

二、多表格报表平衡核验

1. 综合表 1 及综合表 2 间的总量平衡核验

多表格报表平衡核验主要为综合 1 表及综合 2 表汇总的数据之间数值是否能

够对应。根据上文中表 13-2、表 13-3 的数据情况，进行综合表 1 及综合表 2 的数值合计数据对比，如表 13-4 所示。

表 13-4　综合表 1 及综合表 2 间数据对照

指标名称	计量单位	代码	综合表 1	综合表 2
甲	乙	丙	1	2
公共机构数量	个	100	80	80
用地面积	万平方米	101	19.31	19.31
建筑面积	万平方米	102	65.51	65.71
用能人数	人	103	25678	25678
其中：编制人数	人	1031	8532	8532

表 13-4 显示，该区上报的综合表 1 中建筑面积为 65.51 万平方米，而综合表 2 中上报的建筑面积为 65.71 万平方米，两项数值不相等，不同报表间的数据存在不平衡情况，需要该区对自己的综合 1 表及综合 2 表进行数据的重新计算，确定是下属单位数据填写有误还是某个报表中的总量计算有误，确认后进行数据修改重新上报。

2. 综合表 1 与综合表 3 的平衡核验

综合表 1 与综合 3 的平衡核验比较简单，主要是数值间有包含关系，及综合表 3 上报的总用电量不应大于综合表 1 中用电量数值，原则上应该小于，如有特殊情况需要特别说明。

3. 综合表 1 与综合表 4 的平衡核验

综合表 1 与综合表 4 的平衡核验主要为建筑面积与供暖面积间的数值平衡验证，要求综合表 4 中上报的采暖面积小于等于综合表 1 中的建筑面积。同时，综合表 4 中的各类能源资源消费量不应大于综合表 1 中同种能源资源的消费总量，原则上应该小于，如有特殊情况需要特别说明。

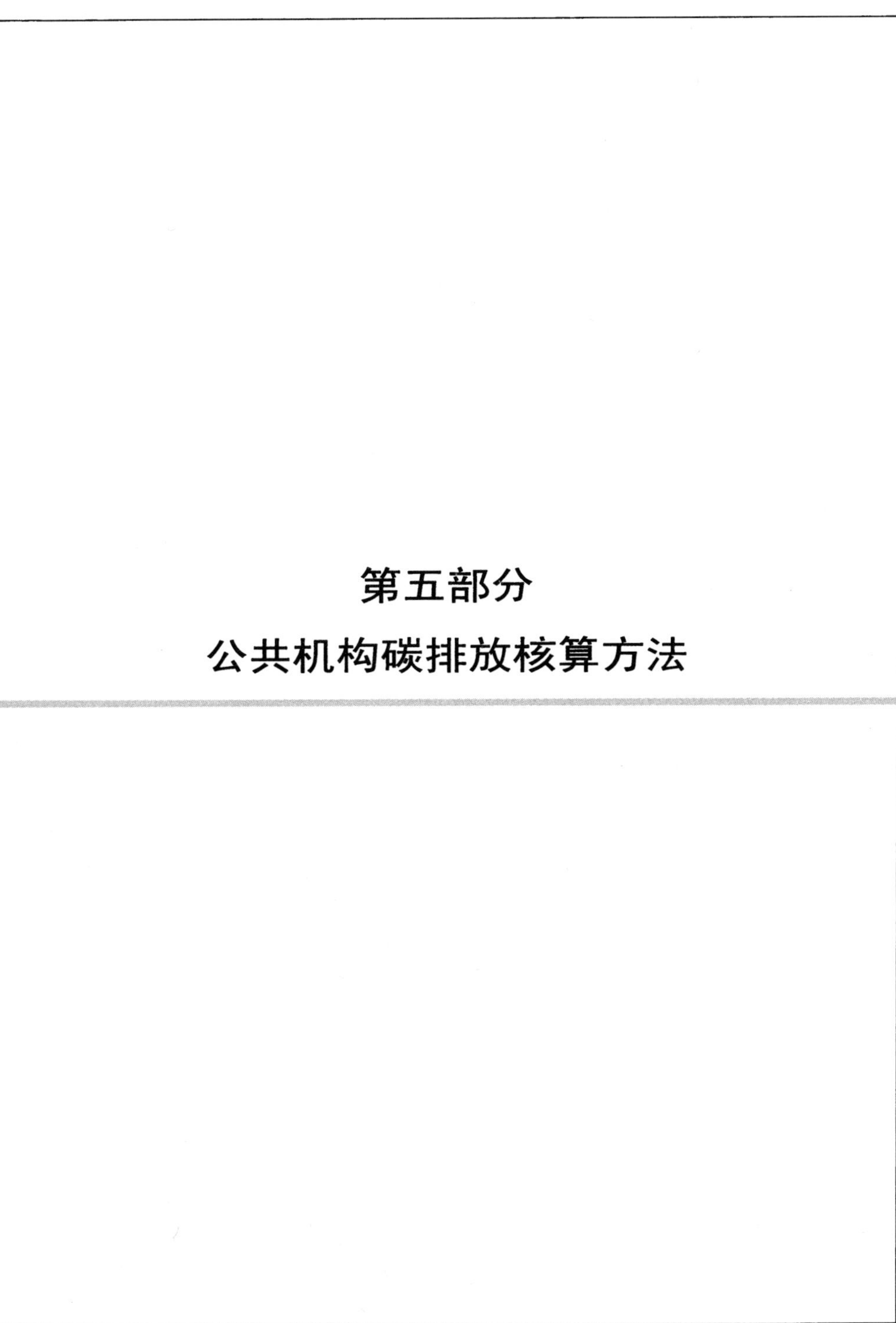

第五部分

公共机构碳排放核算方法

第十四章

公共机构碳排放核算基础知识

第一节　温室气体基础知识

一、温室效应

太阳以电磁波（主要以可见光的形式）向地球辐射能量，其中一部分在到达地球表面以前即被反射回宇宙空间，一部分被大气层所吸收，一部分则穿过大气层到达地面。地球在接收了太阳能以后以长波的形式向外辐射，向外辐射的能量一部分被大气层吸收，一部分辐射到宇宙空间，另有一部分则返回地表。正是由于大气层中存在水汽、CO_2 等强烈吸收红外线的气体成分，并且这些气体成分能使太阳光透过，吸收地面向空间发射的辐射，因此目前地表温度保持在平均 15℃。大气层起到了类似“温室”的作用，大气层的这种作用就被称为“温室效应”。大气温室效应的强弱与温室气体的浓度相关。

二、温室气体

温室气体指大气层中能够吸收和重新放出红外辐射的自然的和人为的气体。大气中温室气体包括水汽、二氧化碳（CO_2）、甲烷（CH_4）、氧化亚氮（N_2O）、臭氧（O_3）、氟利昂或氯氟烃类化合物（CFCs）、氢代氯氟烃类化合物（HCFCs）、氢氟碳化物（HFCs）、全氟碳化物（PFCs）、六氟化硫（SF_6）等，其中 CO_2、CH_4、N_2O、和 O_3 是自然界中本来就存在的成分，而 CFCs、HCFCs、HFCs、PFCs 和 SF_6 则完全是人类活动的产物。

（1）二氧化碳（CO_2）。全球碳循环主要是以 CO_2 的形式在生物圈、海洋和大气圈中进行。工业革命前的几千年的时间里，大气中的 CO_2 浓度平均值约为 280ppmv（1ppmv=10^{-6}，即百万分之一体积单位），变化幅度大约在 10ppmv 以内。工业革命之后，碳循环平衡被破坏，大气中 CO_2 浓度增加，1995 年大气中的 CO_2

浓度达到 360ppmv。主要是由于森林遭到大规模破坏，CO_2 的生物汇在不断减少，加之煤炭、石油和天然气等化石燃料的消费一直在增加，而海洋和陆地生物圈并不能完全吸收多排放到大气中的 CO_2，从而导致大气中的 CO_2 浓度不断增加。每年排放到大气中的 CO_2 约有 50%留在大气中。CO_2 的产生和消除涉及的主要领域包括能源、交通、居住、商业、燃料逸出性排放、农业、林业、土地利用等。

（2）甲烷（CH_4）。甲烷是大气中含量丰富的有机气体，主要来自于地表，可分为人为源和自然源。人为源包括天然气泄漏、石油煤矿开采及其他生产活动、热带生物质燃烧、反刍动物、城市垃圾处理场、稻田等。甲烷的产生和消除领域主要包括废物处理、农业、燃料逸出性排放、与能源相关或无关的工业、土地变化和林业等。

（3）氧化亚氮（N_2O）。N_2O 通常用作麻醉剂并被称为笑气，目前在大气中的浓度约是 0.3ppmv，每年增加 0.25%左右。N_2O 在大气中唯一的汇是在平流层光解成 NO_x，进而转化成硝酸或硝酸盐而通过干、湿沉降过程被清除出大气。由于 N_2O 是平流层 NO_x 的主要源，因而它对平流层 O_3 的光化学过程极其重要。大气 N_2O 均来源于地面排放，但各种源的强度目前仍很不确定。自然源主要包括海洋以及温带、热带的草原和森林生态系统，人为源主要包括农田生态系统、生物质燃烧和化石燃烧、己二酸以及硝酸的生产过程。N_2O 的产生和排放涉及多领域，主要包括工业、农业、交通、能源生产和转换、土地变化和林业等。

（4）氢氟碳化物（HFCs），氟利昂（CFCs）是人造化学物质。由于它们在室温下就可以汽化，同时具有无毒和不可燃的特性，所以被用于制冷设备和气溶胶喷雾罐。同时，由于它们的化学性质不活泼，在被破坏之前会在大气中滞留很长时间——100 年乃至 200 年。它们在大气中的含量虽然不大，但却足以引起严重的气候环境问题。当氟利昂进入平流层后受到紫外线辐射产生光解，产生氯原子，这些氯原子迅速与臭氧反应，将其还原为氧，从而加快臭氧的破坏速率。这一过程以催化循环的方式出现，以致一个氯原子可以破坏许多臭氧分子。由于使用氟利昂的这些严重后果，引起了世界各国政府的高度重视并已采取一系列行动。许多国家已经签署了 1987 年制定的《关于消耗臭氧层物质的蒙特利尔议定书》，要求工业化国家在 1996 年、发展中国家在 2006 年完全停止氟利昂的生产。氢氟碳化物（HFCs）的排放源较为简单，主要来自工业生产。

（5）全氟碳化物（PFCs）。PFCs 主要包括 CF_4、C_2F_6 及 C_4F_{10} 三种物质，其中 CF_4 占绝大部分，C_4F_{10} 的量很少。铝生产过程是最大的 CF_4、C_2F_6 排放源。这些排放主要是在冶炼过程中当炉中的铝土浓度减少时由阳极效应产生的，排放出的主要产物是 CF_4，而 C_2F_6 的排放相当于 CF_4 的 1/10。其他过程中的排放量很小。

（6）六氟化硫（SF_6）。SF_6 全部是人为产物，SF_6 所具有的阻止高温熔化态的铝镁被氧化的特性使其大量应用于铝镁冶炼，SF_6 的另一用途是做气体绝缘体及高压转换器用于电力行业。

（7）二氧化碳当量（CO_2e）。在辐射强度上与某种温室气体质量相当的二氧化碳的量。

（8）排放源。向大气中排放温室气体、气溶胶或温室气体前体的任何过程或活动，如化石燃料燃烧活动，主要是向大气排放温室气体。

（9）吸收汇。从大气中清除温室气体、气溶胶或温室气体前体的任何过程、活动或机制，如森林的碳吸收活动，主要是从大气吸收温室气体。

三、气候变化公约

《联合国气候变化框架公约》，简称《公约》，于 1992 年 5 月 9 日联合国通过，是第一个全面控制二氧化碳等温室气体排放以对付全球变暖给人类经济和社会带来不利影响的公约。1992 年 6 月，在巴西里约热内卢召开的联合国环境与发展大会期间，《公约》正式开放签署，153 个国家和欧洲共同体签署了《公约》。1992 年 6 月，中国政府签署了《公约》，同年底，全国人大常委会审议并批准了《公约》，我国成为该公约最早的 10 个缔约方之一。公约的目标是：将大气中温室气体的浓度稳定在防止气候系统受到危险的人为干扰的水平上。这一水平应当在足以使生态系统能够自然地适应气候变化、确保粮食生产免受威胁，并使经济能够可持续进行的时间范围内实现。

温控 2℃目标。在 1996 年 6 月 25 日的欧盟委员会卢森堡会议上第一次提出将全球平均升温幅度控制在 2℃以内。IPCC 第五次评估报告认为升温 2℃对应的二氧化碳当量浓度不应超过 450ppm。为避免升温幅度超过 2℃，到 2020 年全球温室气体排放总量不应超过 440 亿吨二氧化碳当量/年。

第二节 不同层面的温室气体排放核算

温室气体排放核算类型按核算的范围和主体可以分为国家层面、地区层面、企业层面和项目层面四个类型。其中，温室气体清单是对一定区域内人类活动排放和吸收的温室气体信息的全面汇总，相应地，省级温室气体清单是对省级区域内人类活动排放和吸收的温室气体信息的全面汇总。

一、国家温室气体排放核算

在我国，从国家层面来看，温室气体排放核算主要是核算国家温室气体清单，是国家信息通报制度的重要内容之一。

为有效应对全球气候变化，根据《公约》规定，每一个缔约方都有义务提交本国的信息通报，内容包括温室气体排放源与吸收汇的国家温室气体清单、履行《公约》义务所采取的措施和将要采取措施的总体描述。同时，根据2010年和2011年《公约》缔约方大会的决定，非附件一缔约方从2014年开始每两年提交一次“两年更新报告”，内容主要是国家温室气体清单、减缓行动、对资金技术和能力建设的需求及已得到的支持等信息。中国作为《公约》非附件一缔约方，已分别于2004年12月及2012年11月向《公约》缔约方大会提交了《中华人民共和国气候变化初始国家信息通报》和《中华人民共和国气候变化第二次国家信息通报》，报告了既定年份的国家温室气体清单，并向国际社会全面反映了中国应对气候变化的政策与行动。

国家温室气体排放范围包括能源活动、工业生产过程、农业活动、土地利用变化和林业、废弃物处理等五大领域，涉及的温室气体包括二氧化碳、甲烷、氧化亚氮、氢氟碳化物、全氟化碳、六氟化硫等六种温室气体。2005年中国温室气体排放总量约为74.67亿吨二氧化碳当量，其中二氧化碳、甲烷、氧化亚氮和含氟气体所占的比重分别为80.03%、12.49%、5.27%和2.21%，土地利用变化和林业部门的温室气体吸收汇约为4.21亿吨二氧化碳当量（表14-1）。扣除温室气体吸收汇后，2005年中国温室气体净排放总量约为70.46亿吨二氧化碳当量，其中二氧化碳、甲烷、氧化亚氮和含氟气体所占的比重分别为78.82%、13.25%、5.59%和2.34%。从排放种类看，排放量最大的是CO_2；从排放领域看，排放量最大的是能源活动。能源活动中化石燃料燃烧的排放占绝大部分。

表14-1　2005年中国温室气体排放总量　　（单位：吨二氧化碳当量）

	二氧化碳	甲烷	氧化亚氮	氢氟碳化物	全氟化碳	六氟化硫	合计
温室其他排放总量	597557	93282	39370	14890	570	1040	746709
能源活动	540431	32403	4030				576864
工业生产过程	56860		3410	14890	570	1040	76770
农业活动		52857	29140				81997
废弃物处理	266	8022	2790				11078
土地利用变化与林业	–42153	66	7				–42080
温室气体净排放总量（扣除土地利用变化与林业）	555404	93348	39377	14890	570	1040	704629

为深入贯彻落实科学发展观，积极应对全球气候变化，建立和完善温室气体排放基础统计制度，加强应对气候变化统计工作，2013 年国家发改委和国家统计局联合发布《关于加强应对气候变化统计工作的意见》。针对应对气候变化工作的新形势和对统计工作提出的新要求，结合我国的基本国情和现有统计基础，科学设置反映气候变化特征和应对气候变化状况的统计指标，综合反映我国应对气候变化的努力和成效，建立健全覆盖能源活动、工业生产过程、农业、林业、废弃物处理等领域的温室气体基础统计和调查制度，改善温室气体清单编制和排放核算的统计支撑，不断提高应对气候变化统计能力，为建立我国控制温室气体排放的目标责任和评价考核制度，推动建立公平合理的国际“可测量、可报告和可核实”制度奠定坚实的基础。应对气候变化统计指标体系，包括气候变化及影响、适应气候变化、控制温室气体排放、应对气候变化的资金投入以及应对气候变化相关管理等 5 大类，涵盖 19 个小类、36 项指标，同时提出了完善温室气体排放基础统计责任分工（表 14-2）。

表 14-2 温室气体基础统计责任分工

领域	责任单位	统计工作
能源	国家统计局、国家能源局	增加能源品种指标，修改完善能源平衡表
	国家统计局	完善工业企业能源统计报表制度
		完善建筑业能源消费统计
		完善服务业企业能源消费统计
		建立道路运输、水上运输企业能源消费统计调查制度
	国家机关事务管理局	完善公共机构能源消费及相关统计
	交通部	加强交通运输重点联系企业能源消费监测设计
工业	国家统计局	增加工业产品产量统计
	环境保护部	增加含氟气体生产、进出口和消费统计
	国家能源局、国家安全生产监督管理局	完善煤炭生产企业瓦斯排放及利用统计与调查
	中国石油和化学工业联合会	加强石油天然气生产企业放空气体排放统计与调查
	中国电力企业联合会	健全火力发电企业相关统计与调查
	中国钢铁工业协会	健全钢铁企业相关统计与调查
农业	国家统计局	完善农田播种面积统计调查
		完善畜牧业养殖数量统计调查
	农业部	开展主要农作物特性专项调查
		开展畜牧业生产特性专项调查
		开展畜禽饲养粪便处理方式专项调查

续表

领域	责任单位	统计工作
林业	国家林业局	完善森林灾害统计
		开展林地单位面积生物量、年生长量调查
		加强林地转化监测统计
		开展森林生长和固碳特征综合调查
废弃物处理	住房和城乡建设部	完善城市固体废弃物处理统计调查
	环境保护部、住房和城乡建设部	完善污水排放和处理统计调查

目前，中国年 CO_2 排放世界第一，人均排放量低，历史累计排放量低。中国2008年化石能源燃烧 CO_2 排放65亿吨，占全球排放22%，超过美国（56亿吨），比欧盟27国排放高1/3；人均 CO_2 排放4.6吨，略高于全球平均水平（4.4吨），是欧盟的1/2，不足美国的1/4。2013年，中国 CO_2 排放100亿吨，超过欧盟和美国的总和。1870～2013年，中国143年 CO_2 排放总量不到美国50%。

指南共包括七章内容，第一至五章分别为能源活动、工业生产过程、农业、土地利用变化和林业及废弃物处理等五个领域的清单编制指南，每章主要内容包括：排放源界定、排放量估算方法、活动水平数据收集、排放因子确定、排放量估算、统一报告格式等；第六章为不确定性，主要介绍基本概念、不确定性产生的原因以及减少不确定性和合并不确定性的方法等；第七章为质量保证和质量控制，主要内容包括质量控制程序和质量保证程序以及验证、归档、存档和报告等。指南同时还给出了温室气体清单编制基本概念、省级温室气体清单汇总表和温室气体全球变暖潜势等三个附录，供清单编制人员参考。省级温室气体清单指南给出的温室气体种类包括二氧化碳、甲烷、氧化亚氮、氢氟碳化物、全氟化碳和六氟化硫等六种气体，主要用于指导编制2005年省级温室气体清单。

2010年，辽宁、云南、浙江、陕西、天津、广东和湖北等7个省市被选为省级温室气体清单编制试点地区，全面开展2005年省级温室气体排放的摸底估算工作。目前，7个试点省市已完成了2005年能源活动、工业生产过程、农业、土地利用变化与林业、废弃物处理等五个领域和清单总报告的撰写工作，其他24个省区市也在中国清洁发展机制基金的支持下启动了2005年省级清单编制研究工作。

二、地区单位二氧化碳排放强度核算

根据《国务院办公厅关于印发“十二五”控制温室气体排放工作方案重点工

作部门分工的通知》和《国家发展改革委关于印发“单位国内生产总值二氧化碳排放降低目标责任考核评估办法”的通知》，国家对省级人民政府年度单位国内生产总值二氧化碳排放降低目标进行考核评估。

综合考核评估报告的主要内容包括：单位国内生产总值二氧化碳排放降低目标完成总体情况、“十二五”前四年单位国内生产总值二氧化碳排放降低目标完成进度；各地区单位地区生产总值二氧化碳排放指标降低情况、各地区考核评估分数、考核评估等级、综合考核评估结论；存在的主要问题和建议等。

以 2014 年度考核为例。二氧化碳排放指化石燃料燃烧过程中产生的排放量，如煤炭、油品、天然气等，同时核算电力排放。其中单位化石燃料燃烧产生的二氧化碳排放，理论上随着燃料质量、燃烧技术以及控制技术等因素的变化每年应该有所差异，考虑到年度数据获取的滞后性以及可比性，核算各省二氧化碳排放的排放因子数据采用 2005 年国家温室气体清单的初步数据。电力需要核算调入调出的电力蕴含的排放，调入或调出电量数据可从各省电力公司、能源平衡表或电力平衡表获得和核证，并以千瓦时为单位。对于调入电量，应明确本地区外购电力所属省级电网，并采用相应的省级电网平均二氧化碳排放因子；对于调出电量，应采用本省的省级电网平均二氧化碳排放因子。在核算 2013 年和 2014 年电力调入调出蕴含的排放量时，采用 2012 年相应省级电网平均二氧化碳排放因子数据（表 14-3）。

表 14-3 省级节能减排目标考核中二氧化碳排放核算数据表格

项目		单位	2013 年	2014 年	数据来源和责任单位
地区生产总值指数（2010 年为 100）					
地区生产总值（按 2010 年价格计算）		亿元			
煤炭消费量		万吨标准煤			
煤炭消费产生的二氧化碳排放量		万吨二氧化碳			
油品消费量		万吨标准煤			
油品消费产生的二氧化碳排放量		万吨二氧化碳			
天然气消费量		万吨标准煤			
天然气消费产生的二氧化碳排放量		万吨二氧化碳			
外省调入电力量		千瓦时			
	省级电网 1	千瓦时			
	省级电网 2	千瓦时			
	……	千瓦时			

续表

项目	单位	2013 年	2014 年	数据来源和责任单位
外省电力调入蕴含的二氧化碳排放量	万吨二氧化碳			
本省电力调出量	千瓦时			
本省电力调出蕴含的二氧化碳排放量	万吨二氧化碳			
信息项				
本地区 2014 年度碳排放增量占该地区 2014～2015 年碳排放增量控制目标的比例	%	——		

三、企业（单位）层面温室气体排放核算

目前我国在企业（单位）层面开展的温室气体排放核算主要是国家启动的碳交易试点开展的碳交易覆盖企业的温室气体排放核算工作以及为全国碳市场作数据准备的国家重点企业温室气体排放报送工作。

1. *碳交易试点企业温室气体排放核算*

我国在“十二五规划纲要”中明确提出逐步建立全国碳排放交易市场，建立利用市场机制应对气候变化的有效途径，使控制温室气体排放从单纯依靠行政手段逐渐向更多地依靠市场力量转化。为此，国家发改委于 2011 年 10 月底，批准北京市、天津市、上海市、重庆市、湖北省、广东省及深圳市等七省市开展碳排放权交易试点工作，并提出 2013～2015 年为试点阶段，先行先试。

碳交易是一项高级、复杂的环境管理机制，组成要素包括政策法规、总量目标、碳排放配额分配、登记注册系统、碳排放核算报告与核查（MRV）、遵约机制、抵消机制、交易机制、监督管理等诸多环节。其中 MRV 是碳交易的技术基础和核心，是实现碳排放配额可追溯性、透明性、可交易性和准确性的重要保障，是碳排放配额分配和衡量企业遵约的重要基础。为此，各试点地区根据碳交易体系确定的覆盖范围，均开发了分行业的温室气体排放核算方法指南（表 14-4）或地方标准，规范了排放量的测量和报告方法和形式，确定了行业定义、排放计算边界、监测计划、参数选取、数据测量方法、质量控制等方面的内容。

表 14-4 碳交易试点发布的企业温室气体排放核算方法指南

文件名称	发文形式
《北京市企业（单位）二氧化碳排放核算和报告指南》	政府文件
《上海市温室气体排放核算与报告指南（试行）》	政府文件
天津市行业企业碳排放核算指南（试行）（钢铁、电力热力、炼油和乙烯、化工、其他 5 个指南） 《天津市企业碳排放报告编制指南（试行）》	政府文件

续表

文件名称	发文形式
《重庆市企业碳排放核算、报告和核查细则》 《重庆市工业企业碳排放核算和报告指南（试行）》	政府文件
《广东省企业碳排放信息报告与核查实施细则（试行）》 《广东省企业（单位）二氧化碳排放信息报告指南（试行）》（通则及火力发电、水泥、钢铁、石化 4 个指南）	政府文件
深圳：《建筑物温室气体排放的量化和报告规范及指南（试行）》 《组织的温室气体排放量化和报告规范及指南》 《组织的温室气体排放核查规范及指南》 《公交、出租车企业温室气体排放量化和报告规范及指南》	地方标准
《湖北省工业企业温室气体排放监测、量化和报告指南（试行）》	政府文件

2. 重点企业温室气体排放报送制度

为贯彻落实十二个五年规划纲要和《国务院关于印发“十二五”控制温室气排放工作方案的通知》的要求，实行重点企（事）业单位温室气体排放报送制度，为落实我国控制温室气体排放行动目标、加快生态文明制度建设奠定基础，2014 年国家发展改革委组织开展重点企（事）业单位温室气体排放报告工作，报告的责任主体为：2010 年温室气体排放达到 13000 吨二氧化碳当量，或 2010 年综合能源消费总量达到 5000 吨标准煤的法人企（事）业单位，或视同法人的独立核算单位。省级应对气候变化主管部门对通过评估核查的报告数据进行汇总，在每年 6 月 30 日前将本地区重点单位温室气体排放情况汇总报告上报国家发改委。

报告主体温室气体排放具体的核算方法参照国家发展改革委印发的行业企业温室气体排放核算方法与报告指南。截至 2015 年年底，国家发改委共发布了 24 个行业企业的温室气体排放核算方法与报告指南，其中 10 个以国家标准形式发布（表 14-5）。指南内容包括适用范围、引用文件、术语和定义、核算边界、核算方法、质量保证和文件存档以及报告内容等。

表 14-5　国家发布的 24 个行业企业温室气体排放核算指南

序号	适用范围	核算气体	排放源
1	发电企业	二氧化碳	化石燃料燃烧排放、脱硫过程排放以及净购入使用电力排放
2	电网企业	二氧化碳和六氟化硫	使用六氟化硫的设备的修理和退役过程以及输配电损失引起的排放
3	钢铁生产企业	二氧化碳	燃料燃烧排放、工业生产过程排放、电力、热力调入调出产生的排放和固碳产品隐含的二氧化碳排放
4	化工生产企业	二氧化碳以及硝酸、己二酸生产过程的氧化亚氮排放	燃料燃烧排放、工艺过程排放、CO_2 回收利用以及净购入的电力和热力消费引起的排放

续表

序号	适用范围	核算气体	排放源
5	电解铝生产企业	二氧化碳和全氟化碳	燃料燃烧排放、能源作为原材料用途的排放、工业生产过程排放、净购入的电力和热力消费引起的排放
6	镁冶炼企业	二氧化碳	燃料燃烧排放、能源作为原材料用途的排放、工业生产过程排放、净购入的电力和热力消费引起的排放
7	平板玻璃生产企业	二氧化碳	燃料燃烧排放、工业生产过程排放、净调入使用的电力和热力相应的生产环节的排放等
8	水泥生产企业	二氧化碳	燃料燃烧排放、工业生产过程排放、净调入使用的电力和热力相应的生产环节的排放等
9	陶瓷生产企业	二氧化碳	化石燃料燃烧排放、工业生产过程排放、净购入生产用电蕴含的排放
10	民用航空企业	二氧化碳	燃料燃烧排放以及净购入使用电力和热力的排放
11	石油天然气生产	二氧化碳和甲烷	燃料燃烧 CO_2 排放、火炬燃烧 CO_2 和 CH4 排放、工艺放空 CO_2 和 CH_4 排放、设备泄漏 CH_4 逃逸排放、CH_4 回收利用量、CO_2 回收利用量以及净购入电力和热力隐含的 CO_2 排放
12	石油化工企业	二氧化碳	化石燃料燃烧 CO_2 排放、火炬燃烧 CO_2 排放、工业生产过程 CO_2 排放、CO_2 回收利用量以及净购入电力和热力隐含的 CO_2 排放
13	独立焦化企业	二氧化碳	燃料燃烧 CO_2 排放、工业生产过程 CO_2 排放、CO_2 回收利用量以及净购入电力和热力隐含的 CO_2 排放
14	煤炭生产企业	二氧化碳和甲烷	燃料燃烧 CO_2 排放、火炬燃烧 CO_2 排放、甲烷（CH_4）和 CO_2 逃逸排放以及净购入电力和热力隐含的 CO_2 排放
15	造纸和纸制品生产企业	二氧化碳和甲烷	化石燃料燃烧排放，外购并消耗的石灰石（主要成分为碳酸钙）发生分解反应导致的二氧化碳排放，及净购入电力和热力隐含的 CO_2 排放，废水厌氧处理的甲烷排放
16	其他有色金属冶炼和压延加工业	二氧化碳和甲烷	化石燃料燃烧排放、过程排放、废水厌氧处理排放以及净购入使用电力、热力的排放
17	电子设备制造企业	二氧化碳、氢氟碳化物、全氟化碳、六氟化硫和三氟化氮	化石燃料燃烧排放、工业生产过程排放以及净购入电力、热力所产生的排放
18	机械设备制造企业	二氧化碳、氢氟碳化物、全氟化碳、六氟化硫	化石燃料燃烧排放、工业生产过程排放以及净购入电力、热力所产生的排放
19	矿山企业	二氧化碳	化石燃料燃烧 CO_2 排放、碳酸盐分解的 CO_2 排放、碳化工艺吸收的 CO_2 量以及企业净购入电力和热力隐含的 CO_2 排放
20	食品、烟草及酒、饮料和精制茶	二氧化碳和甲烷	化石燃料燃烧排放、工业生产过程排放、废水厌氧处理排放及净购入使用电力、热力排放
21	公共建筑运营企业	二氧化碳	化石燃料燃烧产生的 CO_2 排放，外购的电力和热力等引起的排放
22	陆上交通运输企业	二氧化碳、甲烷和氧化亚氮	燃料燃烧产生的二氧化碳、甲烷和氧化亚氮排放，运输车辆使用尿素等尾气净化剂产生的二氧化碳排放和企业净购入电力、热力隐含的二氧化碳排放

续表

序号	适用范围	核算气体	排放源
23	氟化工企业	二氧化碳、三氟甲烷、氢氟碳化物、全氟碳化物以及六氟化硫	化石燃料燃烧 CO_2 排放、一氯二氟甲烷（HCFC-22）生产过程三氟甲烷（HFC-23）排放、销毁的 HFC-23 转化的 CO_2 排放、氢氟碳化物（HFCs）、全氟碳化物（PFCs）以及六氟化硫（SF_6）生产过程 HFCs/PFCs/SF6 副产物及逃逸排放以及企业净购入的电力和热力隐含的 CO_2 排放
24	工业其他行业企业	二氧化碳和甲烷	化石燃料燃烧 CO_2 排放、碳酸盐使用过程 CO_2 排放、工业废水厌氧处理 CH_4 排放、CH_4 回收与销毁量、CO_2 回收利用量以及企业净购入的电力和热力隐含的 CO_2 排放

备注：其中 1～10 以国家标准形式发布

四、项目层面的温室气体减排量核算

项目层面的温室气体排放核算主要是核算项目产生的减排量，在我国主要应用于清洁发展机制（CDM）项目和温室气体自愿减排项目（CCER）中。目前，随着国际 CDM 减排量价格的持续下跌，CDM 项目开发已接近停滞，国内减排项目开发转向 CCER 项目开发。

2012 年 6 月，国家发改委制定出台了《温室气体自愿减排交易管理暂行办法》，对 CCER 项目进行管理。目前，我国 CCER 项目开发已确定了能源工业等 16 个专业领域（表 14-6）。

表 14-6　温室气体自愿减排项目专业领域划分

序号	专业领域
1	能源工业（可再生能源/不可再生能源）
2	能源分配
3	能源需求
4	制造业
5	化工行业
6	建筑行业
7	交通运输业
8	矿产品
9	金属生产
10	燃料的飞逸性排放（固体燃料，石油和天然气）
11	碳卤化合物和六氟化硫的生产和消费产生的飞逸性排放
12	溶剂的使用
13	废物处置

续表

序号	专业领域
14	造林和再造林
15	农业
16	碳捕获与储存

项目减排量的核算是通过项目方法学完成的，方法学是用于确定项目基准线、论证额外性、计算减排量、制定监测计划等的方法指南。其中，基准线是一种假设情景，代表在不开展拟议项目活动的情况下的温室气体排放量。目前，我国已经公布了 4 批共计 181 个 CCER 项目方法学。

以开发建筑照明减排的 CCER 项目为例，现有《CMS-013-V01 在建筑内安装节能照明和/或控制装置》方法学，适用下列建筑物内实施的项目：

（1）使用更节能的灯具、灯和/或镇流器替代现有的照明器材、灯和/或镇流器。

（2）永久性拆除附带或不带反光镜的照明器材；

（3）安装照明控制系统，如室内感应器或定时器，以减少电灯照明时间。项目边界是实施项目活动的整座建筑物，包括其供暖和空调系统。

根据以下相关的净节能量来计算减排量：

（1）照明节电量乘以所替代电量的排放因子；

（2）由于交互影响，建筑物采暖和/或空调所需化石燃料和/或电力的减少或增加量乘以对应的排放因子。

第十五章

公共机构碳排放核算范围

确定公共机构碳排放的核算范围，核心是确定“算”与“不算”的问题。具体来讲，包括三个方面：第一是“算谁的”，即把哪些主体纳入核算范围中；第二是“算什么”，即把哪些温室气体纳入核算范围内；第三是“算哪些”，即把哪些能源品种纳入温室气体排放的核算范围内。

第一节　核算主体范围确定

确定核算主体范围，要基于协调一致原则和可操作性原则，一方面要与现行公共机构能源资源消费统计制度规定的主体范围相协调，另一方面要考虑可操作性，对一些不具备条件进行划分的主体进行简化处理。

参考公共机构能源资源消费统计制度的规定，公共机构碳排放核算主体应与公共机构能源资源消费统计制度的填报主体严格一致，即公共机构碳排放的核算主体为中央和国家机关及所属公共机构以及各省区市行政所属公共机构。上述公共机构是指全部或者部分使用财政性资金的国家机关、事业单位和团体组织，其中国家机关包括党的机关、人大机关、政府机关、政协机关、审判机关、检察机关等；事业单位包括全部或部分使用财政性资金的教育、科技、文化、卫生、体育等事业单位及国家机关所属事业单位；团体组织包括全部或部分使用财政性资金的工、青、妇等社会团体和有关组织。

考虑到公共机构的所属区和管辖权的复杂性，需要对公共机构内部的部门边界进行进一步的明确和划分。以下以大学为例，对公共机构的部门边界进行说明。如图 15-1 所示，假设某大学包括 A、B、C 三个校区，其中 A、B 两个校区属同一个区域范围（如同一省），C 校区与 A、B 两个校区异地（即 C 属于不同省）。A、B、C 校区内均具备相对完善的部门，即均包括公共部门（如校长办公室）、学院、学生宿舍、食堂、澡堂、家属楼、附属中小学、幼儿园、附属医院以及小卖部等。

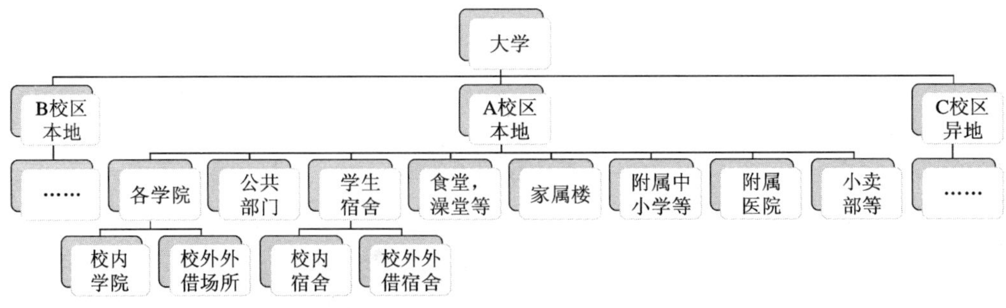

图 15-1　大学部门机构示意图

对于学校碳排放量的核算方法，我们建议应当遵照公共机构能源资源消费统计制度的权限管理原则，由最低一级法人单位核算排放量并向其直接管理部门上报核算数据。即将 A、B、C 三个校区的碳排放量核算结果进行相加，并由该学校向其上级部门上报核算数据。同时，考虑到不同地区的区域电网排放因子差别很大，为了方便未来核查碳排放数据的准确性，我们也建议将 A、B、C 三个校区的碳排放量核算结果在学校上交数据下依次列出。

对于 A 校区内的公共部门（如校长办公室）、学院、学生宿舍、食堂、澡堂、家属楼、附属中小学、幼儿园、附属医院以及小卖部等部门机构，可以按照其与学校的行政隶属关系进行分类讨论（表 15-1）：

第一类是完全隶属于学校的部门机构，如公共部门（校长办公室等）、学院、学生宿舍。这些部门一般完全包括在学校的地域范围内，但由于场地限制等原因，也存在向周边区域租借场所的情况。由于行政的完全隶属性，在核算 A 校区的碳排放量时，这类部门的排放量均需计入 A 校区的排放量中。

第二类是行政上和地域上均隶属于学校，但可能出现外包的机构，如食堂、澡堂等。同样，由于行政的完全隶属性，在核算 A 校区的碳排放量时，这类部门的排放量均需计入 A 校区的排放量中。

第三类是行政上不隶属于学校，但地域上隶属于学校（或与学校接壤）的机构，如大学家属区等。由于行政的无隶属性，在核算 A 校区的碳排放量时，这类部门的排放量均不计入 A 校区的排放量中。

第四类是行政上不隶属学校，但接受学校管理（下属机构），地域上与学校接近的机构或远离学校，如校办企业、校附属中小学、校附属医院等。由于行政的无隶属性，在核算 A 校区的碳排放量时，这类部门的排放量均不计入 A 校区的排放量中。

第五类是行政上不隶属于学校，但直接为学校提供服务的机构，如小卖部等租赁机构。由于行政的无隶属性，在核算 A 校区的碳排放量时，这类部门的排放量均不计入 A 校区的排放量中。

表 15-1　学校部门机构的碳排放核算范围

序号	示例	行政隶属关系	地域关系	是否纳入核算范围
1	公共部门（校长办公室等）、学院、学生宿舍	隶属于学校	属于学校范围内或向外租借场地	是
2	食堂、澡堂	隶属于学校，但可能外包	属于学校范围内	是
3	家属区	不属于学校	属于学校范围内或与学校接壤	否
4	校办企业、附属医院、附属中小学	不属于学校，但接受学校管理	与学校接壤或远离学校	否
5	小卖部等	不属于学校	属于学校范围内或与学校接壤	否

说明：

（1）向外租借场地产生的碳排放应纳入碳排放核算范围；

（2）当家属区能源消费与学校能源消费不可拆分时，暂将其纳入碳排放核算范围，但需在备注中标注说明；

（3）小卖部能源消费与学校能源消费一般不可拆分，且消费量很小，因此不能拆分时可暂时将其纳入碳排放核算范围。

归纳起来，前两类部门机构应纳入学校的碳排放核算范围内，对于后三类部门机构，虽然与学校联系密切，但由于行政的无隶属关系，均不应计入学校的碳排放核算范围内。

但在实际调研过程中发现，学校家属楼、小卖部等机构的能源消费量及其他活动很难从学校的总量中扣除或拆分，尤其是供热部分，由于学校统一进行锅炉房供热，或从外部热力集团统一购热，这部分能源消费量统一计算，难以拆分。

因此，在这些机构的能源消费量无法拆分的情况下，考虑到可操作性，建议暂时将这些机构纳入学校的碳排放核算范围内，并且在上报数据中予以标明。同时，也应建议学校加快开展能源计量等工作，在条件具备的情况下尽量将上述机构的碳排放量予以扣除。

综上所述，公共机构碳排放的主体范围应当是中央和国家机关及所属公共机构以及各省区市行政所属公共机构。具体来讲，要将行政上完全隶属于公共机构的部门机构纳入核算范围内，主要包括公共部门（如校长办公室）、学院、学生宿舍、食堂等；要将行政上不隶属于公共机构的部门机构排除出核算范围，主要包括家属楼、附属中小学、幼儿园、附属医院以及小卖部等。在当前能源消费量无法拆分的情况下，可以暂将家属楼、小卖部等机构的排放量纳入核算范围内，但应加快推动能源计量等相关工作，在条件具备的情况下尽量将上述机构的碳排放量予以扣除。

第二节　温室气体核算种类和来源确定

公共机构排放为由于能源活动造成的 CO_2 排放，主要分为以下两个部分：一是由于公共机构固定燃烧源和车辆等移动源等相关一次能源燃烧所导致的二氧化碳直接排放；二是由于使用外购电力、热力所导致的二氧化碳间接排放。

确定公共机构的温室气体核算种类及来源，一方面要与国内外相似的碳排放统计核算体系相适应，另一方面也要根据公共机构实际情况进行适当简化处理。

一般来讲，国内外的碳排放统计核算体系均包括二氧化碳（CO_2）、甲烷（CH_4）、氧化亚氮（N_2O）、氢氟烃（HFCs）、全氟烃（PFCs）、六氟化硫（SF_6）等全部六种温室气体，它们主要来源于能源活动、工业生产过程、农业活动、土地利用变化和林业、废弃物处理等部门。进一步，为更加准确地描述温室气体的排放来源，这些方法学普遍引入了“范围”的概念。

范围一：直接温室气体排放。直接温室气体排放产生自一家公司拥有或控制的排放源，例如，公司拥有或控制的锅炉、熔炉、车辆等产生的燃烧排放；拥有或控制的工艺设备进行化工生产所产生的排放。生物质燃烧产生的直接二氧化碳排放不应计入范围一。范围一的排放包括以下四条：

（1）生产电力、热力或蒸汽。这些排放来自固定排放源的燃料燃烧，如锅炉、熔炉和涡轮机。

（2）物理或化学工艺。这些排放主要来自化学品和原料的生产或加工，如生产水泥、铝以及废物处理。

（3）运输原料、产品、废弃物和员工。这些排放来自公司拥有/控制的运输工具燃烧排放源（如卡车、火车、轮船、飞机、巴士和轿车）。

（4）无组织排放。来自有意或无意的泄漏，如设备的接缝、密封件、包装和点券的泄漏，煤矿矿井和通风装置排放的甲烷，使用冷藏和空调设备过程中产生的氢氟碳化物（HFC）排放，以及天然气运输过程中的甲烷泄漏。

范围二：外购电力和热力产生的间接温室气体排放。范围二核算一家企业所消费的外购电力和热力在生产过程中产生的温室气体排放。外购电力是指通过采购或其他方式进入该企业组织边界内的电力，范围二的排放实际上产生于电力和热力生产设施。

范围三：其他间接温室气体排放。范围三是选择性报告，考虑了所有其他间接排放。范围三的排放是一家公司活动的结果，但并不是产生于该公司拥有或控制的排放源。例如，开采和生产采购的原料、运输采购的燃料以及售出产品和服务的使用。

原则上，计算公共机构的温室气体排放量，应当涵盖上述温室气体排放的全部种类和全部来源（表 15-2）。但是在实际操作中，特别是针对我国尚未开展公共机构碳排放核算的现状，需要对上述温室气体种类和来源进行简化处理。

表 15-2　理论上公共机构主要的温室气体排放源

范畴	类别	设施/活动	排放源	排放气体
范围一：直接排放	固定设备的化石燃料燃烧	食堂，冬季锅炉，发电设备	天然气，煤，液化石油气，燃油	CO_2
	运输工具的化石燃料燃烧	公务车	汽油，柴油	CO_2
	逸散性排放	冰箱，空调，冷藏柜	制冷剂	含氟温室气体
		灭火器	CO_2	CO_2
范围二：间接排放	外购电能，热能	电力，热能等	化石燃料	CO_2
	外购蒸汽	蒸汽	化石燃料	CO_2
范围三：其他间接排放	私人交通	上下班交通	汽油，柴油	CO_2
	航空出行	出差乘坐飞机	燃油	CO_2
	纸张消耗	纸张生产	化石燃料	CO_2
	废弃物	废弃物处置	废弃物	甲烷
	其他间接排放			

原则上，公共机构温室气体排放应计算以上排放源，但在实际操作中，一些排放所占比例较小，且所需数据难以获得，因此考虑工作量和数据准确性要求，在起步阶段，本文主要考虑我国公共机构固定燃烧源和移动源造成的温室气体直接排放以及外购电力和热力等造成的间接排放，这部分的排放基本上都是由于能源活动造成的 CO_2 排放，选择这部分排放的根据主要有如下三方面：

一是要选择主要的温室气体种类。我国 2005 年的温室气体排放量计算结果表明，二氧化碳、甲烷、氧化亚氮和含氟气体占温室气体排放量总量的比重分别为 82.2%，11.1%，4.4%和 2.4%，说明二氧化碳是最主要的温室气体种类。

二是要选择主要的排放源。我国 2005 年的温室气体排放量计算结果表明，能源活动产生的碳排放是温室气体最重要的来源，占全部温室气体排放量的 72%，占全部二氧化碳排放量的 90%。国外研究成果同样证明了这一点。美国怀俄明大学（Rizan Fazily，2013）在研究中计算了 2012 学年度校园内范围一、范围二和范围三不同活动所造成的温室气体排放清单，得到的不同排放源对校园温室气体排放的贡献度（图 15-2）。其中，校园固定设备的燃烧源、交通排放（如公务车，校车等）以及冷藏设备和化学品的逸散排放和农业属于范围一排放，外购电力属于范围二排放，其他通勤和固体废弃物属于范围三排放。由于该大学中没有外购热力和蒸汽，因此没有这部分的排放数据。计算结果表明，范围一的直接排放和范围二的电力间接排放占全部排放的 95%左右，是最主要的排放源。

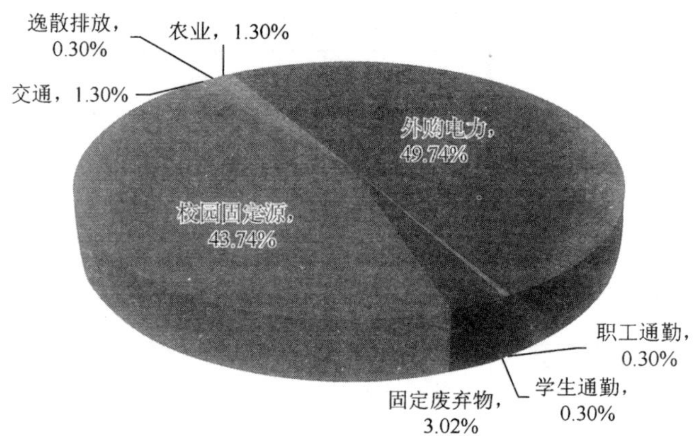

图 15-2 2012 年怀俄明大学校园温室气体排放不同排放源的贡献度

三是要基于公共机构的统计基础。我国目前仅对公共机构的能源消费进行统计，对公共机构的其他排放源，如生活垃圾（包括重量、成分、处理方式和处理比例）、通勤、乘坐飞机等情况均未开展统计。因此，考虑到现实情况，并且这些排放源产生的排放量占公共机构的排放量很小（2012 年怀俄明大学的这些排放量小于总排放量的 2%），可暂不考虑计算上述范围和排放源产生的温室气体排放。

因此综上所述，我国公共机构固定燃烧源和移动源造成的温室气体直接排放以及外购电力和热力等造成的间接排放，基本上都是由于能源活动造成的 CO_2 排放。

第三节 能源品种核算范围确定

我国国家温室气体清单参考 IPCC 的相关方法考虑了三类共 19 种燃料。固体燃料有无烟煤、烟煤、褐煤、洗精煤、其他洗煤、焦炭和型煤，液体燃料有原油、汽油、柴油、航空煤油、其他煤油、燃料油、液化石油气（LPG）、炼厂干气和其他油品，气体燃料有天然气、焦炉煤气和其他煤气。

省级温室气体清单编制指南中规定化石燃料燃烧活动分燃料品种排放源中固体燃料可以分为：煤炭、焦炭、型煤等，其中煤炭又分为无烟煤、烟煤、炼焦煤、褐煤等；液体燃料分为原油、燃料油、汽油、柴油、煤油、喷气煤油、其他煤油、液化石油气、石脑油、其他油品等；气体燃料分为天然气、炼厂干气、焦炉煤气、其他燃气等。同时，省级温室气体清单中还涉及省间电力调入调出造成的二氧化碳排放，需计算其间接排放量。

在行业企业温室气体核算中，除以上提及的固体、液体和气体燃料外，同样也要考虑外购电力和热力的温室气体排放。

公共机构核算温室气体排放量的能源品种如表 15-3 所示。

表 15-3　公共机构温室气体核算能源品种

	能源品种
公共机构能源资源消费统计制度中规定的能源品种	煤炭
	天然气
	电
	汽油
能源消费统计中涉及实际在用的其他能源品种	柴油
	液化石油气
	人工煤气
	煤油
	热力
	其他

公共机构温室气体排放核算过程中考虑的能源品种，应参考我国现有温室气体核算方法中的能源品种，但是调研中发现，公共机构能源消费统计中可获得的能源品种无法细化到这些能源品种，因此基于可操作性原则，初步核算可收集到的能源品种，下一步应在可能的基础上进一步细化能源品种。

第十六章

公共机构碳排放核算方法

第一节　公共机构碳排放核算边界

公共机构等排放主体开展相关碳排放核算的边界范围为公共机构法人所拥有或管理的建筑及车辆等相关能源消费所导致的直接排放和间接排放。直接排放包括锅炉等固定设备装置使用化石燃料所产生的二氧化碳排放以及排放主体所拥有或租赁的交通车辆在运输过程中所产生的二氧化碳排放；间接排放包括建筑因使用外购电力、热力等所导致的二氧化碳排放。

本办法中公共机构等排放主体在核算排放时不包括以下排放：排放主体所拥有建筑内部分区域对外出租经营，且承租方独立向能源供应商缴付能源费用的，该部分能源消费所导致的碳排放。

第二节　公共机构温室气体排放核算方法

报告主体进行二氧化碳排放核算和报告的完整工作流程包括以下步骤：

（1）确定核算边界；

（2）识别排放源；

（3）收集活动水平数据；

（4）选择和获取排放因子数据；

（5）分别计算燃料燃烧排放量、净购入的电力和热力消费的排放量；

（6）汇总计算机构二氧化碳排放量。

一、核算边界

根据前文公共机构核算边界的确定，公共机构在计算二氧化碳排放时应考虑其直接排放和间接排放。因此，公共机构二氧化碳排放总量应该为其直接排放量和间接排放量的总和，即《温室气体核算体系：企业核算与报告标准》中范围一和范围二排放的总和。

排放主体的二氧化碳排放总量计算如下：

$$E=E_{直接}+E_{间接} \tag{16-1}$$

式中，E 为二氧化碳排放量，单位为吨二氧化碳（tCO_2）；$E_{直接}$ 为锅炉等固定设备及车辆等移动源由于燃料燃烧产生的温室气体排放量，单位为吨二氧化碳（tCO_2）；$E_{间接}$ 为公共机构净购入的电力和热力消费的排放量，单位为吨二氧化碳（tCO_2）。

其中，直接排放主要包括化石燃料燃烧所产生的排放，间接排放包括外购电力、热力所导致的排放。具体排放类型和排放范围示例参见表 16-1。

表 16-1　排放类型和排放示例

排放类型	排放示例
直接排放	锅炉等设备燃烧天然气、柴油等化石燃料产生的排放以及拥有或租赁的交通车辆在运输过程中所产生的温室气体排放
间接排放	使用外购的电力、热力所导致的排放

二、识别排放源

（一）直接排放

作为单一部门，可参考省级温室气体清单以及各个行业企业温室气体排放核算方法中的计算过程计算公共机构的直接排放，在调研中发现公共机构可以获取原煤等燃料的热值，所以该计算方法具有可操作性，因此公共机构计算温室气体直接排放时应采取此种办法。

参考相关办法，确定公共机构计算燃料燃烧的直接排放的计算公式，如下式所示：

$$E_{直接}=\sum_{i=1}^{n}(AD_i \times EF_i) \tag{16-2}$$

式中，$E_{直接}$ 为核算和报告年度内化石燃料燃烧产生的 CO_2 排放量，单位为吨二氧化碳（tCO_2）；AD_i 为核算和报告年度内第 i 种化石燃料的活动水平，单位为百万千焦（GJ）；EF_i 为第 i 种化石燃料的二氧化碳排放因子，单位为 tCO_2/GJ；i 为化石燃料类型代号。

（二）间接排放

间接排放是指核算边界范围内排放主体因使用净外购电力、热力所导致的排放。这里的净外购是指公共机构外购的电量和热量扣除公共机构自己生产并对外上网的电量和热量，同时对于公共机构自己设备生产的电力和热力，如果由自己使用，由于已经计算为化石燃料的燃烧造成的直接排放，不再重复计算其电力和热力的间接排放量。

间接排放的计算方法主要参考省级温室气体清单编制指南、其他行业企业温室气体核算方法以及现有的建筑领域的温室气体排放核算方法，根据活动水平和排放因子进行计算。

计算公式按下式：

$$E_{间接} = AD_{电力} \times EF_{电力} + AD_{热力} \times EF_{热力} \tag{16-3}$$

式中，$E_{间接}$为净购入的电力、热力消费所对应的电力或热力生产环节二氧化碳排放量，单位为吨二氧化碳（tCO_2）；$AD_{电力}$为核算和报告年度内的净外购电量，单位为兆瓦时（MWh）；$AD_{热力}$为核算和报告年度内的净外购热量，单位为百万千焦（GJ）；$EF_{电力}$为电力消费的排放因子，单位为吨二氧化碳/兆瓦时（tCO_2/MWh）；$EF_{热力}$为热力消费的排放因子，单位为吨二氧化碳/百万千焦（tCO_2/GJ）。

三、活动水平数据获取

计算公共机构温室气体排放量需获取相关基础数据进行计算，首先是公共机构能源活动水平数据。

一次能源燃烧的活动水平是核算和报告年度内各种燃料的消费量与平均低位发热量的乘积，按下式计算。

$$AD_i = NCV_i \times FC_i \tag{16-4}$$

式中，AD_i是核算和报告年度内第i种化石燃料的活动水平，单位为百万千焦(GJ)；NCV_i是核算和报告年度内第i种燃料的平均低位发热量：对固体或液体燃料，单位为百万千焦/吨（GJ/t）；对气体燃料，单位为百万千焦/万立方米（GJ/万 Nm^3）；FC_i是核算和报告期内第i种化石燃料的净消费量：对固体或液体燃料，单位为吨（t）；对气体燃料，单位为万立方米（万 Nm^3）。

外购电力或者热力的活动水平即为核算和报告年度内净外购电量和净外购热量，其中净外购电力和热力消费是指公共机构外购的电量和热量扣除公共机构自己生产并对外上网的电量和热量以及转供电量和热量。

对于化石燃料的低位发热量，有两种方法可以获取：一是购买时测量获得，在调研中部分公共机构表示能够获知部分化石燃料的低位热值；另一个方法是在不能够测量时使用，即使用《中国温室气体清单研究》中提供的化石燃料的低位热值的缺省值进行计算，如表 16-2 所示。

表 16-2　化石燃料的低位热值缺省值

燃料品种	低位热值
天然气	38.9×10^3kJ/m^3
焦炉煤气	17.4×10^3kJ/m^3
管道煤气	15.8×10^3kJ/m^3
柴油	43.3×10^3kJ/kg
汽油	44.8×10^3kJ/kg
一般煤油	44.8×10^3kJ/kg
无烟煤	24.7×10^3kJ/kg
烟煤	23.0×10^3kJ/kg
褐煤	14.4×10^3kJ/kg
液化石油气	47.3×10^3kJ/kg
液化天然气	41.9×10^3kJ/kg

数据来源：《中国 2008 年温室气体清单研究》（国家气候变化对策协调小组办公室、国家发展和改革委员会能源研究所，2014）

而对于公共机构的化石燃料的净消费量、净外购电量以及净外购热量，其数据的获取办法主要参考国家机关事务管理局公共机构节能管理司 2013 年出台的《公共机构能源资源消费统计制度培训手册》，并参考住建部出台的《民用建筑能耗数据采集标准》（JGJ/T154-2007）以及上海市和深圳市已有的建筑领域温室气体排放核算方法。

总的来说，净消费量数据的获取方法如下：

能源的净消费量数据获取应从设有楼栋能耗计量总表（电度表、燃气表、热（冷）量表）建筑物的楼栋计量总表中采集，对于不能从楼栋能耗计量总表获得能源消费量数据的，应采取逐户调查方法，收集建筑中每一户计量表的能耗数据，同时收集建筑物的公用计量表的能耗数据，累计各户能耗和公用能耗获得建筑物的能耗数据；若没有计量仪表，化石燃料消费量数据根据核算期限内供应商针对规定边界范围内出具的月度或各批次结算账单加总获得。外购电力、热力的消耗量根据核算期限内供应商针对规定边界范围内出具的月度结算账单加总获得，如不能提供月度结算账单或按月度加总的，则按核算期初和期末相关能源计量器具的计量数据计算获得。

具体对于一些主要的能源品种，其净消费量采集和填写方式如下：

（1）电。填写统计周期内消费的总电量，电力活动水平采集方式有两种：一是从电力供应部门获取数据；二是逐户调查各用户和统计公用电耗，然后累加获得总消费数据。

（2）原煤。填写统计周期内的原煤实际消费量，根据供应商出具的各批次结算账单加总获得。

（3）天然气。填写统计周期内的天然气实际消费量，活动水平采集方式有两种：一是集中供应和使用的，由燃气公司提供能耗数据；二是分户购买、使用的，逐户调查和累加各用户消费量。

（4）汽油。汽油消费量为公务用车、其他用途车辆的汽油消费量与因冬季供暖、日常烧制饮用开水等所需的其他汽油消费量的总和。车辆汽油消费根据公车报销汽油发票累加得到，其他汽油消费量根据供应商出具的各批次结算账单加总获得。

（5）柴油。柴油消费量为公务用车、其他用途车辆的柴油消费量与因冬季供暖、日常烧制饮用开水等所需的其他柴油消费量的总和。车辆柴油消费根据公车报销柴油发票累加得到，其他柴油消费量根据供应商出具的各批次结算账单加总获得。

（6）热力。填写统计周期内的外购热力消费量，数据从热量计量装置上获取。对于未安装热量计量装置的，根据填报费用及热力站相关数据计算热力消费量。

另外，两家以上排放主体共用用电设备或锅炉等燃烧设备时，如各使用方配备单独计量装置，则应按计量确定其消费量；如各使用方无单独计量但有能源消费量分摊协议，则应按照分摊协议计算；如没有能源消费量分摊协议且没有分单位计量装置的，则计入设备拥有方的消费量。

相关计量器具应符合《GB17167-2006 用能单位能源计量器具配备和管理通则》等标准。

四、排放因子确定

（一）直接排放的排放因子

对于能源消费直接产生二氧化碳的排放因子，一般有两种计算方法：一是采取计量仪器或者物料平衡的方法实测计算某种燃料在某种实际设备的排放因子数值；另一种是通过默认缺省的单位热值含碳量和碳氧化率相乘的计算公式进行计算的。对于公共机构来说，前者计算难度较大，不适合我国公共机构的实际情况，而后者在当前的省级温室气体清单编制指南、已有的行业企业相关办法以及试点的建筑相关温室气体排放核算办法中使用较为成熟，因此本研究着重介绍和推荐采用默认值计算的方法确定排放因子。

计算方法上，一般是通过下述方法获得参考的排放因子数据，即按下式计算。

$$EF_i = CC_i \times OF_i \times \frac{44}{12} \tag{16-5}$$

式中，EF_i 为第 i 种燃料的二氧化碳排放因子，单位为吨二氧化碳/太焦（tCO_2/TJ）；CC_i 为第 i 种燃料的单位热值含碳量，单位为吨碳/百万千焦（tC/GJ）；OF_i 为第 i 种化石燃料的碳氧化率，单位为%。

一次能源燃烧的排放因子计算所需数据，即单位热值含碳量（潜在排放因子）和碳氧化率可参考国家温室气体清单编制方法中给出的数据。对于公共机构温室气体排放核算方法中单位热值含碳量、低位热值参考值、碳氧化率参考缺省值如表 16-3 所示。

表 16-3　化石燃料单位热值含碳量及碳氧化率缺省值

燃料品种	单位热值含碳量	碳氧化率
天然气	15.3tC/TJ	0.99
焦炉煤气	13.6tC/TJ	0.99
管道煤气	12.2tC/TJ	0.99
柴油	20.2tC/TJ	0.98
汽油	18.9tC/TJ	0.98
一般煤油	19.6tC/TJ	0.98
无烟煤	27.5tC/TJ	0.895
烟煤	26.1tC/TJ	0.836
液化石油气	17.2tC/TJ	0.98
液化天然气	17.2tC/TJ	0.98

数据来源：《中国 2008 年温室气体清单研究》（国家发展改革委应对气候变化司，2014）；《省级温室气体清单编制指南》（国家发展改革委应对气候变化司，2011）

（二）间接排放的排放因子

对于间接排放来说，主要分为净购入电力的排放因子和净购入热力的排放因子。

1. 外购电力排放因子

电力排放因子参考省级温室气体清单编制指南中对于电力调入调出所带来的间接二氧化碳排放量计算过程中电力排放因子的处理方法，采用区域电网平均排放因子。处理方式如下：建议按目前的东北、华北、华东、华中、西北和南方电网划分区域电网边界，其平均排放因子可由上述电网内各省区市发电厂的化石燃料二氧化碳排放量除以电网总发电量获得（省级温室气体清单编制指南中 2005 年区域电网排放因子根据总供电量计算得到，但近年所公布数据均根据电网总发电量计算获得），并以千克二氧化碳/千瓦时为单位。所选取的电力排放因子与国家公布的排放因子及适用年份保持一致。

表 16-4 给出了 2012 年我国已经公布的区域电网平均二氧化碳排放因子。

表 16-4 2012 年我国区域电网平均二氧化碳排放因子

电网名称	覆盖省区市	CO_2 排放（kg/kWh）
华北区域	北京市、天津市、河北省、山西省、山东省、蒙西（除赤峰、通辽、呼伦贝尔和兴安盟外的内蒙古其他地区）	0.8843
东北区域	辽宁省、吉林省、黑龙江省、蒙东（赤峰、通辽、呼伦贝尔和兴安盟）	0.7769
华东区域	上海市、江苏省、浙江省、安徽省、福建省	0.7035
华中区域	河南省、湖北省、湖南省、江西省、四川省、重庆市	0.5257
西北区域	陕西省、甘肃省、青海省、宁夏回族自治区、新疆维吾尔自治区	0.6671
南方区域	广东省、广西壮族自治区、云南省、贵州省、海南省	0.5271

数据来源：http://www.ccchina.gov.cn/archiver/ccchinacn/UpFile/Files/Default/20140923163205362312.pdf

2. 外购热力排放因子

对于外购热力的排放因子，现在尚没有官方公布的数值。一些文献根据各个省供热系统当年燃料的消费量、该种燃料的单位质量或单位体积的温室气体排放因子以及供热系统当年的供热量，计算该省外购热力的温室气体排放因子（胡永飞，2014）。对于外购热力的处理方式，建议本着协调一致的原则，参考我国现在已经出台的其他 10 个行业企业的温室气体核算方法，热力消费的排放因子暂按 0.11 tCO_2/GJ 计。

五、质量控制

公共机构计算温室气体排放时，客观上存在不确定性，主要体现在获取活动水平数据和相关参数时。不确定性产生的原因一般包括以下几方面：

（1）数据缺失。在现有条件下无法获得或者非常难以获得相关数据，因而使用替代数据或其他估算、经验数据。

（2）计量误差。如计量仪器、仪器校准或计量标准不精确等。

省级温室气体清单编制指南中对于报告主体的质量保证和质量控制以及相关程序进行了详细的分析，在行业企业的温室气体核算方法中也对质量保证和文件存档进行了阐述。

对于公共机构报告主体来说，报告主体应建立其温室气体排放年度核算和报告的质量保证及文件存档制度，主要包括以下方面的工作：建立公共机构碳排放核算和报告的规章制度，包括负责机构和人员、工作流程和内容、工作周期和时间节点等，指定专职人员负责公共机构碳排放核算和报告工作；建立公共机构碳排放源一览表，分别选定合适的核算方法，形成文件并存档；建立健全的碳排放和能源消费的台账记录；建立公共机构碳排放报告内部审核制度；建立文档的管理规范，保存、维护碳排放核算和报告的文件及有关的数据资料。

温室气体排放核算结果的数据质量在很大程度上来源于能源活动水平的数据质量，在能源消费量数据获取过程中，国家机关事务管理局能源资源消费统计制度中要求公共机构应对报表数据的完整性、统计数据口径的一致性、数据之间的匹配性、合理性进行分析，确保数据质量。能源活动水平的数据质量为温室气体排放核算结果的质量控制提供了基础。同时为了进一步确保数据质量，在进行公共机构温室气体排放核算过程中，应要求公共机构排放主体对温室气体核算过程中使用的每个参数是否存在因前文述及原因导致的不确定性进行识别和说明，并说明降低不确定性的措施。同时，主管部门应该加强数据的质量审核，定期进行现场的核查和调研，确保数据质量。

第三节　公共机构碳排放核算报告内容和格式

报告主体应按照本指南附录一的格式对以下内容进行报告：

1. 报告主体基本信息

报告主体基本信息应包括报告主体名称、单位性质、报告年度、组织机构代码、法定代表人、填报负责人和联系人信息等。

2. 二氧化碳排放量

报告主体应报告年度二氧化碳排放总量，并分别报告化石燃料燃烧排放量以及净购入电力和热力消费所对应的排放量。

3. 活动水平及其来源

报告主体应报告公共机构在报告年度内用于公共机构运行的各种燃料的净消费量和相应的低位发热量、净购入的电量和净购入的热量，并说明这些数据的来源（采用本指南的推荐值或实测值）。

4. 排放因子及其来源

报告主体应报告公共机构在报告年度内用于公共机构运行的各种燃料的单位热值含碳量和碳氧化率数据、报告主体所在地的电力消费排放因子和热力消费排放因子等数据，并说明这些数据的来源（采用本指南的推荐值或实测值）。

附　　录

附录 1　各能源折算标准煤系数

能源名称	折标准煤系数
原煤	0.7143 千克标准煤/千克
洗精煤	0.9000 千克标准煤/千克
洗中煤	0.2857 千克标准煤/千克
煤泥	0.2857～0.4286 千克标准煤/千克
焦炭	0.9714 千克标准煤/千克
原油	1.4286 千克标准煤/千克
燃料油	1.4286 千克标准煤/千克
汽油	1.4714 千克标准煤/千克
煤油	1.4714 千克标准煤/千克
柴油	1.4571 千克标准煤/千克
液化石油气	1.7143 千克标准煤/千克
炼厂干气	1.5714 千克标准煤/千克
天然气	1.33 千克标准煤/立方米
发生炉煤气	0.1786 千克标准煤/立方米
重油催化裂解煤气	0.6571 千克标准煤/立方米
重油热裂解煤气	1.2143 千克标准煤/立方米
焦炭制气	0.5571 千克标准煤/立方米
压力气化煤气	0.5143 千克标准煤/立方米
水煤气	0.3571 千克标准煤/立方米
煤焦油	1.1429 千克标准煤/千克
粗苯	1.4286 千克标准煤/千克
其他石油制品	1～1.4 千克标准煤/千克
热力（当量）	0.03412 吨标准煤/百万焦耳
电力（当量）	1.229 吨标准煤/万千瓦时

附录 2　国民经济行业分类

M 科学研究和技术服务业（本门类包括 73～75 大类）					
73	研究和试验发展	731	7310	自然科学研究和试验发展	指为了增加知识（包括有关自然、工程、人类、文化和社会的知识）以及运用这些知识创造新的应用所进行的系统的、创造性的活动；该活动仅限于对新发现、新理论的研究，新技术、新产品、新工艺的研制研究与试验发展包括基础研究、应用研究和试验发展
		732	7320	工程与技术研究和试验发展	
		733	7330	农业科学研究和试验发展	
		734	7340	医学研究和试验发展	
		735	7350	社会人文科学研究	
74	专业技术服务业	741	7410	气象服务	指从事气象探测、预报、服务和气象灾害防御、气候资源利用等活动
		742	7420	地震服务	指地震监测预报、震灾预防和紧急救援等防震减灾活动
		743	7430	海洋服务	
		744	7440	测绘服务	
		745	7450	质检技术服务	指通过专业技术手段对动植物、工业产品、商品、专项技术、成果及其他需要鉴定的物品所进行的检测、检验、测试、鉴定等活动，还包括产品质量、计量、认证和标准的管理活动
		746		环境与生态监测	
			7461	环境保护监测	
			7462	生态监测	指对森林资源、湿地资源、荒漠化、珍稀濒危野生动植物资源的调查与监测活动；野生动物疫源疫病与防控以及对生态工程的监测活动
		747		地质勘查	指对矿产资源、工程地质、科学研究进行的地质勘查、测试、监测、评估等活动
			7471	能源矿产地质勘查	
			7472	固体矿产地质勘查	
			7473	水、二氧化碳等矿产地质勘查	
			7474	基础地质勘查	指区域、海洋、环境和水文地质勘查活动
			7475	地质勘查技术服务	指除矿产地质勘查、基础地质勘查以外的其他勘查和相关的技术服务
		748		工程技术	
			7481	工程管理服务	指工程项目建设中的项目策划、投资与造价咨询、招标代理、工程监理、项目管理等服务
			7482	工程勘察设计	指建筑工程施工前的工程测量、工程地质勘察和工程设计等活动
			7483	规划管理	指对区域和城镇、乡村的规划，以及其他规划
		749		其他专业技术服务业	

续表

M 科学研究和技术服务业（本门类包括 73～75 大类）					
74	专业技术服务业		7491	专业化设计服务	指除工程规划设计、软件设计、集成电路设计以外的独立的专业化设计活动
			7492	摄影扩印服务	
			7493	兽医服务	
			7499	其他未列明专业技术服务业	
75	科技推广和应用服务业	751		技术推广服务	指将新技术、新产品、新工艺直接推向市场而进行的相关技术活动以及技术推广和转让活动
			7511	农业技术推广服务	
N 水利、环境和公共设施管理业（本门类包括 76～78 大类）					
76	水利管理业	761	7610	防洪除涝设施管理	指对江河湖泊开展的河道、堤防、岸线整治等活动及对河流、湖泊、行蓄洪区和沿海的防洪设施的管理活动，包括防洪工程设施的管理及运行维护等
		762	7620	水资源管理	指对水资源的开发、利用、配置、节约等活动
		763	7630	天然水收集与分配	指通过各种方式收集、分配天然水资源的活动，包括通过蓄水（水库、塘堰等）、提水、引水和井等水源工程，收集和分配各类地表和地下淡水资源的活动
		764	7640	水文服务	指通过布设水文站网，对水的时空分布规律进行监测、收集和分析处理的活动
		769	7690	其他水利管理业	
77	生态保护和环境治理业	771		生态保护	
			7711	自然保护区管理	指对有代表性的自然生态系统、珍稀濒危野生动植物物种和有特殊意义的自然遗迹等予以特殊保护和管理的活动
			7712	野生动物保护	指对野生及濒危动物的饲养、繁殖等保护活动以及对栖息地的管理活动
			7713	野生植物保护	指对野生及濒危植物的培育等保护活动
			7719	其他自然保护	指除自然保护区管理、野生动植物保护以外的其他自然保护活动
		772		环境治理业	
			7721	水污染治理	指对江、河、湖泊、水库及地下水、地表水的污染综合治理活动，不包括排放污水的搜集和治理活动
			7722	大气污染治理	指对大气污染的综合治理以及对工业废气的治理活动
			7723	固体废物治理	指除城乡居民生活垃圾以外的固体废物治理及其他非危险废物的治理
			7724	危险废物治理	指对制造、维修、医疗等活动产生的危险废物进行收集、储存、利用、处理和处置等活动

续表

N 水利、环境和公共设施管理业（本门类包括 76～78 大类）					
77	生态保护和环境治理业		7725	放射性废物治理	指对生产及其他活动过程中产生的放射性废物进行收集、储存、利用、处理和处置等活动
			7729	其他污染治理	指除水污染、大气污染、固体废物、危险废物、放射性废物治理以外的其他环境治理活动
78	公共设施管理业	781	7810	市政设施管理	指污水排放、雨水排放、路灯、道路、桥梁、隧道、广场、涵洞、防空等城乡公共设施的抢险、紧急处理、管理等活动
		782	7820	环境卫生管理	指城乡生活垃圾的清扫、收集、运输、处理和处置、管理等活动，以及对公共厕所、化粪池的清扫、收集、运输、处理和处置、管理等活动
		783	7830	城乡市容管理	指城市户外标志、外景照明、公共建筑物、施工围挡、材料堆放、渣土清运、竣工清理等管理活动；乡、村户外标志、村容镇貌、柴草堆放、树木花草养护等管理活动
		784	7840	绿化管理	指城市绿地和生产绿地、防护绿地、附属绿地等的管理活动
		785		公园和游览景区管理	
			7851	公园管理	指主要为人们提供休闲、观赏、游览以及开展科普活动的城市各类公园管理活动
			7852	游览景区管理	指对具有一定规模的自然景观、人文景物的管理和保护活动，以及对环境优美，具有观赏、文化或科学价值的风景名胜区的保护和管理活动，包括风景名胜和其他类似的自然景区管理
O 居民服务、修理和其他服务业（本门类包括 79～81 大类）					
79	居民服务业	791	7910	家庭服务	指雇佣家庭雇工的家庭住户和家庭户的自营活动，以及在雇主家庭从事有报酬的家庭雇工的活动，包括钟点工和居住在雇主家里的家政劳动者的活动
		792	7920	托儿所服务	指社会、街道、个人办的面向不足三岁幼儿的看护活动，可分为全托、日托、半托，或计时的服务
		793	7930	洗染服务	指专营的洗染店以及在宾馆、饭店内常设的独立（或相对独立）洗染服务
		794	7940	理发及美容服务	指专业理发、美容保健服务，以及在宾馆、饭店或娱乐场所常设的独立（或相对独立）理发、美容保健服务
		795	7950	洗浴服务	指专业洗浴室以及在宾馆、饭店或娱乐场所常设的独立（或相对独立）洗浴、温泉、SPA 等服务
		796	7960	保健服务	指专业保健场所以及在宾馆、饭店或娱乐场所开设的独立（或相对独立）保健按摩、足疗等服务
		797	7970	婚姻服务	指婚姻介绍、婚庆典礼等服务
		798	7980	殡葬服务	指与殡葬有关的各类服务
		799	7990	其他居民服务业	指上述未包括的居民服务

续表

O居民服务、修理和其他服务业（本门类包括79～81大类）					
80	机动车、电子产品和日用产品修理业	801		汽车、摩托车修理与维护	
			8011	汽车修理与维护	指汽车修理厂及路边门店的专业修理服务，包括为汽车提供上油、充气、打蜡、抛光、喷漆、清洗、换零配件、出售零部件等服务，不包括汽车回厂拆卸、改装、大修的活动
			8012	摩托车修理与维护	
		802		计算机和办公设备维修	指对计算机硬件及系统环境的维护和修理活动
			8021	计算机和辅助设备修理	
			8022	通信设备修理	
			8029	其他办公设备维修	指其他未列明的各种办公设备的修理公司（中心）、修理门市部和修理网点的修理活动
		803			家用电器修理
			8031	家用电子产品修理	指电视、音响等家用视频、音频产品的修理活动
			8032	日用电器修理	指洗衣机、电冰箱、空调等日用电器维修门市部以及生产企业驻各地的维修网点和维修公司（中心）的修理活动
		809		其他日用产品修理业	
			8091	自行车修理	
			8092	鞋和皮革修理	
			8093	家具和相关物品修理	
			8099	其他未列明日用产品修理业	指其他日用产品维修门市部、修理摊点的活动以及生产企业驻各地的维修网点和维修中心的修理活动
81	其他服务业	811		清洁服务	指对建筑物、办公用品、家庭用品的清洗和消毒服务，包括专业公司和个人提供的清洗服务
			8111	建筑物清洁服务	指对建筑物内外墙、玻璃幕墙、地面、天花板及烟囱的清洗活动
			8119	其他清洁服务	指专业清洗人员为企业的机器、办公设备的清洗活动，以及为居民的日用品、器具及设备的清洗活动，包括清扫、消毒等服务
		819	8190	其他未列明服务业	
P教育（本门类包括82大类）					
82	教育	821	8210	学前教育	指经教育行政部门批准举办的对学龄前幼儿进行保育和教育的活动
		822		初等教育	指《义务教育法》规定的小学教育以及成人小学教育（含扫盲）的活动
			8221	普通小学教育	

续表

P 教育（本门类包括 82 大类）					
82	教育		8222	成人小学教育	
		823		中等教育	
			8231	普通初中教育	指《义务教育法》规定的对小学毕业生进行初级中等教育的活动
			8232	职业初中教育	
			8233	成人初中教育	
			8234	普通高中教育	指非义务教育阶段，通过考试招收初中毕业生进行普通高中教育的活动
			8235	成人高中教育	
			8236	中等职业学校教育	指经教育行政部门或劳动就业行政部门批准举办的中等技术学校、中等师范学校、成人中等专业学校、职业高中学校、技工学校等教育活动
		824		高等教育	
			8241	普通高等教育	指经教育行政部门批准，由国家、地方、社会办的在完成高级中等教育基础上实施的获取学历的高等教育活动
			8242	成人高等教育	指经教育主管部门批准办的成人高等教育活动
		825	8250	特殊教育	指为残障儿童提供的特殊教育活动
		829		技能培训、教育辅助及其他教育	指我国学校教育制度以外，经教育主管部门、劳动部门或有关主管部门批准，由政府部门、企业、社会办的职业培训、就业培训和各种知识、技能的培训活动，以及教育辅助和其他教育活动
			8291	职业技能培训	指由教育部门、劳动部门或其他政府部门批准举办，或由社会机构举办的为提高就业人员就业技能的就业前的培训和其他技能培训活动，不包括社会上办的各类培训班、速成班、讲座等
			8292	体校及体育培训	指各类、各级体校培训，以及其他各类体育运动培训活动，不包括学校教育制度范围内的体育大学、学院、学校的体育专业教育
			8293	文化艺术培训	指国家学校教育制度以外，由正规学校或社会各界办的文化艺术培训活动，不包括少年儿童的课外艺术辅导班
			8294	教育辅助服务	指专门从事教育检测、评价、考试、招生等辅助活动
			8299	其他未列明教育	指经批准的宗教院校教育及上述未列明的教育活动
Q 卫生和社会工作（本门类包括 83 和 84 大类）					
83	卫生	831		医院	
			8311	综合医院	
			8312	中医医院	
			8313	中西医结合医院	

续表

Q 卫生和社会工作（本门类包括 83 和 84 大类）					
83	卫生		8314	民族医院	
			8315	专科医院	
			8316	疗养院	指以疗养、康复为主，治疗为辅的医疗服务活动
		832		社区医疗与卫生院	
			8321	社区卫生服务中心(站)	
			8322	街道卫生院	
			8323	乡镇卫生院	
		833	8330	门诊部（所）	指门诊部、诊所、医务室、卫生站、护理院等卫生机构的活动
		834	8340	计划生育技术服务活动	指各地区计划生育技术服务机构的活动
		835	8350	妇幼保健院（所、站）	指非医院的妇女及婴幼儿保健活动
		836	8360	专科疾病防治院（所、站）	指对各种专科疾病进行预防及群众预防的活动
		837	8370	疾病预防控制中心	指卫生防疫站、卫生防病中心、预防保健中心等活动
		839	8390	其他卫生活动	指急救中心及其他未列明的卫生机构的活动
84	社会工作	841		提供住宿社会工作	指提供临时、长期住宿的福利和救济活动
			8411	干部休养所	
			8412	护理机构服务	指各级政府、企业和社会力量兴办的主要面向老年人、残疾人提供的专业化护理的服务机构的活动
			8413	精神康复服务	指智障、精神疾病、吸毒、酗酒等人员的住宿康复治疗活动
			8414	老年人、残疾人养护服务	指各级政府、企业和社会力量兴办的主要面向老年人和残疾人提供的长期照料、养护、关爱等服务机构的活动
			8415	孤残儿童收养和庇护服务	指对孤残儿童、生活无着流浪儿童等人员的收养救助活动
			8419	其他提供住宿社会救助	指对生活无着流浪等其他人员的收养救助等活动
		842		不提供住宿社会工作	指为孤儿、老人、残疾人、智障、军烈属、五保户、低保户、受灾群众及其他弱势群体提供不住宿的看护、帮助活动，以及慈善、募捐等其他社会工作的活动
			8421	社会看护与帮助服务	指为老人、残疾人、五保户及其他弱势群体提供不住宿的看护、帮助活动
			8429	其他不提供住宿社会工作	指慈善、募捐等其他社会工作的活动
R 文化、体育和娱乐业（本门类包括 85～89 大类）					
85	新闻和出版业	851	8510	新闻业	
		852		出版业	

续表

R 文化、体育和娱乐业（本门类包括 85～89 大类）					
85	新闻和出版业		8521	图书出版	
			8522	报纸出版	
			8523	期刊出版	
			8524	音像制品出版	
			8525	电子出版物出版	
			8529	其他出版业	
86	广播、电视、电影和影视录音制作业	861	8610	广播	指广播节目的现场制作、播放及其他相关活动，还包括互联网广播
		862	8620	电视	指有线和无线电视节目的现场制作、播放及其他相关活动，还包括互联网电视
		863	8630	电影和影视节目制作	指电影、电视和录像（含以磁带、光盘为载体）节目的制作活动，该节目可以作为电视、电影播出、放映，也可以作为出版、销售的原版录像带（或光盘），还可以在其他场合宣传播放，还包括影视节目的后期制作，但不包括电视台制作节目的活动
		864	8640	电影和影视节目发行	不含录像制品（以磁带、光盘为载体）的发行
		865	8650	电影放映	指专业电影院以及设在娱乐场所独立（或相对独立）的电影放映等活动
		866	8660	录音制作	指从事录音节目、音乐作品的制作活动，其节目或作品可以在广播电台播放，也可以制作成出版、销售的原版录音带（磁带或光盘），还可以在其他宣传场合播放，但不包括广播电台制作节目的活动
87	文化艺术业	871	8710	文艺创作与表演	指文学、美术创造和表演艺术（如戏曲、歌舞、话剧、音乐、杂技、马戏、木偶等表演艺术）等活动
		872	8720	艺术表演场馆	指有观众席、舞台、灯光设备，专供文艺团体演出的场所管理活动
		873		图书馆与档案馆	
			8731	图书馆	
			8732	档案馆	
		874	8740	文物及非物质文化遗产保护	指对具有历史、文化、艺术、科学价值，并经有关部门鉴定，列入文物保护范围的不可移动文物的保护和管理活动；对我国口头传统和表现形式，传统表演艺术，社会实践、意识、节庆活动，有关的自然界和宇宙的知识和实践，传统手工艺等非物质文化遗产的保护和管理活动
		875	8750	博物馆	指收藏、研究、展示文物和标本的博物馆的活动，以及展示人类文化、艺术、科技、文明的美术馆、艺术馆、展览馆、科技馆、天文馆等管理活动
		876	8760	烈士陵园、纪念馆	

续表

R 文化、体育和娱乐业（本门类包括 85～89 大类）					
87	文化艺术业	877	8770	群众文化活动	指对各种主要由城乡群众参与的文艺类演出、比赛、展览等公益性文化活动的管理活动
		879	8790	其他文化艺术业	
88	体育	881	8810	体育组织	指专业从事体育比赛、训练、辅导和管理的组织的活动
		882	8820	体育场馆	指可供观赏比赛的场馆和专供运动员训练用的场地管理活动
		883	8830	休闲健身活动	指主要面向社会开放的休闲健身场所和其他体育娱乐场所的管理活动
		889	8890	其他体育	指上述未包括的体育活动
89	娱乐业	891		室内娱乐活动	指室内各种娱乐活动和以娱乐为主的活动
			8911	歌舞厅娱乐活动	
			8912	电子游艺厅娱乐活动	
			8913	网吧活动	指通过计算机等装置向公众提供互联网上网服务的网吧、电脑休闲室等营业性场所的服务
			8919	其他室内娱乐活动	
		892	8920	游乐园	指配有大型娱乐设施的室外娱乐活动及以娱乐为主的活动
		893	8930	彩票活动	指各种形式的彩票活动
		894	8941	文化、娱乐、体育经纪代理	
			8942	文化娱乐经纪人	
			8949	体育经纪人	
				其他文化艺术经纪代理	
		899	8990	其他娱乐业	指公园、海滩和旅游
S 公共管理、社会保障和社会组织（本类包括 90～95 大类）					
90	中国共产党机关	900	9000	中国共产党机关	
91	国家机构	911	9110	国家权力机构	指宪法规定的全国和地方各级人民代表大会及常委会机关的活动
		912		国家行政机构	指国务院及所属行政主管部门的活动；县级以上地方各级人民政府及所属各工作部门的活动；乡（镇）级地方人民政府的活动；行政管理部门下属的监督、检查机构的活动
			9121	综合事务管理机构	指中央和地方人民政府的活动，以及依法管理全国或地方综合事务的政府主管部门的活动，还包括政府事务管理

续表

S 公共管理、社会保障和社会组织（本门类包括 90～95 大类）					
91	国家机构		9122	对外事务管理机构	
			9123	公共安全管理机构	
			9124	社会事务管理机构	
			9125	经济事务管理机构	
			9126	行政监督检查机构	指依法对社会经济活动进行监督、稽查、检查、查处等活动，包括独立（或相对独立）于各级行政管理机构的执法检查大队的活动
		913		人民法院和人民检察院	指宪法规定的人民法院和人民检察院的活动
			9131	人民法院	指各级人民法院的活动
			9132	人民检察院	指各级人民检察院的活动
		919	9190	其他国家机构	指其他未另列明的国家机构的活动
92	人民政协、民主党派	921	9210	人民政协	指全国人民政治协商会议及各级人民政协的活动
		922	9220	民主党派	
93	社会保障	930	9300	社会保障	指依据国家有关规定开展的各种社会保障活动
94	群众团体、社会团体和其他成员组织	941		群众团体	指不在社会团体登记管理机关登记的群众团体的活动
			9411	工会	
			9412	妇联	
			9413	共青团	
			9419	其他群众团体	
		942		社会团体	指依法在社会团体登记管理机关登记的单位的活动
			9421	专业性团体	指由同一领域的成员、专家组成的社会团体（如学科、学术、文化、艺术、教育、卫生等）的活动
			9422	行业性团体	指由一个行业，或某一类企业，或不同企业的雇主（经理、厂长）组成的社会团体的活动
			9429	其他社会团体	指未列明的其他社会团体的活动
		943	9430	基金会	指利用自然人、法人或者其他组织捐赠的财产，以从事公益事业为目的，按照国务院颁布的《基金会管理条例》的规定成立的非营利性法人的活动
		944	9440	宗教组织	指在民政部门登记的宗教团体的活动和在政府宗教事务部门登记的宗教活动场所的活动
95	基层群众自治组织	951	9510	社区自治组织	指城市、镇的居民通过选举产生的群众性自治组织的管理活动
		952	9520	村民自治组织	指农村

附录3 各省市自治区行政区划代码

北京市 110000							
市辖区 110100	110101	110102	110105	110106	110107		110108
	东城区	西城区	朝阳区	丰台区	石景山区		海淀区
	110109		110111	110112	110113	110114	110115
	门头沟区		房山区	通州区	顺义区	昌平区	大兴区
	110116						
	怀柔区						
县 110200	110117	110228	110229				
	平谷区	密云县	延庆县				
天津市 120000							
市辖区 120100	120101	120102	120103	120104	120105	120106	120110
	和平区	河东区	河西区	南开区	河北区	红桥区	东丽区
	120111	120112	120113	120114	120115	120116	
	西青区	津南区	北辰区	武清区	宝坻区	滨海新区	
县 120200	120221	120223	120225				
	宁河县	静海县	蓟县				
河北省 130000							
石家庄市 130100	130101	130102	130103	130104	130105	130107	
	市辖区	长安区	桥东区	桥西区	新华区	井陉矿区	
	130108	130121	130123	130124	130125	130126	130127
	裕华区	井陉县	正定县	栾城县	行唐县	灵寿县	高邑县
	130128	130129	130130	130131	130132	130133	130181
	深泽县	赞皇县	无极县	平山县	元氏县	赵县	辛集市
	130182	130183	130184	130185			
	藁城市	晋州市	新乐市	鹿泉市			
唐山市 130200	130201	130202	130203	130204	130205	130207	130208
	市辖区	路南区	路北区	古冶区	开平区	丰南区	丰润区
	130209		130223	130224	130225	130227	130229
	曹妃甸区		滦县	滦南县	乐亭县	迁西县	玉田县
	130281	130283					
	遵化市	迁安市					
秦皇岛市 130300	130301	130302	130303		130304		
	市辖区	海港区	山海关区		北戴河区		
	130321		130322	130323	130324		
	青龙满族自治县		昌黎县	抚宁县	卢龙县		

续表

河北省 130000							
邯郸市 130400	130401	130402	130403	130404	130406		130421
	市辖区	邯山区	丛台区	复兴区	峰峰矿区		邯郸县
	130423	130424	130425	130426	130427	130428	130429
	临漳县	成安县	大名县	涉县	磁县	肥乡县	永年县
	130430	130431	130432	130433	130434	130435	130481
	邱县	鸡泽县	广平县	馆陶县	魏县	曲周县	武安市
邢台市 130500	130501	130502	130503	130521	130522	130523	130524
	市辖区	桥东区	桥西区	邢台县	临城县	内丘县	柏乡县
	130525	130526	130527	130528	130529	130530	130531
	隆尧县	任县	南和县	宁晋县	巨鹿县	新河县	广宗县
	130532	130533	130534	130535	130581	130582	
	平乡县	威县	清河县	临西县	南宫市	沙河市	
保定市 130600	130601	130602	130603	130604	130621	130622	130623
	市辖区	新市区	北市区	南市区	满城县	清苑县	涞水县
	130624	130625	130626	130627	130628	130629	130630
	阜平县	徐水县	定兴县	唐县	高阳县	容城县	涞源县
	130631	130632	130633	130634	130635	130636	130637
	望都县	安新县	易县	曲阳县	蠡县	顺平县	博野县
	130638	130681	130682	130683	130684		
	雄县	涿州市	定州市	安国市	高碑店市		
张家口市 130700	130701	130702	130703	130705	130706		130721
	市辖区	桥东区	桥西区	宣化区	下花园区		宣化县
	130722	130723	130724	130725	130726	130727	130728
	张北县	康保县	沽源县	尚义县	蔚县	阳原县	怀安县
	130729	130730	130731	130732	130733		
	万全县	怀来县	涿鹿县	赤城县	崇礼县		
承德市 130800	130801	130802	130803	130804		130821	130822
	市辖区	双桥区	双滦区	鹰手营子矿区		承德县	兴隆县
	130823	130824	130825	130826		130827	
	平泉县	滦平县	隆化县	丰宁满族自治县		宽城满族自治县	
	130828						
	围场满族蒙古族自治县						
沧州市 130900	130901	130902	130903	130921	130922	130923	130924
	市辖区	新华区	运河区	沧县	青县	东光县	海兴县

续表

河北省 130000							
沧州市 130900	130925	130926	130927	130928	130929	130930	
	盐山县	肃宁县	南皮县	吴桥县	献县	孟村回族自治县	
	130981	130982	130983	130984			
	泊头市	任丘市	黄骅市	河间市			
廊坊市 131000	131001	131002	131003	131022	131023	131024	131025
	市辖区	安次区	广阳区	固安县	永清县	香河县	大城县
	131026	131028		131081	131082		
	文安县	大厂回族自治县		霸州市	三河市		
衡水市 131100	131101	131102	131121	131122	131123	131124	131125
	市辖区	桃城区	枣强县	武邑县	武强县	饶阳县	安平县
	131126	131127	131128	131181	131182		
	故城县	景县	阜城县	冀州市	深州市		
山西省 140000							
太原市 140100	140101	140105	140106	140107		140108	
	市辖区	小店区	迎泽区	杏花岭区		尖草坪区	
	140109		140110	140121	140122	140123	140181
	万柏林区		晋源区	清徐县	阳曲县	娄烦县	古交市
大同市 140200	140201	140202	140203	140211	140212	140221	140222
	市辖区	城区	矿区	南郊区	新荣区	阳高县	天镇县
	140223	140224	140225	140226	140227		
	广灵县	灵丘县	浑源县	左云县	大同县		
阳泉市 140300	140301	140302	140303	140311	140321	140322	
	市辖区	城区	矿区	郊区	平定县	盂县	
长治市 140400	140401	140402	140411	140421	140423	140424	140425
	市辖区	城区	郊区	长治县	襄垣县	屯留县	平顺县
	140426	140427	140428	140429	140430	140431	140481
	黎城县	壶关县	长子县	武乡县	沁县	沁源县	潞城市
晋城市 140500	140501	140502	140521	140522	140524	140525	140581
	市辖区	城区	沁水县	阳城县	陵川县	泽州县	高平市
朔州市 140600	140601	140602	140603	140621	140622	140623	140624
	市辖区	朔城区	平鲁区	山阴县	应县	右玉县	怀仁县
晋中市 140700	140701	140702	140721	140722	140723	140724	140725
	市辖区	榆次区	榆社县	左权县	和顺县	昔阳县	寿阳县
	140726	140727	140728	140729	140781		
	太谷县	祁县	平遥县	灵石县	介休市		

续表

山西省 140000							
运城市 140800	140801	140802	140821	140822	140823	140824	140825
	市辖区	盐湖区	临猗县	万荣县	闻喜县	稷山县	新绛县
	140826	140827	140828	140829	140830	140881	140882
	绛县	垣曲县	夏县	平陆县	芮城县	永济市	河津市
忻州市 140900	140901	140902	140921	140922	140923	140924	140925
	市辖区	忻府区	定襄县	五台县	代县	繁峙县	宁武县
	140926	140927	140928	140929	140930	140931	140932
	静乐县	神池县	五寨县	岢岚县	河曲县	保德县	偏关县
	140981						
	原平市						
临汾市 141000	141001	141002	141021	141022	141023	141024	141025
	市辖区	尧都区	曲沃县	翼城县	襄汾县	洪洞县	古县
	141026	141027	141028	141029	141030	141031	141032
	安泽县	浮山县	吉县	乡宁县	大宁县	隰县	永和县
	141033	141034	141081	141082			
	蒲县	汾西县	侯马市	霍州市			
吕梁市 141100	141101	141102	141121	141122	141123	141124	141125
	市辖区	离石区	文水县	交城县	兴县	临县	柳林县
	141126	141127	141128	141129	141130	141181	141182
	石楼县	岚县	方山县	中阳县	交口县	孝义市	汾阳市
内蒙古自治区 150000							
呼和浩特市 150100	150101	150102	150103	150104	150105	150121	
	市辖区	新城区	回民区	玉泉区	赛罕区	土默特左旗	
	150122		150123		150124		150125
	托克托县		和林格尔县		清水河县		武川县
包头市 150200	150201	150202	150203		150204	150205	
	市辖区	东河区	昆都仑区		青山区	石拐区	
	150206		150207	150221		150222	
	白云鄂博矿区		九原区	土默特右旗		固阳县	
	150223						
	达尔罕茂明安联合旗						
乌海市 150300	150301	150302		150303	150304		
	市辖区	海勃湾区		海南区	乌达区		
赤峰市 150400	150401	150402	150403		150404	150421	
	市辖区	红山区	元宝山区		松山区	阿鲁科尔沁旗	

续表

内蒙古自治区 150000							
赤峰市 150400	150422		150423		150424	150425	
	巴林左旗		巴林右旗		林西县	克什克腾旗	
	150426		150428		150429	150430	
	翁牛特旗		喀喇沁旗		宁城县	敖汉旗	
通辽市 150500	150501	150502		150521		150522	
	市辖区	科尔沁区		科尔沁左翼中旗		科尔沁左翼后旗	
	150523	150524	150525	150526		150581	
	开鲁县	库伦旗	奈曼旗	扎鲁特旗		霍林郭勒市	
鄂尔多斯市 150600	150601	150602	150621		150622		
	市辖区	东胜区	达拉特旗		准格尔旗		
	150623		150624		150625	150626	
	鄂托克前旗		鄂托克旗		杭锦旗	乌审旗	
	150627						
	伊金霍洛旗						
呼伦贝尔市 150700	150701	150702		150721	150722		
	市辖区	海拉尔区		阿荣旗	莫力达瓦达斡尔族自治旗		
	150723		150724		150725		
	鄂伦春自治旗		鄂温克族自治旗		陈巴尔虎旗		
	150726		150727		150781		
	新巴尔虎左旗		新巴尔虎右旗		满洲里市		
	150782		150783		150784		150785
	牙克石市		扎兰屯市		额尔古纳市		根河市
巴彦淖尔市 150800	150801	150802	150821	150822	150823		
	市辖区	临河区	五原县	磴口县	乌拉特前旗		
	150824		150825		150826		
	乌拉特中旗		乌拉特后旗		杭锦后旗		
乌兰察布市 150900	150901	150902	150921	150922	150923	150924	150925
	市辖区	集宁区	卓资县	化德县	商都县	兴和县	凉城县
	150926		150927		150928		
	察哈尔右翼前旗		察哈尔右翼中旗		察哈尔右翼后旗		
	150929		150981				
	四子王旗		丰镇市				
兴安盟 152200	152201		152202		152221		
	乌兰浩特市		阿尔山市		科尔沁右翼前旗		

续表

内蒙古自治区 150000							
兴安盟 152200	152222		152223		152224		
	科尔沁右翼中旗		扎赉特旗		突泉县		
锡林郭勒盟 152500	152501		152502		152522		
	二连浩特市		锡林浩特市		阿巴嘎旗		
	152523		152524		152525		
	苏尼特左旗		苏尼特右旗		东乌珠穆沁旗		
	152526		152527		152528	152529	
	西乌珠穆沁旗		太仆寺旗		镶黄旗	正镶白旗	
	152530	152531					
	正蓝旗	多伦县					
阿拉善盟 152900	152921		152922		152923		
	阿拉善左旗		阿拉善右旗		额济纳旗		
辽宁省 210000							
沈阳市 210100	210101	210102	210103	210104	210105	210106	
	市辖区	和平区	沈河区	大东区	皇姑区	铁西区	
	210111		210112	210113		210114	210122
	苏家屯区		东陵区	沈北新区		于洪区	辽中县
	210123	210124	210181				
	康平县	法库县	新民市				
大连市 210200	210201	210202	210203	210204		210211	
	市辖区	中山区	西岗区	沙河口区		甘井子区	
	210212		210213	210224	210281		
	旅顺口区		金州区	长海县	瓦房店市		
	210282		210283				
	普兰店市		庄河市				
鞍山市 210300	210301	210302	210303	210304	210311	210321	
	市辖区	铁东区	铁西区	立山区	千山区	台安县	
	210323		210381				
	岫岩满族自治县		海城市				
	210400	210401	210402	210403	210404	210411	210421
	抚顺市	市辖区	新抚区	东洲区	望花区	顺城区	抚顺县
	210422		210423				
	新宾满族自治县		清原满族自治县				
本溪市 210500	210501	210502	210503	210504	210505	210521	
	市辖区	平山区	溪湖区	明山区	南芬区	本溪满族自治县	

续表

<table>
<tr><td colspan="8">辽宁省 210000</td></tr>
<tr><td rowspan="2">本溪市
210500</td><td colspan="2">210522</td><td></td><td></td><td></td><td></td><td></td></tr>
<tr><td colspan="2">桓仁满族自治县</td><td></td><td></td><td></td><td></td><td></td></tr>
<tr><td rowspan="4">丹东市
210600</td><td>210601</td><td>210602</td><td>210603</td><td>210604</td><td colspan="2">210624</td><td>210681</td></tr>
<tr><td>市辖区</td><td>元宝区</td><td>振兴区</td><td>振安区</td><td colspan="2">宽甸满族自治县</td><td>东港市</td></tr>
<tr><td>210682</td><td></td><td></td><td></td><td></td><td></td><td></td></tr>
<tr><td>凤城市</td><td></td><td></td><td></td><td></td><td></td><td></td></tr>
<tr><td rowspan="4">锦州市
210700</td><td>210701</td><td>210702</td><td>210703</td><td>210711</td><td>210726</td><td>210727</td><td>210781</td></tr>
<tr><td>市辖区</td><td>古塔区</td><td>凌河区</td><td>太和区</td><td>黑山县</td><td>义县</td><td>凌海市</td></tr>
<tr><td>210782</td><td></td><td></td><td></td><td></td><td></td><td></td></tr>
<tr><td>北镇市</td><td></td><td></td><td></td><td></td><td></td><td></td></tr>
<tr><td rowspan="4">营口市
210800</td><td>210801</td><td>210802</td><td>210803</td><td colspan="2">210804</td><td>210811</td><td>210881</td></tr>
<tr><td>市辖区</td><td>站前区</td><td>西市区</td><td colspan="2">鲅鱼圈区</td><td>老边区</td><td>盖州市</td></tr>
<tr><td colspan="2">210882</td><td></td><td></td><td></td><td></td><td></td></tr>
<tr><td colspan="2">大石桥市</td><td></td><td></td><td></td><td></td><td></td></tr>
<tr><td rowspan="4">阜新市
210900</td><td>210901</td><td>210902</td><td>210903</td><td>210904</td><td colspan="2">210905</td><td>210911</td></tr>
<tr><td>市辖区</td><td>海州区</td><td>新邱区</td><td>太平区</td><td colspan="2">清河门区</td><td>细河区</td></tr>
<tr><td colspan="3">210921</td><td>210922</td><td></td><td></td><td></td></tr>
<tr><td colspan="3">阜新蒙古族自治县</td><td>彰武县</td><td></td><td></td><td></td></tr>
<tr><td rowspan="4">辽阳市
211000</td><td>211001</td><td>211002</td><td>211003</td><td>211004</td><td colspan="2">211005</td><td></td></tr>
<tr><td>市辖区</td><td>白塔区</td><td>文圣区</td><td>宏伟区</td><td colspan="2">弓长岭区</td><td></td></tr>
<tr><td colspan="2">211011</td><td>211021</td><td>211081</td><td></td><td></td><td></td></tr>
<tr><td colspan="2">太子河区</td><td>辽阳县</td><td>灯塔市</td><td></td><td></td><td></td></tr>
<tr><td rowspan="2">盘锦市
211100</td><td>211101</td><td colspan="2">211102</td><td colspan="2">211103</td><td>211121</td><td>211122</td></tr>
<tr><td>市辖区</td><td colspan="2">双台子区</td><td colspan="2">兴隆台区</td><td>大洼县</td><td>盘山县</td></tr>
<tr><td rowspan="4">铁岭市
211200</td><td>211201</td><td>211202</td><td>211204</td><td>211221</td><td>211223</td><td>211224</td><td></td></tr>
<tr><td>市辖区</td><td>银州区</td><td>清河区</td><td>铁岭县</td><td>西丰县</td><td>昌图县</td><td></td></tr>
<tr><td colspan="2">211281</td><td>211282</td><td></td><td></td><td></td><td></td></tr>
<tr><td colspan="2">调兵山市</td><td>开原市</td><td></td><td></td><td></td><td></td></tr>
<tr><td rowspan="5">朝阳市
211300</td><td>211301</td><td>211302</td><td>211303</td><td>211321</td><td>211322</td><td></td><td></td></tr>
<tr><td>市辖区</td><td>双塔区</td><td>龙城区</td><td>朝阳县</td><td>建平县</td><td></td><td></td></tr>
<tr><td colspan="3">211324</td><td>211381</td><td>211382</td><td></td><td></td></tr>
<tr><td colspan="3">喀喇沁左翼蒙古族自治县</td><td>北票市</td><td>凌源市</td><td></td><td></td></tr>
<tr><td colspan="3"></td><td></td><td></td><td></td><td></td></tr>
<tr><td rowspan="2">葫芦岛市
211400</td><td>211401</td><td>211402</td><td>211403</td><td>211404</td><td>211421</td><td>211422</td><td>211481</td></tr>
<tr><td>市辖区</td><td>连山区</td><td>龙港区</td><td>南票区</td><td>绥中县</td><td>建昌县</td><td>兴城市</td></tr>
</table>

续表

吉林省 220000							
长春市 220100	220101	220102	220103	220104	220105	220106	220112
	市辖区	南关区	宽城区	朝阳区	二道区	绿园区	双阳区
	220122	220181	220182	220183			
	农安县	九台市	榆树市	德惠市			
吉林市 220200	220201	220202	220203	220204	220211	220221	220281
	市辖区	昌邑区	龙潭区	船营区	丰满区	永吉县	蛟河市
	220282	220283	220284				
	桦甸市	舒兰市	磐石市				
四平市 220300	220301	220302	220303	220322	220323		
	市辖区	铁西区	铁东区	梨树县	伊通满族自治县		
	220381		220382				
	公主岭市		双辽市				
辽源市 220400	220401	220402	220403	220421	220422		
	市辖区	龙山区	西安区	东丰县	东辽县		
通化市 220500	220501	220502	220503		220521	220523	220524
	市辖区	东昌区	二道江区		通化县	辉南县	柳河县
	220581		220582				
	梅河口市		集安市				
白山市 220600	220601	220602	220605	220621	220622		
	市辖区	浑江区	江源区	抚松县	靖宇县		
	220623			220681			
	长白朝鲜族自治县			临江市			
松原市 220700	220701	220702	220721			220722	220723
	市辖区	宁江区	前郭尔罗斯蒙古族自治县			长岭县	乾安县
	220724						
	扶余县						
白城市 220800	220801	220802	220821	220822	220881	220882	
	市辖区	洮北区	镇赉县	通榆县	洮南市	大安市	
延边朝鲜族自治州 222400	222401	222402	222403	222404	222405	222406	222424
	延吉市	图们市	敦化市	珲春市	龙井市	和龙市	汪清县
	222426						
	安图县						
黑龙江省 230000							
哈尔滨市 230100	230101	230102	230103	230104	230108	230109	230110
	市辖区	道里区	南岗区	道外区	平房区	松北区	香坊区

续表

黑龙江省 230000							
哈尔滨市 230100	230111	230112	230123	230124	230125	230126	230127
	呼兰区	阿城区	依兰县	方正县	宾县	巴彦县	木兰县
	230128	230129	230182	230183	230184		
	通河县	延寿县	双城市	尚志市	五常市		
齐齐哈尔市 230200	230201	230202	230203	230204	230205		
	市辖区	龙沙区	建华区	铁锋区	昂昂溪区		
	230206		230207		230208		
	富拉尔基区		碾子山区		梅里斯达斡尔族区		
	230221	230223	230224	230225	230227	230229	230230
	龙江县	依安县	泰来县	甘南县	富裕县	克山县	克东县
	230231	230281					
	拜泉县	讷河市					
鸡西市 230300	230301	230302	230303	230304	230305	230306	
	市辖区	鸡冠区	恒山区	滴道区	梨树区	城子河区	
	230307	230321	230381	230382			
	麻山区	鸡东县	虎林市	密山市			
鹤岗市 230400	230401	230402	230403	230404	230405	230406	230407
	市辖区	向阳区	工农区	南山区	兴安区	东山区	兴山区
	230421	230422					
	萝北县	绥滨县					
双鸭山市 230500	230501	230502	230503	230505		230506	230521
	市辖区	尖山区	岭东区	四方台区		宝山区	集贤县
	230522	230523	230524				
	友谊县	宝清县	饶河县				
大庆市 230600	230601	230602		230603	230604		230605
	市辖区	萨尔图区		龙凤区	让胡路区		红岗区
	230606	230621	230622	230623	230624		
	大同区	肇州县	肇源县	林甸县	杜尔伯特蒙古族自治县		
伊春市 230700	230701	230702	230703	230704	230705	230706	230707
	市辖区	伊春区	南岔区	友好区	西林区	翠峦区	新青区
	230708	230709		230710	230711		
	美溪区	金山屯区		五营区	乌马河区		
	230712		230713	230714		230715	
	汤旺河区		带岭区	乌伊岭区		红星区	

续表

黑龙江省 230000							
伊春市 230700	230716		230722	230781			
	上甘岭区		嘉荫县	铁力市			
佳木斯市 230800	230801	230803	230804	230805	230811	230822	230826
	市辖区	向阳区	前进区	东风区	郊区	桦南县	桦川县
	230828	230833	230881	230882			
	汤原县	抚远县	同江市	富锦市			
七台河市 230900	230901	230902	230903	230904		230921	
	市辖区	新兴区	桃山区	茄子河区		勃利县	
牡丹江市 231000	231001	231002	231003	231004	231005	231024	231025
	市辖区	东安区	阳明区	爱民区	西安区	东宁县	林口县
	231081		231083	231084	231085		
	绥芬河市		海林市	宁安市	穆棱市		
黑河市 231100	231101	231102	231121	231123	231124	231181	
	市辖区	爱辉区	嫩江县	逊克县	孙吴县	北安市	
	231182						
	五大连池市						
绥化市 231200	231201	231202	231221	231222	231223	231224	231225
	市辖区	北林区	望奎县	兰西县	青冈县	庆安县	明水县
	231226	231281	231282	231283			
	绥棱县	安达市	肇东市	海伦市			
大兴安岭地区 232700	232721	232722	232723				
	呼玛县	塔河县	漠河县				
上海市 310000							
市辖区 310100	310101	310104	310105	310106	310107	310108	310109
	黄浦区	徐汇区	长宁区	静安区	普陀区	闸北区	虹口区
	310110	310112	310113	310114	310115		310116
	杨浦区	闵行区	宝山区	嘉定区	浦东新区		金山区
	310117	310118	310120				
	松江区	青浦区	奉贤区				
县 310200	310230						
	崇明县						

续表

江苏省 320000							
南京市 320100	320101	320102	320103	320104	320105	320106	320107
	市辖区	玄武区	白下区	秦淮区	建邺区	鼓楼区	下关区
	320111	320113	320114		320115	320116	320124
	浦口区	栖霞区	雨花台区		江宁区	六合区	溧水县
	320125						
	高淳县						
无锡市 320200	320201	320202	320203	320204	320205	320206	320211
	市辖区	崇安区	南长区	北塘区	锡山区	惠山区	滨湖区
	320281	320282					
	江阴市	宜兴市					
徐州市 320300	320301	320302	320303	320305	320311	320312	320321
	市辖区	鼓楼区	云龙区	贾汪区	泉山区	铜山区	丰县
	320322	320324	320381	320382			
	沛县	睢宁县	新沂市	邳州市			
常州市 320400	320401	320402	320404	320405		320411	320412
	市辖区	天宁区	钟楼区	戚墅堰区		新北区	武进区
	320481	320482					
	溧阳市	金坛市					
苏州市 320500	320501	320505	320506	320507	320508	320509	320581
	市辖区	虎丘区	吴中区	相城区	姑苏区	吴江区	常熟市
	320582		320583	320585			
	张家港市		昆山市	太仓市			
南通市 320600	320601	320602	320611	320612	320621	320623	320681
	市辖区	崇川区	港闸区	通州区	海安县	如东县	启东市
	320682	320684					
	如皋市	海门市					
连云港市 320700	320701	320703	320705	320706	320721	320722	320723
	市辖区	连云区	新浦区	海州区	赣榆县	东海县	灌云县
	320724						
	灌南县						
淮安市 320800	320801	320802	320803	320804	320811	320826	320829
	市辖区	清河区	淮安区	淮阴区	清浦区	涟水县	洪泽县
	320830	320831					
	盱眙县	金湖县					

续表

江苏省 320000							
盐城市 320900	320901	320902	320903	320921	320922	320923	320924
	市辖区	亭湖区	盐都区	响水县	滨海县	阜宁县	射阳县
	320925	320981	320982				
	建湖县	东台市	大丰市				
扬州市 321000	321001	321002	321003	321012	321023	321081	321084
	市辖区	广陵区	邗江区	江都区	宝应县	仪征市	高邮市
镇江市 321100	321101	321102	321111	321112	321181	321182	321183
	市辖区	京口区	润州区	丹徒区	丹阳市	扬中市	句容市
泰州市 321200	321201	321202	321203	321281	321282	321283	321284
	市辖区	海陵区	高港区	兴化市	靖江市	泰兴市	姜堰市
宿迁市 321300	321301	321302	321311	321322	321323	321324	
	市辖区	宿城区	宿豫区	沭阳县	泗阳县	泗洪县	
浙江省 330000							
杭州市 330100	330101	330102	330103	330104	330105	330106	330108
	市辖区	上城区	下城区	江干区	拱墅区	西湖区	滨江区
	330109	330110	330122	330127	330182	330183	330185
	萧山区	余杭区	桐庐县	淳安县	建德市	富阳市	临安市
宁波市 330200	330201	330203	330204	330205	330206	330211	330212
	市辖区	海曙区	江东区	江北区	北仑区	镇海区	鄞州区
	330225	330226	330281	330282	330283		
	象山县	宁海县	余姚市	慈溪市	奉化市		
温州市 330300	330301	330302	330303	330304	330322	330324	330326
	市辖区	鹿城区	龙湾区	瓯海区	洞头县	永嘉县	平阳县
	330327	330328	330329	330381	330382		
	苍南县	文成县	泰顺县	瑞安市	乐清市		
嘉兴市 330400	330401	330402	330411	330421	330424	330481	330482
	市辖区	南湖区	秀洲区	嘉善县	海盐县	海宁市	平湖市
	330483						
	桐乡市						
湖州市 330500	330501	330502	330503	330521	330522	330523	
	市辖区	吴兴区	南浔区	德清县	长兴县	安吉县	
绍兴市 330600	330601	330602	330621	330624	330681	330682	330683
	市辖区	越城区	绍兴县	新昌县	诸暨市	上虞市	嵊州市
金华市 330700	330701	330702	330703	330723	330726	330727	330781
	市辖区	婺城区	金东区	武义县	浦江县	磐安县	兰溪市

续表

浙江省 330000							
金华市 330700	330782	330783	330784				
	义乌市	东阳市	永康市				
衢州市 330800	330801	330802	330803	330822	330824	330825	330881
	市辖区	柯城区	衢江区	常山县	开化县	龙游县	江山市
舟山市 330900	330901	330902	330903	330921	330922		
	市辖区	定海区	普陀区	岱山县	嵊泗县		
台州市 331000	331001	331002	331003	331004	331021	331022	331023
	市辖区	椒江区	黄岩区	路桥区	玉环县	三门县	天台县
	331024	331081	331082				
	仙居县	温岭市	临海市				
丽水市 331100	331101	331102	331121	331122	331123	331124	331125
	市辖区	莲都区	青田县	缙云县	遂昌县	松阳县	云和县
	331126	331127		331181			
	庆元县	景宁畲族自治县		龙泉市			
安徽省 340000							
合肥市 340100	340101	340102	340103	340104	340111	340121	340122
	市辖区	瑶海区	庐阳区	蜀山区	包河区	长丰县	肥东县
	340123	340124	340181				
	肥西县	庐江县	巢湖市				
芜湖市 340200	340201	340202	340203	340207	340208	340221	340222
	市辖区	镜湖区	弋江区	鸠江区	三山区	芜湖县	繁昌县
	340223	340225					
	南陵县	无为县					
蚌埠市 340300	340301	340302		340303	340304	340311	340321
	市辖区	龙子湖区		蚌山区	禹会区	淮上区	怀远县
	340322	340323					
	五河县	固镇县					
马鞍山市 340500	340501	340503	340504	340506	340521	340522	340523
	市辖区	花山区	雨山区	博望区	当涂县	含山县	和县
淮南市 340400	340401	340402	340403		340404		
	市辖区	大通区	田家庵区		谢家集区		
	340405		340406	340421			
	八公山区		潘集区	凤台县			
淮北市 340600	340601	340602	340603	340604	340621		
	市辖区	杜集区	相山区	烈山区	濉溪县		

续表

<table>
<tr><td colspan="8">安徽省 340000</td></tr>
<tr><td rowspan="2">铜陵市
340700</td><td>340701</td><td colspan="2">340702</td><td colspan="2">340703</td><td>340711</td><td>340721</td></tr>
<tr><td>市辖区</td><td colspan="2">铜官山区</td><td colspan="2">狮子山区</td><td>郊区</td><td>铜陵县</td></tr>
<tr><td rowspan="4">安庆市
340800</td><td>340801</td><td>340802</td><td>340803</td><td>340811</td><td>340822</td><td>340823</td><td>340824</td></tr>
<tr><td>市辖区</td><td>迎江区</td><td>大观区</td><td>宜秀区</td><td>怀宁县</td><td>枞阳县</td><td>潜山县</td></tr>
<tr><td>340825</td><td>340826</td><td>340827</td><td>340828</td><td>340881</td><td></td><td></td></tr>
<tr><td>太湖县</td><td>宿松县</td><td>望江县</td><td>岳西县</td><td>桐城市</td><td></td><td></td></tr>
<tr><td rowspan="4">黄山市
341000</td><td>341001</td><td>341002</td><td>341003</td><td>341004</td><td>341021</td><td>341022</td><td>341023</td></tr>
<tr><td>市辖区</td><td>屯溪区</td><td>黄山区</td><td>徽州区</td><td>歙县</td><td>休宁县</td><td>黟县</td></tr>
<tr><td>341024</td><td></td><td></td><td></td><td></td><td></td><td></td></tr>
<tr><td>祁门县</td><td></td><td></td><td></td><td></td><td></td><td></td></tr>
<tr><td rowspan="4">滁州市
341100</td><td>341101</td><td>341102</td><td>341103</td><td>341122</td><td>341124</td><td>341125</td><td>341126</td></tr>
<tr><td>市辖区</td><td>琅琊区</td><td>南谯区</td><td>来安县</td><td>全椒县</td><td>定远县</td><td>凤阳县</td></tr>
<tr><td>341181</td><td>341182</td><td></td><td></td><td></td><td></td><td></td></tr>
<tr><td>天长市</td><td>明光市</td><td></td><td></td><td></td><td></td><td></td></tr>
<tr><td rowspan="4">阜阳市
341200</td><td>341201</td><td>341202</td><td>341203</td><td>341204</td><td>341221</td><td>341222</td><td>341225</td></tr>
<tr><td>市辖区</td><td>颍州区</td><td>颍东区</td><td>颍泉区</td><td>临泉县</td><td>太和县</td><td>阜南县</td></tr>
<tr><td>341226</td><td>341282</td><td></td><td></td><td></td><td></td><td></td></tr>
<tr><td>颍上县</td><td>界首市</td><td></td><td></td><td></td><td></td><td></td></tr>
<tr><td rowspan="2">宿州市
341300</td><td>341301</td><td>341302</td><td>341321</td><td>341322</td><td>341323</td><td>341324</td><td></td></tr>
<tr><td>市辖区</td><td>埇桥区</td><td>砀山县</td><td>萧县</td><td>灵璧县</td><td>泗县</td><td></td></tr>
<tr><td rowspan="4">六安市
341500</td><td>341501</td><td>341502</td><td>341503</td><td>341521</td><td>341522</td><td>341523</td><td>341524</td></tr>
<tr><td>市辖区</td><td>金安区</td><td>裕安区</td><td>寿县</td><td>霍邱县</td><td>舒城县</td><td>金寨县</td></tr>
<tr><td>341525</td><td></td><td></td><td></td><td></td><td></td><td></td></tr>
<tr><td>霍山县</td><td></td><td></td><td></td><td></td><td></td><td></td></tr>
<tr><td rowspan="2">亳州市
341600</td><td>341601</td><td>341602</td><td>341621</td><td>341622</td><td>341623</td><td></td><td></td></tr>
<tr><td>市辖区</td><td>谯城区</td><td>涡阳县</td><td>蒙城县</td><td>利辛县</td><td></td><td></td></tr>
<tr><td rowspan="2">池州市
341700</td><td>341701</td><td>341702</td><td>341721</td><td>341722</td><td>341723</td><td></td><td></td></tr>
<tr><td>市辖区</td><td>贵池区</td><td>东至县</td><td>石台县</td><td>青阳县</td><td></td><td></td></tr>
<tr><td rowspan="4">宣城市
341800</td><td>341801</td><td>341802</td><td>341821</td><td>341822</td><td>341823</td><td>341824</td><td>341825</td></tr>
<tr><td>市辖区</td><td>宣州区</td><td>郎溪县</td><td>广德县</td><td>泾县</td><td>绩溪县</td><td>旌德县</td></tr>
<tr><td>341881</td><td></td><td></td><td></td><td></td><td></td><td></td></tr>
<tr><td>宁国市</td><td></td><td></td><td></td><td></td><td></td><td></td></tr>
<tr><td colspan="8">福建省 350000</td></tr>
<tr><td rowspan="2">福州市
350100</td><td>350101</td><td>350102</td><td>350103</td><td>350104</td><td>350105</td><td>350111</td><td>350121</td></tr>
<tr><td>市辖区</td><td>鼓楼区</td><td>台江区</td><td>仓山区</td><td>马尾区</td><td>晋安区</td><td>闽侯县</td></tr>
</table>

续表

福建省 350000							
福州市 350100	350122	350123	350124	350125	350128	350181	350182
	连江县	罗源县	闽清县	永泰县	平潭县	福清市	长乐市
厦门市 350200	350201	350203	350205	350206	350211	350212	350213
	市辖区	思明区	海沧区	湖里区	集美区	同安区	翔安区
莆田市 350300	350301	350302	350303	350304	350305	350322	
	市辖区	城厢区	涵江区	荔城区	秀屿区	仙游县	
三明市 350400	350401	350402	350403	350421	350423	350424	350425
	市辖区	梅列区	三元区	明溪县	清流县	宁化县	大田县
	350426	350427	350428	350429	350430	350481	
	尤溪县	沙县	将乐县	泰宁县	建宁县	永安市	
泉州市 350500	350501	350502	350503	350504	350505	350521	350524
	市辖区	鲤城区	丰泽区	洛江区	泉港区	惠安县	安溪县
	350525	350526	350527	350581	350582	350583	
	永春县	德化县	金门县	石狮市	晋江市	南安市	
漳州市 350600	350601	350602	350603	350622	350623	350624	350625
	市辖区	芗城区	龙文区	云霄县	漳浦县	诏安县	长泰县
	350626	350627	350628	350629	350681		
	东山县	南靖县	平和县	华安县	龙海市		
南平市 350700	350701	350702	350721	350722	350723	350724	350725
	市辖区	延平区	顺昌县	浦城县	光泽县	松溪县	政和县
	350781	350782		350783	350784		
	邵武市	武夷山市		建瓯市	建阳市		
龙岩市 350800	350801	350802	350821	350822	350823	350824	350825
	市辖区	新罗区	长汀县	永定县	上杭县	武平县	连城县
	350881						
	漳平市						
宁德市 350900	350901	350902	350921	350922	350923	350924	350925
	市辖区	蕉城区	霞浦县	古田县	屏南县	寿宁县	周宁县
	350926	350981	350982				
	柘荣县	福安市	福鼎市				
江西省 360000							
南昌市 360100	360101	360102	360103	360104		360105	
	市辖区	东湖区	西湖区	青云谱区		湾里区	
	360111		360121	360122	360123	360124	
	青山湖区		南昌县	新建县	安义县	进贤县	

续表

江西省 360000							
景德镇市 360200	360201	360202	360203	360222	360281		
	市辖区	昌江区	珠山区	浮梁县	乐平市		
萍乡市 360300	360301	360302	360313	360321	360322	360323	
	市辖区	安源区	湘东区	莲花县	上栗县	芦溪县	
九江市 360400	360401	360402	360403	360421	360423	360424	360425
	市辖区	庐山区	浔阳区	九江县	武宁县	修水县	永修县
	360426	360427	360428	360429	360430	360481	
	德安县	星子县	都昌县	湖口县	彭泽县	瑞昌市	
	360482						
	共青城市						
新余市 360500	360501	360502	360521				
	市辖区	渝水区	分宜县				
鹰潭市 360600	360601	360602	360622	360681			
	市辖区	月湖区	余江县	贵溪市			
赣州市 360700	360701	360702	360721	360722	360723	360724	360725
	市辖区	章贡区	赣县	信丰县	大余县	上犹县	崇义县
	360726	360727	360728	360729	360730	360731	360732
	安远县	龙南县	定南县	全南县	宁都县	于都县	兴国县
	360733	360734	360735	360781	360782		
	会昌县	寻乌县	石城县	瑞金市	南康市		
吉安市 360800	360801	360802	360803	360821	360822	360823	360824
	市辖区	吉州区	青原区	吉安县	吉水县	峡江县	新干县
	360825	360826	360827	360828	360829	360830	
	永丰县	泰和县	遂川县	万安县	安福县	永新县	
	360881						
	井冈山市						
宜春市 360900	360901	360902	360921	360922	360923	360924	360925
	市辖区	袁州区	奉新县	万载县	上高县	宜丰县	靖安县
	360926	360981	360982	360983			
	铜鼓县	丰城市	樟树市	高安市			
抚州市 361000	361001	361002	361021	361022	361023	361024	361025
	市辖区	临川区	南城县	黎川县	南丰县	崇仁县	乐安县
	361026	361027	361028	361029	361030		
	宜黄县	金溪县	资溪县	东乡县	广昌县		

续表

江西省 360000							
上饶市 361100	361101	361102	361121	361122	361123	361124	361125
	市辖区	信州区	上饶县	广丰县	玉山县	铅山县	横峰县
	361126	361127	361128	361129	361130	361181	
	弋阳县	余干县	鄱阳县	万年县	婺源县	德兴市	
山东省 370000							
济南市 370100	370101	370102	370103	370104	370105	370112	370113
	市辖区	历下区	市中区	槐荫区	天桥区	历城区	长清区
	370124	370125	370126	370181			
	平阴县	济阳县	商河县	章丘市			
青岛市 370200	370201	370202	370203	370205	370211	370212	370213
	市辖区	市南区	市北区	四方区	黄岛区	崂山区	李沧区
	370214	370281	370282	370283	370284	370285	
	城阳区	胶州市	即墨市	平度市	胶南市	莱西市	
淄博市 370300	370301	370302	370303	370304	370305	370306	370321
	市辖区	淄川区	张店区	博山区	临淄区	周村区	桓台县
	370322	370323					
	高青县	沂源县					
枣庄市 370400	370401	370402	370403	370404	370405		370406
	市辖区	市中区	薛城区	峄城区	台儿庄区		山亭区
	370481						
	滕州市						
东营市 370500	370501	370502	370503	370521	370522	370523	
	市辖区	东营区	河口区	垦利县	利津县	广饶县	
烟台市 370600	370601	370602	370611	370612	370613	370634	370681
	市辖区	芝罘区	福山区	牟平区	莱山区	长岛县	龙口市
	370682	370683	370684	370685	370686	370687	
	莱阳市	莱州市	蓬莱市	招远市	栖霞市	海阳市	
潍坊市 370700	370701	370702	370703	370704	370705	370724	370725
	市辖区	潍城区	寒亭区	坊子区	奎文区	临朐县	昌乐县
	370781	370782	370783	370784	370785	370786	
	青州市	诸城市	寿光市	安丘市	高密市	昌邑市	
济宁市 370800	370801	370802	370811	370826	370827	370828	370829
	市辖区	市中区	任城区	微山县	鱼台县	金乡县	嘉祥县
	370830	370831	370832	370881	370882	370883	
	汶上县	泗水县	梁山县	曲阜市	兖州市	邹城市	

续表

山东省 370000							
泰安市 370900	370901	370902	370911	370921	370923	370982	370983
	市辖区	泰山区	岱岳区	宁阳县	东平县	新泰市	肥城市
威海市 371000	371001	371002	371081	371082	371083		
	市辖区	环翠区	文登市	荣成市	乳山市		
日照市 371100	371101	371102	371103	371121	371122		
	市辖区	东港区	岚山区	五莲县	莒县		
莱芜市 371200	371201	371202	371203				
	市辖区	莱城区	钢城区				
临沂市 371300	371301	371302	371311	371312	371321	371322	371323
	市辖区	兰山区	罗庄区	河东区	沂南县	郯城县	沂水县
	371324	371325	371326	371327	371328	371329	
	苍山县	费县	平邑县	莒南县	蒙阴县	临沭县	
德州市 371400	371401	371402	371421	371422	371423	371424	371425
	市辖区	德城区	陵县	宁津县	庆云县	临邑县	齐河县
	371426	371427	371428	371481	371482		
	平原县	夏津县	武城县	乐陵市	禹城市		
聊城市 371500	371501	371502		371521	371522	371523	371524
	市辖区	东昌府区		阳谷县	莘县	茌平县	东阿县
	371525	371526	371581				
	冠县	高唐县	临清市				
滨州市 371600	371601	371602	371621	371622	371623	371624	371625
	市辖区	滨城区	惠民县	阳信县	无棣县	沾化县	博兴县
	371626						
	邹平县						
菏泽市 371700	371701	371702	371721	371722	371723	371724	371725
	市辖区	牡丹区	曹县	单县	成武县	巨野县	郓城县
	371726	371727	371728				
	鄄城县	定陶县	东明县				
河南省 410000							
郑州市 410100	410101	410102	410103	410104		410105	410106
	市辖区	中原区	二七区	管城回族区		金水区	上街区
	410108	410122	410181	410182	410183	410184	410185
	惠济区	中牟县	巩义市	荥阳市	新密市	新郑市	登封市
开封市 410200	410201	410202	410203		410204	410205	
	市辖区	龙亭区	顺河回族区		鼓楼区	禹王台区	

续表

河南省 410000							
开封市 410200	410211	410221	410222	410223	410224	410225	
	金明区	杞县	通许县	尉氏县	开封县	兰考县	
洛阳市 410300	410301	410302	410303	410304		410305	410306
	市辖区	老城区	西工区	瀍河回族区		涧西区	吉利区
	410311	410322	410323	410324	410325	410326	410327
	洛龙区	孟津县	新安县	栾川县	嵩县	汝阳县	宜阳县
	410328	410329	410381				
	洛宁县	伊川县	偃师市				
平顶山市 410400	410401	410402	410403	410404	410411	410421	410422
	市辖区	新华区	卫东区	石龙区	湛河区	宝丰县	叶县
	410423	410425	410481	410482			
	鲁山县	郏县	舞钢市	汝州市			
安阳市 410500	410501	410502	410503	410505	410506	410522	410523
	市辖区	文峰区	北关区	殷都区	龙安区	安阳县	汤阴县
	410526	410527	410581				
	滑县	内黄县	林州市				
鹤壁市 410600	410601	410602	410603	410611	410621	410622	
	市辖区	鹤山区	山城区	淇滨区	浚县	淇县	
新乡市 410700	410701	410702	410703	410704	410711	410721	410724
	市辖区	红旗区	卫滨区	凤泉区	牧野区	新乡县	获嘉县
	410725	410726	410727	410728	410781	410782	
	原阳县	延津县	封丘县	长垣县	卫辉市	辉县市	
焦作市 410800	410801	410802	410803	410804	410811	410821	410822
	市辖区	解放区	中站区	马村区	山阳区	修武县	博爱县
	410823	410825	410882	410883			
	武陟县	温县	沁阳市	孟州市			
濮阳市 410900	410901	410902	410922	410923	410926	410927	410928
	市辖区	华龙区	清丰县	南乐县	范县	台前县	濮阳县
许昌市 411000	411001	411002	411023	411024	411025	411081	411082
	市辖区	魏都区	许昌县	鄢陵县	襄城县	禹州市	长葛市
漯河市 411100	411101	411102	411103	411104	411121	411122	
	市辖区	源汇区	郾城区	召陵区	舞阳县	临颍县	
三门峡市 411200	411201	411202	411221	411222	411224	411281	411282
	市辖区	湖滨区	渑池县	陕县	卢氏县	义马市	灵宝市

续表

河南省 410000							
南阳市 411300	411301	411302	411303	411321	411322	411323	411324
	市辖区	宛城区	卧龙区	南召县	方城县	西峡县	镇平县
	411325	411326	411327	411328	411329	411330	411381
	内乡县	淅川县	社旗县	唐河县	新野县	桐柏县	邓州市
商丘市 411400	411401	411402	411403	411421	411422	411423	411424
	市辖区	梁园区	睢阳区	民权县	睢县	宁陵县	柘城县
	411425	411426	411481				
	虞城县	夏邑县	永城市				
信阳市 411500	411501	411502	411503	411521	411522	411523	411524
	市辖区	浉河区	平桥区	罗山县	光山县	新县	商城县
	411525	411526	411527	411528			
	固始县	潢川县	淮滨县	息县			
周口市 411600	411601	411602	411621	411622	411623	411624	411625
	市辖区	川汇区	扶沟县	西华县	商水县	沈丘县	郸城县
	411626	411627	411628	411681			
	淮阳县	太康县	鹿邑县	项城市			
驻马店市 411700	411701	411702	411721	411722	411723	411724	411725
	市辖区	驿城区	西平县	上蔡县	平舆县	正阳县	确山县
	411726	411727	411728	411729			
	泌阳县	汝南县	遂平县	新蔡县			
省直辖县级行政区划 419000	419001						
	济源市						
湖北省 420000							
武汉市 420100	420101	420102	420103	420104	420105	420106	420107
	市辖区	江岸区	江汉区	硚口区	汉阳区	武昌区	青山区
	420111	420112		420113	420114	420115	420116
	洪山区	东西湖区		汉南区	蔡甸区	江夏区	黄陂区
	420117						
	新洲区						
黄石市 420200	420201	420202		420203		420204	420205
	市辖区	黄石港区		西塞山区		下陆区	铁山区
	420222	420281					
	阳新县	大冶市					

续表

湖北省 420000							
十堰市 420300	420301	420302	420303	420321	420322	420323	420324
	市辖区	茅箭区	张湾区	郧县	郧西县	竹山县	竹溪县
	420325	420381					
	房县	丹江口市					
宜昌市 420500	420501	420502	420503		420504	420505	420506
	市辖区	西陵区	伍家岗区		点军区	猇亭区	夷陵区
	420525	420526	420527	420528			
	远安县	兴山县	秭归县	长阳土家族自治县			
	420529			420581	420582	420583	
	五峰土家族自治县			宜都市	当阳市	枝江市	
襄阳市 420600	420601	420602	420606	420607	420624	420625	420626
	市辖区	襄城区	樊城区	襄州区	南漳县	谷城县	保康县
	420682		420683	420684			
	老河口市		枣阳市	宜城市			
鄂州市 420700	420701	420702		420703	420704		
	市辖区	梁子湖区		华容区	鄂城区		
荆门市 420800	420801	420802	420804	420821	420822	420881	
	市辖区	东宝区	掇刀区	京山县	沙洋县	钟祥市	
孝感市 420900	420901	420902	420921	420922	420923	420981	420982
	市辖区	孝南区	孝昌县	大悟县	云梦县	应城市	安陆市
	420984						
	汉川市						
荆州市 421000	421001	421002	421003	421022	421023	421024	421081
	市辖区	沙市区	荆州区	公安县	监利县	江陵县	石首市
	421083	421087					
	洪湖市	松滋市					
黄冈市 421100	421101	421102	421121	421122	421123	421124	421125
	市辖区	黄州区	团风县	红安县	罗田县	英山县	浠水县
	421126	421127	421181	421182			
	蕲春县	黄梅县	麻城市	武穴市			
咸宁市 421200	421201	421202	421221	421222	421223	421224	421281
	市辖区	咸安区	嘉鱼县	通城县	崇阳县	通山县	赤壁市
随州市 421300	421301	421303	421321	421381			
	市辖区	曾都区	随县	广水市			

续表

湖北省 420000							
恩施土家族苗族自治州 422800	422801	422802	422822	422823	422825	422826	422827
	恩施市	利川市	建始县	巴东县	宣恩县	咸丰县	来凤县
	422828						
	鹤峰县						
省直辖县级行政区划 429000	429004	429005	429006	429021			
	仙桃市	潜江市	天门市	神农架林区			
湖南省 430000							
长沙市 430100	430101	430102	430103	430104	430105	430111	430112
	市辖区	芙蓉区	天心区	岳麓区	开福区	雨花区	望城区
	430121	430124	430181				
	长沙县	宁乡县	浏阳市				
株洲市 430200	430201	430202	430203	430204	430211	430221	430223
	市辖区	荷塘区	芦淞区	石峰区	天元区	株洲县	攸县
	430224	430225	430281				
	茶陵县	炎陵县	醴陵市				
湘潭市 430300	430301	430302	430304	430321	430381	430382	
	市辖区	雨湖区	岳塘区	湘潭县	湘乡市	韶山市	
衡阳市 430400	430401	430405	430406	430407	430408	430412	430421
	市辖区	珠晖区	雁峰区	石鼓区	蒸湘区	南岳区	衡阳县
	430422	430423	430424	430426	430481	430482	
	衡南县	衡山县	衡东县	祁东县	耒阳市	常宁市	
邵阳市 430500	430501	430502	430503	430511	430521	430522	430523
	市辖区	双清区	大祥区	北塔区	邵东县	新邵县	邵阳县
	430524	430525	430527	430528	430529		430581
	隆回县	洞口县	绥宁县	新宁县	城步苗族自治县		武冈市
岳阳市 430600	430601	430602		430603	430611	430621	430623
	市辖区	岳阳楼区		云溪区	君山区	岳阳县	华容县
	430624	430626	430681	430682			
	湘阴县	平江县	汨罗市	临湘市			
常德市 430700	430701	430702	430703	430721	430722	430723	430724
	市辖区	武陵区	鼎城区	安乡县	汉寿县	澧县	临澧县
	430725	430726	430781				
	桃源县	石门县	津市市				

续表

湖南省 430000							
张家界市 430800	430801	430802	430811		430821	430822	
	市辖区	永定区	武陵源区		慈利县	桑植县	
益阳市 430900	430901	430902	430903	430921	430922	430923	430981
	市辖区	资阳区	赫山区	南县	桃江县	安化县	沅江市
郴州市 431000	431001	431002	431003	431021	431022	431023	431024
	市辖区	北湖区	苏仙区	桂阳县	宜章县	永兴县	嘉禾县
	431025	431026	431027	431028	431081		
	临武县	汝城县	桂东县	安仁县	资兴市		
永州市 431100	431101	431102	431103		431121	431122	431123
	市辖区	零陵区	冷水滩区		祁阳县	东安县	双牌县
	431124	431125	431126	431127	431128	431129	
	道县	江永县	宁远县	蓝山县	新田县	江华瑶族自治县	
怀化市 431200	431201	431202	431221	431222	431223	431224	431225
	市辖区	鹤城区	中方县	沅陵县	辰溪县	溆浦县	会同县
	431226		431227		431228		
	麻阳苗族自治县		新晃侗族自治县		芷江侗族自治县		
	431229			431230		431281	
	靖州苗族侗族自治县			通道侗族自治县		洪江市	
娄底市 431300	431301	431302	431321	431322	431381		431382
	市辖区	娄星区	双峰县	新化县	冷水江市		涟源市
	433100			433101	433122	433123	433124
	湘西土家族苗族自治州			吉首市	泸溪县	凤凰县	花垣县
	433125	433126	433127	433130			
	保靖县	古丈县	永顺县	龙山县			
广东省 440000							
广州市 440100	440101	440103	440104	440105	440106	440111	440112
	市辖区	荔湾区	越秀区	海珠区	天河区	白云区	黄埔区
	440113	440114	440115	440116	440183	440184	
	番禺区	花都区	南沙区	萝岗区	增城市	从化市	
韶关市 440200	440201	440203	440204	440205	440222	440224	440229
	市辖区	武江区	浈江区	曲江区	始兴县	仁化县	翁源县
	440232		440233	440281	440282		
	乳源瑶族自治县		新丰县	乐昌市	南雄市		
深圳市 440300	440301	440303	440304	440305	440306	440307	440308
	市辖区	罗湖区	福田区	南山区	宝安区	龙岗区	盐田区

续表

广东省 440000							
珠海市 440400	440401	440402	440403	440404			
	市辖区	香洲区	斗门区	金湾区			
汕头市 440500	440501	440507	440511	440512	440513	440514	440515
	市辖区	龙湖区	金平区	濠江区	潮阳区	潮南区	澄海区
	440523						
	南澳县						
佛山市 440600	440601	440604	440605	440606	440607	440608	
	市辖区	禅城区	南海区	顺德区	三水区	高明区	
江门市 440700	440701	440703	440704	440705	440781	440783	440784
	市辖区	蓬江区	江海区	新会区	台山市	开平市	鹤山市
	440785						
	恩平市						
湛江市 440800	440801	440802	440803	440804	440811	440823	440825
	市辖区	赤坎区	霞山区	坡头区	麻章区	遂溪县	徐闻县
	440881	440882	440883				
	廉江市	雷州市	吴川市				
茂名市 440900	440901	440902	440903	440923	440981	440982	440983
	市辖区	茂南区	茂港区	电白县	高州市	化州市	信宜市
肇庆市 441200	441201	441202	441203	441223	441224	441225	441226
	市辖区	端州区	鼎湖区	广宁县	怀集县	封开县	德庆县
	441283	441284					
	高要市	四会市					
惠州市 441300	441301	441302	441303	441322	441323	441324	
	市辖区	惠城区	惠阳区	博罗县	惠东县	龙门县	
梅州市 441400	441401	441402	441421	441422	441423	441424	441426
	市辖区	梅江区	梅县	大埔县	丰顺县	五华县	平远县
	441427	441481					
	蕉岭县	兴宁市					
汕尾市 441500	441501	441502	441521	441523	441581		
	市辖区	城区	海丰县	陆河县	陆丰市		
河源市 441600	441601	441602	441621	441622	441623	441624	441625
	市辖区	源城区	紫金县	龙川县	连平县	和平县	东源县
阳江市 441700	441701	441702	441721	441723	441781		
	市辖区	江城区	阳西县	阳东县	阳春市		

续表

广东省 440000							
清远市 441800	441801	441802	441821	441823	441825		
	市辖区	清城区	佛冈县	阳山县	连山壮族瑶族自治县		
	441826		441827	441881	441882		
	连南瑶族自治县		清新县	英德市	连州市		
东莞市 441900							
中山市 442000							
潮州市 445100	445101	445102	445121	445122			
	市辖区	湘桥区	潮安县	饶平县			
揭阳市 445200	445201	445202	445221	445222	445224	445281	
	市辖区	榕城区	揭东县	揭西县	惠来县	普宁市	
云浮市 445300	445301	445302	445321	445322	445323	445381	
	市辖区	云城区	新兴县	郁南县	云安县	罗定市	
广西壮族自治区 450000							
南宁市 450100	450101	450102	450103	450105	450107		450108
	市辖区	兴宁区	青秀区	江南区	西乡塘区		良庆区
	450109	450122	450123	450124	450125	450126	450127
	邕宁区	武鸣县	隆安县	马山县	上林县	宾阳县	横县
柳州市 450200	450201	450202	450203	450204	450205	450221	450222
	市辖区	城中区	鱼峰区	柳南区	柳北区	柳江县	柳城县
	450223	450224	450225		450226		
	鹿寨县	融安县	融水苗族自治县		三江侗族自治县		
桂林市 450300	450301	450302	450303	450304	450305	450311	450321
	市辖区	秀峰区	叠彩区	象山区	七星区	雁山区	阳朔县
	450322	450323	450324	450325	450326	450327	
	临桂县	灵川县	全州县	兴安县	永福县	灌阳县	
	450328		450329	450330	450331	450332	
	龙胜各族自治县		资源县	平乐县	荔浦县	恭城瑶族自治县	
梧州市 450400	450401	450403	450404	450405	450421	450422	450423
	市辖区	万秀区	蝶山区	长洲区	苍梧县	藤县	蒙山县
	450481						
	岑溪市						
北海市 450500	450501	450502	450503	450512		450521	
	市辖区	海城区	银海区	铁山港区		合浦县	

续表

广西壮族自治区 450000							
防城港市 450600	450601	450602	450603	450621	450681		
	市辖区	港口区	防城区	上思县	东兴市		
钦州市 450700	450701	450702	450703	450721	450722		
	市辖区	钦南区	钦北区	灵山县	浦北县		
贵港市 450800	450801	450802	450803	450804	450821	450881	
	市辖区	港北区	港南区	覃塘区	平南县	桂平市	
玉林市 450900	450901	450902	450921	450922	450923	450924	450981
	市辖区	玉州区	容县	陆川县	博白县	兴业县	北流市
百色市 451000	451001	451002	451021	451022	451023	451024	451025
	市辖区	右江区	田阳县	田东县	平果县	德保县	靖西县
	451026	451027	451028	451029	451030	451031	
	那坡县	凌云县	乐业县	田林县	西林县	隆林各族自治县	
贺州市 451100	451101	451102	451121	451122	451123		
	市辖区	八步区	昭平县	钟山县	富川瑶族自治县		
河池市 451200	451201	451202		451221	451222	451223	451224
	市辖区	金城江区		南丹县	天峨县	凤山县	东兰县
	451225			451226			
	罗城仫佬族自治县			环江毛南族自治县			
	451227		451228		451229		451281
	巴马瑶族自治县		都安瑶族自治县		大化瑶族自治县		宜州市
来宾市 451300	451301	451302	451321	451322	451323	451324	
	市辖区	兴宾区	忻城县	象州县	武宣县	金秀瑶族自治县	
	451381						
	合山市						
崇左市 451400	451401	451402	451421	451422	451423	451424	451425
	市辖区	江洲区	扶绥县	宁明县	龙州县	大新县	天等县
	451481						
	凭祥市						
海南省 460000							
海口市 460100	460101	460105	460106	460107	460108		
	市辖区	秀英区	龙华区	琼山区	美兰区		
三亚市 460200	460201						
	市辖区						
三沙市 460300	460321		460322		460323		
	西沙群岛		南沙群岛		中沙群岛的岛礁及其海域		

续表

海南省 460000							
省直辖县级行政区划 469000	469001		469002	469003	469005	469006	469007
	五指山市		琼海市	儋州市	文昌市	万宁市	东方市
	469021	469022	469023	469024	469025		
	定安县	屯昌县	澄迈县	临高县	白沙黎族自治县		
	469026		469027		469028		
	昌江黎族自治县		乐东黎族自治县		陵水黎族自治县		
	469029			469030			
	保亭黎族苗族自治县			琼中黎族苗族自治县			
重庆市 500000							
市辖区 500100	500101	500102	500103	500104		500105	
	万州区	涪陵区	渝中区	大渡口区		江北区	
	500106		500107		500108	500109	500110
	沙坪坝区		九龙坡区		南岸区	北碚区	綦江区
	500111	500112	500113	500114	500115	500116	500117
	大足区	渝北区	巴南区	黔江区	长寿区	江津区	合川区
	500118	500119					
	永川区	南川区					
县 500200	500223	500224	500226	500227	500228	500229	500230
	潼南县	铜梁县	荣昌县	璧山县	梁平县	城口县	丰都县
	500231	500232	500233	500234	500235	500236	500237
	垫江县	武隆县	忠县	开县	云阳县	奉节县	巫山县
	500238	500240			500241		
	巫溪县	石柱土家族自治县			秀山土家族苗族自治县		
	500242			500243			
	酉阳土家族苗族自治县			彭水苗族土家族自治县			
四川省 510000							
成都市 510100	510101	510104	510105	510106	510107	510108	
	市辖区	锦江区	青羊区	金牛区	武侯区	成华区	
	510112		510113		510114	510115	510121
	龙泉驿区		青白江区		新都区	温江区	金堂县
	510122	510124	510129	510131	510132	510181	
	双流县	郫县	大邑县	蒲江县	新津县	都江堰市	
	510182	510183	510184				
	彭州市	邛崃市	崇州市				

续表

四川省 510000							
自贡市 510300	510301	510302		510303	510304	510311	510321
	市辖区	自流井区		贡井区	大安区	沿滩区	荣县
	510322						
	富顺县						
攀枝花市 510400	510401	510402	510403	510411	510421	510422	
	市辖区	东区	西区	仁和区	米易县	盐边县	
泸州市 510500	510501	510502	510503	510504		510521	510522
	市辖区	江阳区	纳溪区	龙马潭区		泸县	合江县
	510524	510525					
	叙永县	古蔺县					
德阳市 510600	510601	510603	510623	510626	510681	510682	510683
	市辖区	旌阳区	中江县	罗江县	广汉市	什邡市	绵竹市
绵阳市 510700	510701	510703	510704	510722	510723	510724	510725
	市辖区	涪城区	游仙区	三台县	盐亭县	安县	梓潼县
	510726		510727	510781			
	北川羌族自治县		平武县	江油市			
广元市 510800	510801	510802	510811	510812	510821	510822	510823
	市辖区	利州区	元坝区	朝天区	旺苍县	青川县	剑阁县
	510824						
	苍溪县						
遂宁市 510900	510901	510903	510904	510921	510922	510923	
	市辖区	船山区	安居区	蓬溪县	射洪县	大英县	
内江市 511000	511001	511002	511011	511024	511025	511028	
	市辖区	市中区	东兴区	威远县	资中县	隆昌县	
乐山市 511100	511101	511102	511111	511112		511113	
	市辖区	市中区	沙湾区	五通桥区		金口河区	
	511123	511124	511126	511129	511132		
	犍为县	井研县	夹江县	沐川县	峨边彝族自治县		
	511133		511181				
	马边彝族自治县		峨眉山市				
南充市 511300	511301	511302	511303	511304	511321	511322	511323
	市辖区	顺庆区	高坪区	嘉陵区	南部县	营山县	蓬安县
	511324	511325	511381				
	仪陇县	西充县	阆中市				

续表

四川省 510000							
眉山市 511400	511401	511402	511421	511422	511423	511424	511425
	市辖区	东坡区	仁寿县	彭山县	洪雅县	丹棱县	青神县
宜宾市 511500	511501	511502	511503	511521	511523	511524	511525
	市辖区	翠屏区	南溪区	宜宾县	江安县	长宁县	高县
	511526	511527	511528	511529			
	珙县	筠连县	兴文县	屏山县			
广安市 511600	511601	511602	511621	511622	511623	511681	
	市辖区	广安区	岳池县	武胜县	邻水县	华蓥市	
达州市 511700	511701	511702	511721	511722	511723	511724	511725
	市辖区	通川区	达县	宣汉县	开江县	大竹县	渠县
	511781						
	万源市						
雅安市 511800	511801	511802	511803	511822	511823	511824	511825
	市辖区	雨城区	名山区	荥经县	汉源县	石棉县	天全县
	511826	511827					
	芦山县	宝兴县					
巴中市 511900	511901	511902	511921	511922	511923		
	市辖区	巴州区	通江县	南江县	平昌县		
资阳市 512000	512001	512002	512021	512022	512081		
	市辖区	雁江区	安岳县	乐至县	简阳市		
阿坝藏族羌族自治州 513200	513221	513222	513223	513224	513225		513226
	汶川县	理县	茂县	松潘县	九寨沟县		金川县
	513227	513228	513229		513230	513231	
	小金县	黑水县	马尔康县		壤塘县	阿坝县	
	513232		513233				
	若尔盖县		红原县				
甘孜藏族自治州 513300	513321	513322	513323	513324	513325	513326	513327
	康定县	泸定县	丹巴县	九龙县	雅江县	道孚县	炉霍县
	513328	513329	513330	513331	513332	513333	513334
	甘孜县	新龙县	德格县	白玉县	石渠县	色达县	理塘县
	513335	513336	513337	513338			
	巴塘县	乡城县	稻城县	得荣县			
凉山彝族自治州 513400	513401	513422		513423	513424	513425	513426
	西昌市	木里藏族自治县		盐源县	德昌县	会理县	会东县

续表

四川省 510000							
凉山彝族自治州 513400	513427	513428	513429	513430	513431	513432	513433
	宁南县	普格县	布拖县	金阳县	昭觉县	喜德县	冕宁县
	513434	513435	513436	513437			
	越西县	甘洛县	美姑县	雷波县			
贵州省 520000							
贵阳市 520100	520101	520102	520103	520111	520112	520113	520114
	市辖区	南明区	云岩区	花溪区	乌当区	白云区	小河区
	520121	520122	520123	520181			
	开阳县	息烽县	修文县	清镇市			
六盘水市 520200	520201	520203		520221	520222		
	钟山区	六枝特区		水城县	盘县		
遵义市 520300	520301	520302		520303	520321	520322	520323
	市辖区	红花岗区		汇川区	遵义县	桐梓县	绥阳县
	520324	520325			520326		
	正安县	道真仡佬族苗族自治县			务川仡佬族苗族自治县		
	520327	520328	520329	520330	520381	520382	
	凤冈县	湄潭县	余庆县	习水县	赤水市	仁怀市	
安顺市 520400	520401	520402	520421	520422	520423		
	市辖区	西秀区	平坝县	普定县	镇宁布依族苗族自治县		
	520424			520425			
	关岭布依族苗族自治县			紫云苗族布依族自治县			
毕节市 520500	520502		520521	520522	520523	520524	520525
	七星关区		大方县	黔西县	金沙县	织金县	纳雍县
	520526			520527			
	威宁彝族回族苗族自治县			赫章县			
铜仁市 520600	520602	520603	520621	520622		520623	520624
	碧江区	万山区	江口县	玉屏侗族自治县		石阡县	思南县
	520625			520626	520627		
	印江土家族苗族自治县			德江县	沿河土家族自治县		
	520628						
	松桃苗族自治县						
黔西南布依族苗族自治州 522300	522301	522322	522323	522324	522325	522326	522327
	兴义市	兴仁县	普安县	晴隆县	贞丰县	望谟县	册亨县
	522328						
	安龙县						

续表

贵州省 520000							
黔东南苗族侗族自治州 522600	522601	522622	522623	522624	522625	522626	522627
	凯里市	黄平县	施秉县	三穗县	镇远县	岑巩县	天柱县
	522628	522629	522630	522631	522632	522633	522634
	锦屏县	剑河县	台江县	黎平县	榕江县	从江县	雷山县
	522635	522636					
	麻江县	丹寨县					
黔南布依族苗族自治州 522700	522701	522702	522722	522723	522725	522726	522727
	都匀市	福泉市	荔波县	贵定县	瓮安县	独山县	平塘县
	522728	522729	522730	522731	522732		
	罗甸县	长顺县	龙里县	惠水县	三都水族自治县		
云南省 530000							
昆明市 530100	530101	530102	530103	530111	530112	530113	530114
	市辖区	五华区	盘龙区	官渡区	西山区	东川区	呈贡区
	530122	530124	530125	530126		530127	
	晋宁县	富民县	宜良县	石林彝族自治县		嵩明县	
	530128			530129			530181
	禄劝彝族苗族自治县			寻甸回族彝族自治县			安宁市
曲靖市 530300	530301	530302	530321	530322	530323	530324	530325
	市辖区	麒麟区	马龙县	陆良县	师宗县	罗平县	富源县
	530326	530328	530381				
	会泽县	沾益县	宣威市				
玉溪市 530400	530402	530421	530422	530423	530424	530425	
	红塔区	江川县	澄江县	通海县	华宁县	易门县	
	530426		530427				
	峨山彝族自治县		新平彝族傣族自治县				
	530428						
	元江哈尼族彝族傣族自治县						
保山市 530500	530501	530502	530521	530522	530523	530524	
	市辖区	隆阳区	施甸县	腾冲县	龙陵县	昌宁县	
昭通市 530600	530601	530602	530621	530622	530623	530624	530625
	市辖区	昭阳区	鲁甸县	巧家县	盐津县	大关县	永善县
	530626	530627	530628	530629	530630		
	绥江县	镇雄县	彝良县	威信县	水富县		
丽江市 530700	530701	530702	530721			530722	530723
	市辖区	古城区	玉龙纳西族自治县			永胜县	华坪县

续表

云南省 530000							
	530724						
	宁蒗彝族自治县						
普洱市 530800	530801	530802	530821				
	市辖区	思茅区	宁洱哈尼族彝族自治县				
	530822			530823			
	墨江哈尼族自治县			景东彝族自治县			
	530824			530825			
	景谷傣族彝族自治县			镇沅彝族哈尼族拉祜族自治县			
	530826			530827			
	江城哈尼族彝族自治县			孟连傣族拉祜族佤族自治县			
	530828			530829			
	澜沧拉祜族自治县			西盟佤族自治县			
临沧市 530900	530901	530902	530921	530922	530923	530924	
	市辖区	临翔区	凤庆县	云县	永德县	镇康县	
	530925				530926		
	双江拉祜族佤族布朗族傣族自治县				耿马傣族佤族自治县		
	530927						
	沧源佤族自治县						
楚雄彝族自治州 532300	532301	532322	532324	532325	532326	532327	532328
	楚雄市	双柏县	南华县	姚安县	大姚县	永仁县	元谋县
	532329	532331					
	武定县	禄丰县					
红河哈尼族彝族自治州 532500	532501	532502	532523		532524	532525	532526
	个旧市	开远市	屏边苗族自治县		建水县	石屏县	弥勒县
	532527	532528	532529	532530			532531
	泸西县	元阳县	红河县	金平苗族瑶族傣族自治县			绿春县
	532532						
	河口瑶族自治县						
文山壮族苗族自治州 532600	532601	532622	532624		532625	532626	532627
	文山市	砚山县	麻栗坡县		马关县	丘北县	广南县
	532628						
	富宁县						
西双版纳傣族自治州 532800	532801	532822					
	景洪市	勐海县					

续表

云南省 530000							
大理白族自治州 532900	532901	532922		532924	532925	532926	
	大理市	漾濞彝族自治县		宾川县	弥渡县	南涧彝族自治县	
	532927			532928	532929	532930	532931
	巍山彝族回族自治县			永平县	云龙县	洱源县	剑川县
	532932						
	鹤庆县						
德宏傣族景颇族自治州 533100	533102	533103	533123	533124			
	瑞丽市	芒市	盈江县	陇川县			
怒江傈僳族自治州 533300	533321	533323	533325				
	泸水县	福贡县	兰坪白族普米族自治县				
迪庆藏族自治州 533400	533421		533422				
	香格里拉县		德钦县				
西藏自治区 540000							
拉萨市 540100	540101	540102	540121	540122	540123	540124	
	市辖区	城关区	林周县	当雄县	尼木县	曲水县	
	540125		540126	540127			
	堆龙德庆县		达孜县	墨竹工卡县			
昌都地区 542100	542121	542122	542123	542124		542125	542126
	昌都县	江达县	贡觉县	类乌齐县		丁青县	察雅县
	542127	542128	542129	542132	542133		
	八宿县	左贡县	芒康县	洛隆县	边坝县		
山南地区 542200	542221	542222	542223	542224	542225	542226	542227
	乃东县	扎囊县	贡嘎县	桑日县	琼结县	曲松县	措美县
	542228	542229	542231	542232	542233		
	洛扎县	加查县	隆子县	错那县	浪卡子县		
日喀则地区 542300	542301		542322		542323	542324	542325
	日喀则市		南木林县		江孜县	定日县	萨迦县
	542326	542327	542328		542329	542330	542331
	拉孜县	昂仁县	谢通门县		白朗县	仁布县	康马县
	542332	542333	542334	542335	542336		542337
	定结县	仲巴县	亚东县	吉隆县	聂拉木县		萨嘎县
	542338						
	岗巴县						

续表

西藏自治区 540000							
那曲地区 542400	542421	542422	542423	542424	542425	542426	542427
	那曲县	嘉黎县	比如县	聂荣县	安多县	申扎县	索县
	542428	542429	542430				
	班戈县	巴青县	尼玛县				
阿里地区 542500	542521	542522	542523	542524	542525	542526	542527
	普兰县	札达县	噶尔县	日土县	革吉县	改则县	措勤县
林芝地区 542600	542621	542622		542623	542624	542625	542626
	林芝县	工布江达县		米林县	墨脱县	波密县	察隅县
	542627						
	朗县						
陕西省 610000							
西安市 610100	610101	610102	610103	610104	610111	610112	610113
	市辖区	新城区	碑林区	莲湖区	灞桥区	未央区	雁塔区
	610114	610115	610116	610122	610124	610125	610126
	阎良区	临潼区	长安区	蓝田县	周至县	户县	高陵县
铜川市 610200	610201	610202	610203	610204	610222		
	市辖区	王益区	印台区	耀州区	宜君县		
宝鸡市 610300	610301	610302	610303	610304	610322	610323	610324
	市辖区	渭滨区	金台区	陈仓区	凤翔县	岐山县	扶风县
	610326	610327	610328	610329	610330	610331	
	眉县	陇县	千阳县	麟游县	凤县	太白县	
咸阳市 610400	610401	610402	610403	610404	610422	610423	610424
	市辖区	秦都区	杨陵区	渭城区	三原县	泾阳县	乾县
	610425	610426	610427	610428	610429	610430	610431
	礼泉县	永寿县	彬县	长武县	旬邑县	淳化县	武功县
	610481						
	兴平市						
渭南市 610500	610501	610502	610521	610522	610523	610524	610525
	市辖区	临渭区	华县	潼关县	大荔县	合阳县	澄城县
	610526	610527	610528	610581	610582		
	蒲城县	白水县	富平县	韩城市	华阴市		
延安市 610600	610601	610602	610621	610622	610623	610624	610625
	市辖区	宝塔区	延长县	延川县	子长县	安塞县	志丹县
	610626	610627	610628	610629	610630	610631	610632
	吴起县	甘泉县	富县	洛川县	宜川县	黄龙县	黄陵县

续表

陕西省 610000							
汉中市 610700	610701	610702	610721	610722	610723	610724	610725
	市辖区	汉台区	南郑县	城固县	洋县	西乡县	勉县
	610726	610727	610728	610729	610730		
	宁强县	略阳县	镇巴县	留坝县	佛坪县		
榆林市 610800	610801	610802	610821	610822	610823	610824	610825
	市辖区	榆阳区	神木县	府谷县	横山县	靖边县	定边县
	610826	610827	610828	610829	610830	610831	
	绥德县	米脂县	佳县	吴堡县	清涧县	子洲县	
安康市 610900	610901	610902	610921	610922	610923	610924	610925
	市辖区	汉滨区	汉阴县	石泉县	宁陕县	紫阳县	岚皋县
	610926	610927	610928	610929			
	平利县	镇坪县	旬阳县	白河县			
商洛市 611000	611001	611002	611021	611022	611023	611024	611025
	市辖区	商州区	洛南县	丹凤县	商南县	山阳县	镇安县
	611026						
	柞水县						
甘肃省 620000							
兰州市 620100	620101	620102	620103		620104	620105	620111
	市辖区	城关区	七里河区		西固区	安宁区	红古区
	620121	620122	620123				
	永登县	皋兰县	榆中县				
嘉峪关市 620200	620201	620300	620301	620302	620321		
	市辖区	金昌市	市辖区	金川区	永昌县		
白银市 620400	620401	620402	620403	620421	620422	620423	
	市辖区	白银区	平川区	靖远县	会宁县	景泰县	
天水市 620500	620501	620502	620503	620521	620522	620523	620524
	市辖区	秦州区	麦积区	清水县	秦安县	甘谷县	武山县
	620525						
	张家川回族自治县						
武威市 620600	620601	620602	620621	620622	620623		
	市辖区	凉州区	民勤县	古浪县	天祝藏族自治县		
张掖市 620700	620701	620702	620721			620722	620723
	市辖区	甘州区	肃南裕固族自治县			民乐县	临泽县
	620724	620725					
	高台县	山丹县					

续表

甘肃省 620000							
平凉市 620800	620801	620802	620821	620822	620823	620824	620825
	市辖区	崆峒区	泾川县	灵台县	崇信县	华亭县	庄浪县
	620826						
	静宁县						
酒泉市 620900	620901	620902	620921	620922	620923		
	市辖区	肃州区	金塔县	瓜州县	肃北蒙古族自治县		
	620924			620981	620982		
	阿克塞哈萨克族自治县			玉门市	敦煌市		
庆阳市 621000	621001	621002	621021	621022	621023	621024	621025
	市辖区	西峰区	庆城县	环县	华池县	合水县	正宁县
	621026	621027					
	宁县	镇原县					
定西市 621100	621101	621102	621121	621122	621123	621124	621125
	市辖区	安定区	通渭县	陇西县	渭源县	临洮县	漳县
	621126						
	岷县						
陇南市 621200	621201	621202	621221	621222	621223	621224	621225
	市辖区	武都区	成县	文县	宕昌县	康县	西和县
	621226	621227	621228				
	礼县	徽县	两当县				
临夏回族自治州 622900	622901	622921	622922	622923	622924	622925	
	临夏市	临夏县	康乐县	永靖县	广河县	和政县	
	622926		622927				
	东乡族自治县		积石山保安族东乡族撒拉族自治县				
甘南藏族自治州 623000	623001	623021	623022	623023	623024	623025	623026
	合作市	临潭县	卓尼县	舟曲县	迭部县	玛曲县	碌曲县
	623027						
	夏河县						
青海省 630000							
西宁市 630100	630101	630102	630103	630104	630105		
	市辖区	城东区	城中区	城西区	城北区		
	630121			630122	630123		
	大通回族土族自治县			湟中县	湟源县		
海东地区 632100	632121	632122			632123	632126	
	平安县	民和回族土族自治县			乐都县	互助土族自治县	

续表

青海省 630000							
海东地区 632100	632127		632128				
	化隆回族自治县		循化撒拉族自治县				
海北藏族自治州 632200	632221		632222	632223	632224		
	门源回族自治县		祁连县	海晏县	刚察县		
黄南藏族自治州 632300	632321	632322	632323	632324			
	同仁县	尖扎县	泽库县	河南蒙古族自治县			
海南藏族自治州 632500	632521	632522	632523	632524	632525		
	共和县	同德县	贵德县	兴海县	贵南县		
果洛藏族自治州 632600	632621	632622	632623	632624	632625	632626	
	玛沁县	班玛县	甘德县	达日县	久治县	玛多县	
玉树藏族自治州 632700	632721	632722	632723	632724	632725	632726	
	玉树县	杂多县	称多县	治多县	囊谦县	曲麻莱县	
海西蒙古族藏族自治州 632800	632801		632802		632821	632822	632823
	格尔木市		德令哈市		乌兰县	都兰县	天峻县
宁夏回族自治区 640000							
银川市 640100	640101	640104	640105	640106	640121	640122	640181
	市辖区	兴庆区	西夏区	金凤区	永宁县	贺兰县	灵武市
石嘴山市 640200	640201	640202		640205	640221		
	市辖区	大武口区		惠农区	平罗县		
吴忠市 640300	640301	640302	640303		640323	640324	
	市辖区	利通区	红寺堡区		盐池县	同心县	
	640381						
	青铜峡市						
固原市 640400	640401	640402	640422	640423	640424	640425	
	市辖区	原州区	西吉县	隆德县	泾源县	彭阳县	
中卫市 640500	640501	640502		640521	640522		
	市辖区	沙坡头区		中宁县	海原县		
新疆维吾尔自治区 650000							
乌鲁木齐市 650100	650101	650102	650103		650104	650105	
	市辖区	天山区	沙依巴克区		新市区	水磨沟区	
	650106		650107		650109	650121	
	头屯河区		达坂城区		米东区	乌鲁木齐县	
克拉玛依市 650200	650201	650202		650203		650204	
	市辖区	独山子区		克拉玛依区		白碱滩区	

续表

新疆维吾尔自治区 650000							
克拉玛依市 650200	650205						
	乌尔禾区						
吐鲁番地区 652100	652101		652122	652123			
	吐鲁番市		鄯善县	托克逊县			
652200	652201	652222			652223		
哈密地区	哈密市	巴里坤哈萨克自治县			伊吾县		
昌吉回族自治州 652300	652301	652302	652323		652324		652325
	昌吉市	阜康市	呼图壁县		玛纳斯县		奇台县
	652327		652328				
	吉木萨尔县		木垒哈萨克自治县				
博尔塔拉蒙古自治州 652700	652701	652722	652723				
	博乐市	精河县	温泉县				
巴音郭楞蒙古自治州 652800	652801		652822	652823	652824	652825	
	库尔勒市		轮台县	尉犁县	若羌县	且末县	
	652826		652827	652828	652829		
	焉耆回族自治县		和静县	和硕县	博湖县		
阿克苏地区 652900	652901		652922	652923	652924	652925	652926
	阿克苏市		温宿县	库车县	沙雅县	新和县	拜城县
	652927	652928		652929			
	乌什县	阿瓦提县		柯坪县			
克孜勒苏柯尔克孜自治州 653000	653001		653022		653023		653024
	阿图什市		阿克陶县		阿合奇县		乌恰县
喀什地区 653100	653101	653121	653122	653123		653124	653125
	喀什市	疏附县	疏勒县	英吉沙县		泽普县	莎车县
	653126	653127		653128		653129	653130
	叶城县	麦盖提县		岳普湖县		伽师县	巴楚县
	653131						
	塔什库尔干塔吉克自治县						
和田地区 653200	653201	653221	653222	653223	653224	653225	653226
	和田市	和田县	墨玉县	皮山县	洛浦县	策勒县	于田县
	653227						
	民丰县						
伊犁哈萨克自治州 654000	654002	654003	654021	654022			654023
	伊宁市	奎屯市	伊宁县	察布查尔锡伯自治县			霍城县

续表

<table>
<tr><td colspan="8">新疆维吾尔自治区 650000</td></tr>
<tr><td rowspan="2">伊犁哈萨克自治州
654000</td><td>654024</td><td>654025</td><td>654026</td><td colspan="2">654027</td><td colspan="2">654028</td></tr>
<tr><td>巩留县</td><td>新源县</td><td>昭苏县</td><td colspan="2">特克斯县</td><td colspan="2">尼勒克县</td></tr>
<tr><td rowspan="4">塔城地区
654200</td><td>654201</td><td>654202</td><td>654221</td><td>654223</td><td>654224</td><td>654225</td><td></td></tr>
<tr><td>塔城市</td><td>乌苏市</td><td>额敏县</td><td>沙湾县</td><td>托里县</td><td>裕民县</td><td></td></tr>
<tr><td colspan="3">654226</td><td></td><td></td><td></td><td></td></tr>
<tr><td colspan="3">和布克赛尔蒙古自治县</td><td></td><td></td><td></td><td></td></tr>
<tr><td rowspan="4">阿勒泰地区
654300</td><td colspan="2">654301</td><td colspan="2">654321</td><td>654322</td><td>654323</td><td></td></tr>
<tr><td colspan="2">阿勒泰市</td><td colspan="2">布尔津县</td><td>富蕴县</td><td>福海县</td><td></td></tr>
<tr><td colspan="2">654324</td><td>654325</td><td colspan="2">654326</td><td></td><td></td></tr>
<tr><td colspan="2">哈巴河县</td><td>青河县</td><td colspan="2">吉木乃县</td><td></td><td></td></tr>
<tr><td rowspan="4">自治区直辖县级行政区划
659000</td><td colspan="2">659001</td><td colspan="2">659002</td><td colspan="2">659003</td><td></td></tr>
<tr><td colspan="2">石河子市</td><td colspan="2">阿拉尔市</td><td colspan="2">图木舒克市</td><td></td></tr>
<tr><td colspan="2">659004</td><td></td><td></td><td></td><td></td><td></td></tr>
<tr><td colspan="2">五家渠市</td><td></td><td></td><td></td><td></td><td></td></tr>
<tr><td colspan="8">台湾省 710000</td></tr>
<tr><td colspan="8">香港特别行政区 810000</td></tr>
<tr><td colspan="8">澳门特别行政区 820000</td></tr>
</table>